発注者の
プロジェクト
マネジメント
と監査

システム開発トラブル未然防止の神髄に迫る

認定 NPO 法人 日本システム監査人協会 監修
プロジェクトマネジメントのシステム監査研究会 編著

同文舘出版

刊行に寄せて

　企業における IT の活用は、業務の効率化による企業の収益向上や、グローバルな競争をする上で必須の条件となっています。さらに、IoT といった新たな価値を生み出す技術が予想以上のスピードで普及しつつある中で、AI やビッグデータなども活用し、新しい製品やサービスを創造し、企業価値や国際競争力の向上をしていくことが企業として求められています。

　このような中で、情報システムは、企業活動の根幹に深くかかわる仕組みであり、サイバーセキュリティとともに、システム開発における問題も、経営を大きく左右するものとなっています。経済産業省は、情報システムに想定されるリスクに対するコントロールを適切に整備・運用するための手段としてシステム監査を位置付け、その手段の実施に資するよう「システム監査基準」と「システム管理基準」を定めています。

　多くのシステム開発では、プロジェクトマネジメントによって開発プロジェクトを成功に導くよう取り組んでいるものと思いますが、トラブルの発生は後を絶ちません。システム開発の失敗は、企業へのダメージとなるだけでなく、企業の経済活動を前提とする経済・社会に影響を与える可能性もあります。本書の活用により、システム開発プロジェクトが成功に導かれ企業価値の向上につながることを期待しています。

　最後になりますが、本書の刊行のために尽力された日本システム監査協会の皆様に敬意を表するとともに、今後とも、より質の高いシステム監査を目指し、わが国における企業価値の向上や産業競争力の強化の向上の実現に向けた、関係各位の一層の御活躍を祈念しております。

　2018 年 1 月

経済産業省商務情報政策局サイバーセキュリティ課
課長補佐　　希代　浩正

i

はじめに

　本書は、日本システム監査人協会創立30周年記念事業として、「プロジェクトマネジメントのシステム監査研究会」における3ケ年の研究成果をまとめたものです。

　今や、情報システムは、企業や組織の隅々にまで関係しており、そのため、システム開発の成否は、事業活動に大きな影響を及ぼし、経営を左右します。また、システム開発が大トラブルとなれば、巨額の損失が発生します。そのような事態とならないために、どう対処すれば良いかが、本書のテーマです。

　これについて、本書は、プロジェクトマネジメントとシステム監査の両面からアプローチしています。

　プロジェクトマネジメントについては、"発注サイド"の視点で説明しています。システム開発では、開発の実務を担う受注者だけでなく、発注者の役割が非常に重要です。しかし、発注者の役割について詳しい解説書は少ないのが実情です。本書は、"発注サイド"に視点をおいた具体的な解説書になっています。

　システム監査については、開発を成功に導く観点で解説しています。システム監査人は、企画、計画段階、及び開発途中段階で、監査を行い、適切な助言によって、プロジェクトを成功に導くように支援します。これらについて、監査の観点リストを載せて具体的に説明しています。

　本書は、開発プロジェクトの現場ですぐに使えるように工夫しています。本書を参考にしてシステム開発を成功に導いていただければ幸いです。

　2018年1月

　　　　　　　　　　　　　　　認定NPO法人　日本システム監査人協会
　　　　　　　　　　　　　　　会長　　仲　厚吉

本書を読む前に

「情報システム開発におけるトラブル未然防止」 これが、本書の目的です。

そのために、発注者はどのようにマネジメントするか？ プロジェクト監査をどのように行うか？ について、詳しく説明します。

(1) なぜ「トラブル未然防止」か？

開発中止やサービス開始延伸となると、事業への影響が大きく、巨額な損失となってしまうので、それを防ぐためにどのプロジェクトも懸命に取組みますが、それでも大トラブルになることがあります。「何故起こってしまうのか？」「何とか防げないか？」という思いが、本書の出発点です。

(2) なぜ〈発注者〉か？

〈発注者〉は、「外部委託先の作業を直にコントロールはできないけれど、開発を成功させるために為すべきことはしたい」と思っています。本書では、その思いに応えたいと思います。また、本書では、〈受注者〉が〈発注者〉に望むことも伝え、開発を成功に導くポイントを明らかにしたいと思います。

(3) なぜ「プロジェクト監査」か？

「トラブル未然防止」に「プロジェクト監査」が効果的だからです。

システム監査の専門家は、たくさんのシステムを見て来ているので、「このまま進むとこうなる」ということがよく見えます。計画段階から「プロジェクト監査」を受け、助言を受けることが、プロジェクトを成功に導く早道です。

本書は、「プロジェクトの現場ですぐに役立つ本」でありたいと工夫を凝らしています。本書を活用して、システム開発を成功させていただければ幸いです。

本書の構成

「発注者としてのマネジメント」について1章から11章で説明します。
また、「プロジェクト監査」について12章から15章で、説明します。

1章～3章 　　：事例と教訓、トラブル未然防止の基本、受／発注の役割
4章～9章 　　：開発工程毎の発注者のマネジメント
10章 　　　　：実践的な品質管理
11章 　　　　：プロジェクトマネジメントの基本
12章～15章：プロジェクト監査

本書の読み方

本書は、「プロジェクトの現場ですぐに役立つ」ように、詳細な項目表やチェック表、プロジェクト監査の観点表などを豊富に載せました。ぜひご活用下さい。

また、各章で、"外してはいけない要点"を"Point"として取り上げ解説しています。これは、"最重要項目""肝"です。システム開発では、行うべきことがとても多く、どれも大切なことばかりですが、工数や期間の制約の中で特に重要なことが、この"Point"です。"Pointを外さず"マネジメントすれば、プロジェクトを成功させることができます。

発注者とは

発注者にもいろいろなタイプがあります。例えば、図序-1のⒶ、Ⓑ、2つのタイプの発注者です。

〈発注者Ⓐ〉　ユーザ企業
〈発注者Ⓑ〉　システム開発会社（SI会社、ベンダ）

本書では、どちらも〈発注者〉とします。

なお、Ⓑは、再発注先に対する〈発注者〉ですが、Ⓐに対しては〈受注者〉で、多くの場合「請負契約」で請けて、完成責任を負います。これは、たとえ再発注先が問題を起こして遅延したとしても、Ⓐに対しての責任はⒷが負うということです。それで、Ⓑは、自らの作業だけでなく、再発注先の作業もきめ細かく管理し、計画通り進むようにマネジメントする必要があります。

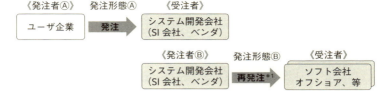

図序.1　発注形態

主な関係者と役割

本書では、システム開発の主な関係者を次のように定義します。

①システムオーナー：システムの総責任者（業務部門の役員など）
②業務部門　　　　：システムの要望元　（システムの要件を定義）
③システム部門　　：システム開発を主管
④関連組織　　　　：接続先システムの組織などの関連組織
⑤PM　　　　　　　：Project Manager（発注側 PM、受注側 PM）
⑥PMO　　　　　　：Project Management Office（PM を支援する組織または人）
⑦システム監査人：プロジェクト監査する専門家、社内または社外の第三者

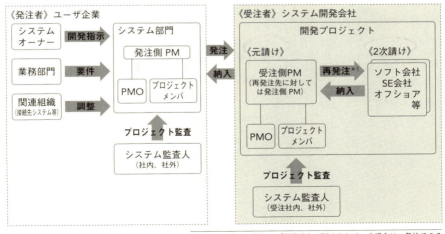

図序.2　主な関係者

システム開発の流れ

　本書は、「ウォータフォールモデル」や「V字開発モデル」で解説します。なお、トラブル未然防止の基本は、これ以外の開発方法、例えば「繰返し開発」や「アジャイル開発」においても同じなので、ぜひ本書をご参照下さい。

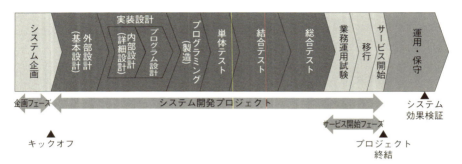

図序.3　システム開発の流れ（ウォータフォールモデル）

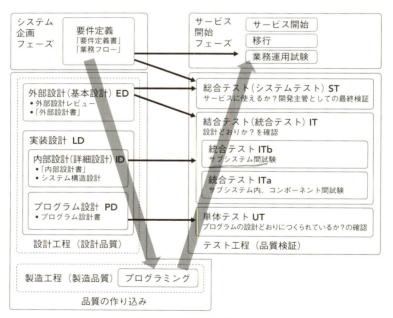

図序.4　V字開発モデル

目次

第1章 システム開発のトラブル事例と教訓

1.【事例1】A-Pj（業務抜本改革の新システム開発）
　　　　　～プロジェクトマネジメントを徹底したけれど～ 1
　1.1 概要　1
　1.2 経緯　1
　1.3 なぜ大トラブルになったか？　3
2.【事例2】B-Pj（機能追加開発）～これまでの成功体験が裏目に～ 4
　2.1 概要　4
　2.2 経緯　5
　2.3 なぜ大トラブルになったか？　7
　（記事1）トラブルプロジェクトの現場　9
　（記事2）重篤で危機的状況の現場　9
　（記事3）トラブルプロジェクトの実態　9

第2章 トラブル未然防止の基本

1. システム開発トラブルの調査結果 10
2. トラブル未然防止の基本 14
3. トラブルになったらどうする？ 19
　（事例）1ケ月かけて状況を定量分析し、全体計画を見直し、リスタート　19
4. 大トラブルの立直しのポイント 20

第3章 受／発注それぞれの役割

1. 開発トラブルの原因は 受／発注 双方にある 21
2. 契約 21
　2.1 システム開発の契約　21
　2.2 工程と契約のパターン　22
3. 発注／受注の流れと役割分担 23
　3.1 システム開発の流れ　23
　3.2 工程毎の発注者／受注者の役割　24

vii

第4章 企画・要件定義・調達
～開発の成/否は企画で決まる～

1. プロジェクト成功の鍵は、「企画」にあり ・・・・・・・・・・・・・・・・・・・・・・・・・・・・・ 28
2. 組織全体のガバナンスとIT ・・・ 29
3. 企画立案とITマネジメント ・・・ 29
 3.1 事業戦略を立てる 29
 3.2 IT戦略を立てる 30
 3.3 企画立案と検証 31
4. 企画実現の体制 ・・ 32
5. 「システム企画書」の作成・承認 ・・・・・・・・・・・・・・・・・・・・・・・・・・・・・・・・・・・・・ 32
6. 要件定義 ・・・ 34
 6.1 要件定義の重要性 35
 6.2 定義すべき要件 35
 6.3 要件定義の体制 35
 6.4 ①業務要件 36
 6.5 ②システム要件 37
 6.6 ②-1 機能要件 37
 6.7 ②-2非機能要件 38
 6.8 要件定義の確定 40
 （事例）要件定義が遅延し、開発期間が短くなって大トラブル 42
7. 調達 ・・ 42
 7.1 調達戦略 42
 （事例）戦略なき外部委託（丸投げで問題） 43
 （事例）甘い見通しでのフェージング契約で失敗 43
 7.2 RFP（提案依頼書：Request for Proposal） 43
 （事例）RFPの不備によるトラブル（総合評価方式にすべき調達案件） 44
 7.3 適切な調達方法 47
 （事例）RFPへの提案と話が違う（いつまでたってもできてこないパッケージ） 48

第5章 プロジェクト計画の作成、キックオフ
～開発プロジェクトの発足～

1. PMの任命 ･･ 49

（事例）プロジェクトを失敗させたPMの例　50

2. 体制の編制 ･･ 50

（事例）業務を知らない100名の設計者で設計して大トラブル　51

3. リスク評価 ･･ 52

4. 「プロジェクト計画書」作成・承認 ･･････････････････････････ 53

4.1 「システム企画書」と「プロジェクト計画書」　54

4.2 「プロジェクト計画書」の目次　54

4.3 「プロジェクト計画書」とは？　56

（事例）無計画な船出、無謀なふるまい　57

（事例）全て順調を前提にした計画　57

4.4 プロジェクトの目的とゴール　57

4.5 システム概要　57

（事例）応答時間を「柱」にしたコールセンター　58

4.6 前提条件、制約条件　58

4.7 スケジュール　58

（事例）外部仕様が確定せず大トラブル　59

4.8 体制図　60

4.9 リソース計画　60

4.10 成果物　61

4.11 品質計画　61

4.12 プロジェクトのマネジメント計画　62

5. 「外部設計実施計画書」作成・承認 ････････････････････････ 63

6. キックオフ ･･ 63

（事例）自分の言葉で、想いを伝える　63

コラム　《発注者の物語》　『現行と同じ』は危険　64

コラム　《受注者の物語》　曖昧なスコープ、安易なコミットが問題を起こす　66

ix

第6章 外部設計 〜仕様凍結が鍵〜

1. 「仕様膨張・仕様確定遅延」は大トラブルの始まり ……………………………… 67

2. 外部設計品質がシステムの最終品質となる ………………………………………… 68

3. 外部設計実施計画 ……………………………………………………………………… 68

   3.1 外部設計実施計画の作成　68

   3.2 週次の中日程計画　68

   3.3 WBS（Work Breakdown Structure）と日次線表　70

   （事例）WBS の実態が中日程と乖離　71

   3.4 業務詳細フローの作成計画　71

   3.5 成果物の計画　72

   3.6 外部設計運営ルール　74

   （事例）「いつまでに、誰が」「着地見込み」がない報告　74

4. 外部設計作業 …………………………………………………………………………… 75

   4.1 方式設計 (アーキテクチャ設計)　75

   4.2 外部設計における発注者の主な点検ポイント　75

   4.3 外部設計におけるリスクと対策　75

5. 外部設計レビュー ……………………………………………………………………… 77

   5.1 レビュー計画　78

   5.2 レビューの効果　78

   5.3 レビューで高品質化　79

   5.4 レビューの実施　79

   5.5 レビュー報告・品質報告　81

   （事例）トラブル事例「レビューで合意したのに……」　81

6. 外部仕様凍結 …………………………………………………………………………… 82

7. 仕様変更管理 …………………………………………………………………………… 83

   （事例）追加変更調整をEXCEL 一覧表だけで行って失敗した例　84

8. 外部設計工程の遅延 …………………………………………………………………… 84

9. 外部設計の終了判定 …………………………………………………………………… 85

第7章 実装設計 〜高品質な設計〜

1. 実装設計とは …………………………………………………………………………… 86

2. 実装設計における発注者の役割 ……………………………………………………… 86

3. 実装設計の契約形態と発注者の立場 ………………………………………………… 87

4. 実装設計における《発注者》のマネジメントのポイント ………………………… 88

5. 高品質な実装設計 ……………………………………………………………… 91

第8章 プログラミング、単体テスト、結合テスト
～高品質の作り込みと検証～

1. この工程の主要作業 …………………………………………………………… 93
2. 発注者の主な役割 ……………………………………………………………… 93
3. 本工程を成功させるには ……………………………………………………… 94
4. 発注者のマネジメント「Ⓐ外部委託管理」…………………………………… 95
　4.1 工程開始時の外部委託管理（実施計画の点検）　95
　（事例）テスト専門チームがテストする　98
　4.2 工程進行中の外部委託管理　99
　4.3 工程終了時の外部委託管理　101
　4.4 受注者との事前合意　101
5. 発注者のマネジメント「Ⓑ対外調整、総合テストの準備等」………………… 102

第9章 総合テスト、受入試験・検収、業務運用試験、移行、サービス開始判定
～サービス開始に向けた最終検証～

1. 総合テスト ……………………………………………………………………… 103
　1.1 総合テストの位置づけ、目的　103
　1.2 総合テストの実施パターン　103
　1.3 総合テスト実施計画　104
　1.4 総合テストのテストケースとテスト項目のレビュー　105
　1.5 総合テストで行う試験　106
　（事例）性能試験で超高性能を確認したのに、サービスを開始したら性能が全く出ない　109
　1.6 バグへの徹底対処　110
　1.7 総合テストの品質管理　111
　1.8 総合テスト終了報告　111
　1.9 総合テスト終了判定、品質判定　112
2. 受入試験・検収 ………………………………………………………………… 112
　2.1 受入試験とは　112
　2.2 受入試験パターンと試験項目　114
　2.3 受入試験の試験体制、試験計画　114
　2.4 受入試験と検収の合／否判定基準　116

xi

3. 業務運用試験（OT：Operational Test） 117

3.1 業務運用試験の位置づけ　117

3.2 業務運用試験の実施パターン　117

3.3 業務運用試験の目的　118

3.4 新システムによる新たな業務処理の整備　118

3.5 業務運用試験の準備　119

3.6 業務運用試験の実施　119

4. 移行 120

4.1 移行　120

4.2 移行のポイント　120

5. サービス開始判定 121

6. 開発プロジェクトの終結 121

7.「振り返り会」と効果検証 122

第10章 実践的品質管理

1. 品質管理総論 123

1.1 品質管理の種類と概要　123

1.2 品質管理プロセス　124

1.3 品質計画　124

1.4 品質管理における受／発注者の役割　125

2. 設計の品質管理 126

2.1 設計工程の品質計画　126

2.2 高品質設計施策　126

2.3 設計品質　128

2.4 設計品質と発注者の役割　129

2.5 設計品質の分析評価法　130

2.6 品質指標と目標　134

2.7 設計品質判定　134

2.8 レビューの「十分性」評価　134

3. 製造・テストの品質管理 136

3.1 品質計画　136

3.2 高品質化施策　137

3.3 工程毎の品質判定　139

3.4 品質管理体制　140

3.5 不具合管理ルール　140

3.6 ルール1：不具合処理フロー　140

3.7 ルール2：不具合申告と一元管理の規定　142

3.8 ルール3：不具合の緊急度、切り分け分類　143

3.9 ルール4：バグ1件毎の詳細分析　145

3.10 ルール5：´件毎のバグ詳細分析をベースにした品質傾向分析　146

3.11 ルール6：品質傾向のマクロ分析　146

（事例）試験数が減れば、バグは出ない　〈試験消化数との相関分析〉　147

（事例）「残バグ管理」で大成功（低コストで超高品質を実現）　149

3.12 ルール7：品質報告　153

第11章 〈発注者視点〉のプロジェクトマネジメントの基本

1. ITシステム構築のプロジェクトマネジメント 154
1.1 プロジェクトマネジメントの動向　154

1.2 プロジェクトの2つの"プロセス"　155

2. 発注者のプロジェクトマネジメントの基本スタンス 156

3. プロジェクトマネジメント計画 156
3.1 プロジェクト憲章　156

3.2 「プロジェクトマネジメント計画書」　157

3.3 「プロジェクトマネジメント計画書」の作成　157

3.4 「プロジェクトマネジメント計画書」の維持　159

4. プロジェクトマネジメント・プロセスの重要ポイント（10の知識エリア）..... 160
4.1 ① 統合マネジメント　160

4.2 ② スコープ・マネジメント　162

4.3 ③ タイム・マネジメント　163

4.4 ④ コスト・マネジメント　166

4.5 ⑤ 品質マネジメント　168

4.6 ⑥ 人的資源マネジメント　170

4.7 ⑦ コミュニケーション・マネジメント　171

4.8 ⑧ リスク・マネジメント　171

4.9 ⑨ 調達マネジメント　174

4.10 ⑩ ステークホルダー・マネジメント　175

5. PMBOK®ガイドのプロジェクトへの適用 177

6. 11章の記述と10章までの記述の関係 177

xiii

第12章 トラブルを未然防止するプロジェクト監査
～なぜプロジェクト監査が必要か？～

1. プロジェクト監査が必要な理由 ……………………………………………… 178
1.1 トラブルの被害を防ぐ　178
1.2 自分のことはわからないが第三者には見える　178
1.3 なぜ当事者には見えないか？　179
1.4 なぜシステム監査人には見えるか？　179
（事例）プロジェクト監査例：基幹業務システム開発　179
（事例）プロジェクト監査例：計画通り進捗?!　180

2. プロジェクト監査に向き合う …………………………………………………… 180

3. 情報システム開発におけるプロジェクト監査とは ………………………… 181
3.1 監査の基本　181
3.2「情報システム開発におけるプロジェクト監査」とは　181
3.3 プロジェクト監査の目的、対象、監査人、依頼人、監査報告　183
3.4 システム開発における「プロジェクト監査」のフェーズ分け　184
3.5 フェーズ毎のプロジェクト監査テーマ　185
（事例）トラブルになるプロジェクトの理由は？　185

第13章 プロジェクト監査（企画フェーズ）

1. 企画フェーズでのプロジェクト監査 …………………………………………… 186
1.1 システム開発トラブルの防止　186
1.2 企画フェーズの主要イベント　186
1.3 プロジェクト監査の実施　187

2. 企画フェーズのプロジェクト監査の要点 …………………………………… 187
2.1「① システム開発企画審議の事前監査」のポイント　187
2.2「② 外部委託先選定の事前監査」のポイント　188
2.3「③ プロジェクト計画の事前監査」のポイント　188

3. 企画フェーズのプロジェクト監査項目 ……………………………………… 190
3.1「① システム開発企画審議の事前監査」の監査項目　190
3.2「② 外部委託先選定の事前監査」の監査項目　192
3.3「③ 開発プロジェクト発足の事前監査」の監査項目　193

第14章 プロジェクト監査（設計開発フェーズ）

1. 設計開発フェーズにおけるプロジェクト監査とは 196
2. 外部設計におけるプロジェクト監査 199
3. 実装設計におけるプロジェクト監査 201
4. 製造／単体テストにおけるプロジェクト監査 203
5. 結合テストにおけるプロジェクト監査 204
6. 総合テストにおけるプロジェクト監査 206

第15章 プロジェクト監査
（サービス開始フェーズと効果検証フェーズ）

1. サービス開始フェーズと効果検証フェーズのプロジェクト監査 208
  1.1 サービス開始フェーズとは　208
  1.2 効果検証フェーズとは　209
  1.3 プロジェクト監査の実施　209
2. 監査①「業務運用試験」監査 210
3. 監査②「移行」監査〔重要〕 211
4. 監査③「サービス開始」監査 212
5. 監査④「初期品質」監査 213
6. 監査⑤「プロジェクト終結」監査〔重要〕 213
7. 監査⑥「効果検証」監査〔重要〕 214

あとがき　216

索引　217

xv

本書における用語（設計開発の流れの順に掲載）

用語	意味
システム企画フェーズ	システム開発の企画から開発プロジェクトキックオフまでの期間
設計開発フェーズ	外部設計から総合テスト終了までの期間
サービス開始フェーズ	業務運用試験、移行、サービス開始までの期間
効果検証フェーズ	サービス開始後、システムの効果を検証する期間
システム企画書	システム開発の企画書
プロジェクト計画書	システム企画書に則り、設計からサービス開始までの計画を詳細化したもの
システム企画審議	システム開発と予算の可否の審議
プロジェクト計画審議	システムの設計開発の詳細計画の審議
要件定義書	ユーザの業務要件、システムの機能要件、非機能要件の定義書
RFI	Requset For Informattionの略。情報提供依頼書のこと
RFP	Requset For Proposalの略。提案依頼書のこと
外部委託先選定	各社提案書の比較審査等による外部委託先の選定
キックオフ	開発プロジェクトを発足させる全体会議
外部設計	基本設計、外部仕様設計とも言う。システムの外部仕様の設計
実装設計	システムを構築するための内部設計やプログラム設計
内部設計	詳細設計、内部仕様設計とも言う。システム内部の設計
プログラム設計	プログラミングのための構造設計、フローチャート設計など
単体テスト（UT）	プログラムモジュール単体試験、コンポーネント単体試験
結合テスト（IT）	統合テストとも言う。設計書どおり開発されたことの確認。ITa：サブシステム内結合試験、ITb：サブシステム間結合試験
総合テスト（ST）	実サービスできることの開発主管としての最終確認試験

用語	意味
業務運用試験（OT）	業務部門としての最終確認と業務担当者の教育・習熟の試験
受入試験	受注者からの納品物の検収試験。実施時期は契約で定める
移行	現システムから新システムへのデータや環境の移行
設計品質	外部設計や実装設計の品質
製造品質	プログラムの品質
設計品質計画	高品質設計を達成するための具体的な詳細計画
品質計画	製造品質を高め、高品質システムを実現する詳細計画
レビュー密度	レビューの実施密度のこと。時間、工数、指摘数等で評価する
バグ	設計書どおりでない不具合
バグ密度	プログラム行数当たりのバグ件数
バグ水平展開	摘出したバグと同様の原因のバグが他に無いか?と一斉に行うレビュー
残バグ管理	予測した総バグ数を目標にバグを徹底的に叩き出す管理手法
プロジェクト監査	独立的かつ専門的な第三者の監査人が、情報システム開発プロジェクトの「プロジェクト管理の妥当性」について、監査証拠を通して監査意見を述べること
ステークホルダー	利害関係者。システム開発では、経営者、事業部門、運用保守部門、関連組織等。プロジェクトの意思決定、成果に影響したり影響される個人、グループ、組織
プロジェクト憲章	プロジェクトを公式に認める文書。これにより、プロジェクト・マネジャーは母体組織の資源を使用する権限を得る
スコープ	プロジェクトが提供するプロダクト、サービス、所産の総体。プロジェクト・スコープとプロダクト・スコープも参照
変更管理委員会	プロジェクトに対する変更をレビュー、評価、承認、保留、または却下し、その決定を記録伝達することに責任を持つ認可されたグループ

第1章 システム開発のトラブル事例と教訓

　情報システム開発のトラブルは、サービス開始延期・中止や莫大な赤字を引き起こし、事業に甚大な影響を及ぼします。それを防ぐために、プロジェクトマネジメントを徹底し、PMO[1]等の支援体制強化などの対策を打ちます。では、大トラブルになったプロジェクトは、どうだったのでしょう？　トラブル事例から、プロジェクトマネジメントについて考察します。

1. 【事例1】A-Pj（業務抜本改革の新システム開発）
　　　〜プロジェクトマネジメントを徹底したけれど〜

1.1 概要

　業務抜本改革と新システム開発を同時に行う大型プロジェクトでした。経営者が参加するステアリングコミッティ等のしっかりした体制を組み、PMO等の支援も充実させ、プロジェクトマネジメントを徹底しました。しかし、大トラブルとなって、サービス開始は1年遅延し、事業にも甚大な影響が出ました。

1.2 経緯

（1）業務改革とシステム企画

　大規模な新事業立ち上げに多数の社員が必要となったので、現事業の社員の半分を新事業に移すことにしました。業務のやり方を1ヶ所集中処理に改め、標準化し、少ない社員でできるように抜本改革しなければなりません。そのために新システムを開発することとしました。業務改革・標準化と新システム構築を両輪で進め、新業務アプリはパッケージ化し、他へも販売する計画です。

　そこで、コンサルティング会社に、業務抜本改革の詳細化、業務要件定義、新システム構想策定を1年かけて行ってもらいました。また、それをベースに、システム開発を委託するSI会社を選定しました。

（2）新システム開発プロジェクト始動

　SI会社と契約し、2年後のサービス開始を目指して、開発プロジェクトをキックオフしました。重要プロジェクトとして体制を整え、社長も出席するステアリ

---

1 PMO：Project Management Office の略。

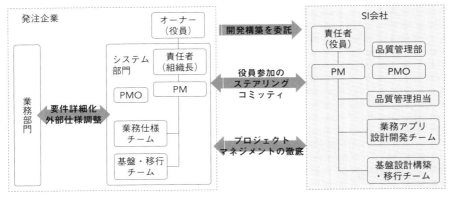

図 1.1　開発プロジェクト体制

ングコミッティの開催、工程毎の終了判定、週次会議での進捗・課題・品質の管理など、プロジェクトマネジメントを徹底することとしました。しかし、それでも大トラブルになってしまいました。

(3) トラブル状況

- 外部設計が期限までに終わらない
- 未了部分を「残課題・宿題」として、次の実装工程を開始
- 実装工程で遅れを取り戻すつもりが、遅延がますます拡大
- 設計できた部分からプログラミング・テストを開始したが、バグが多発
- 期間内で結合テストが終わらないので、期間を半年延伸

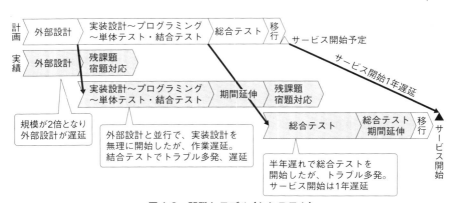

図 1.2　開発トラブル（A システム）

- 総合テストを半年遅れで開始したが、バグ多発で、期間をさらに半年延伸
- 1年遅れでサービス開始、業務改革・標準化は不徹底、現事業からの社員絞り出しは不十分、業務アプリのパッケージ化・販売は断念
- 開発コスト倍増、超過分を受／発注者どちらが負担するかで長期間係争

1.3 なぜ大トラブルになったか？

　大トラブルになりましたが、実は、計画で定めたプロジェクトマネジメント事項は厳しく行っていました。受／発注間での会議は頻繁に行い、工程毎の終了報告資料なども分厚いものでした。けれど、それが問題解決につながらなかったのです。原因はたくさんありますが、あえて絞ると、次の4項目でした。

（原因1）外部仕様の膨張・確定遅れ………業務抜本改革・標準化の失敗

　「業務の抜本改革・スリム化」の方針の下、企画フェーズで新業務フローを作り、これをベースに外部設計を開始しました。しかし、新業務フローは概略レベルで、業務要件が具体的でなかったのが問題でした。外部仕様調整が難航し、外部設計がなかなか終わらず、仕様規模が計画の倍に膨らむ事態になって、開発量とコストが倍増し、大トラブルとなりました。

Point 「外部仕様膨張・確定遅延」は必ず大トラブルになる

　仕様確定遅延は、トラブルプロジェクトに共通する根本原因です。

　仕様をスリム化し、確定させることは発注者の責任です。

（原因2）業務改革のリーダシップが弱体………発注者の問題

　業務抜本改革・業務スリム化ができなかったのは、業務改革のリーダシップが弱かったからです。

　企画フェーズで作った新業務フローが概要レベルだったので、外部設計で、業務部門へのヒアリングから始めたところ、さまざまな意見が上がって来て、整理がつかなくなりました。業務抜本改革は、さまざまな意見を大胆に割り切って前に進める必要がありますが、そのような強いリーダシップのリーダがいなかったのです。この結果、業務を簡素に定義することができずに、外部仕様が計画の倍に膨らんでしまったのです。発注側の問題でした。

Point 強いリーダシップで業務改革

　強いリーダシップがなければ、業務仕様は膨れ上がります。

（原因3）設計者が業務を知らない………受注側プロジェクト体制の問題

「仕様膨張」の原因は、外部設計の設計者にもありました。設計者が業務を知らなかったことです。それで、業務部門のいろいろな方がさまざまに要求することを、言われるがままに設計してしまったのです。この結果、統一がとれない仕様となり、仕様も膨れ上がってしまいました。

「良いシステムは、業務を熟知した設計者が設計する」と言われますが、その逆だったのでした。

Point 業務を熟知した設計者が必須

業務を熟知していて、「こうしませんか？」と提案ベースで設計できる、そのような設計者を確保できるかが、開発の成否を決めます。

（原因4）「プロジェクトを一丸とする」ができなかった……PMの問題

発注者は、「○○ができてない」と、いつも受注者を非難し続けました。それで受注者は、「非難されないように上辺を整える」「責任追及をかわす」ことに力を注ぐようになりました。「問題を目立たせない、言質をとられない、見た目だけりっぱな報告」で、問題を先送りしました。多くの作業が残っているのに、「○○は残課題とし、次工程を開始」と先に進め、トラブルを増幅しました。

つまり、プロジェクトは一丸にまとまった状態でなく、受／発注が敵対関係になっていました。

これでは成功しません。問題の原因は受／発注双方にあるので、両者一丸となって対処すべきでした。受／発注両者のマネジメントの問題でした。

Point 「全員のベクトルを合わせる」、これがPMの最も重要なミッション

受／発注の立場を超えて、プロジェクト全員が一丸となる。そのようなプロジェクトは、どんな困難な問題も乗り越えます。「全員のベクトルを合わせ、一丸にする」、これがPMの、特に発注側PMの最も重要なミッションです。

2.【事例2】B-Pj（機能追加開発）
〜これまでの成功体験が裏目に〜

2.1 概要

このシステムは2年前にサービスを開始し、その後も半年間隔で機能追加してきました。どの版も極めて良い品質で、トラブルは何もありませんでした。

ところが、3年目の追加開発の試験でバグが多発しました。計画を4ヶ月延ば

して設計をやり直しましたが、試験するとまたバグが多発しました。突貫工事でバグを潰し、品質不安を抱えながらもサービス開始を強行しましたが、現場業務ができない重大故障が頻発し、全てが落ち着くまでに1年を要する大トラブルとなりました。

2.2 経緯

(1) 追加開発で重大バグ多発

半年間隔での機能追加開発を4回繰り返し、いずれも極めて良好な品質でした。しかし、今回は違いました。結合テストで重大バグが多発したのです。しかも設計バグが多く、設計そのものが問題という重大な事態です。

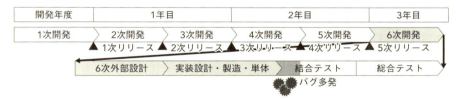

図1.3　結合テストでバグ多発

(2) 抜本対策、計画変更

直ちに経営陣に報告し、次のように抜本対処することとしました。

- 計画を4ヶ月延ばして、設計からやり直す。
- 開発事業部長が陣頭指揮し、キーマンを多数集め、体制強化。

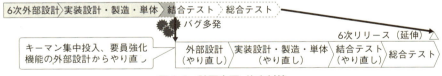

図1.4　計画変更、抜本対策

(3) 結合テストで再びバグ多発

設計からやり直しましたが、結合テストすると、再び設計バグが多発しました。再設計の期間が短くて、設計での考慮漏れが多かったのです。要員をさらに増強し、業務部門の担当もプロジェクトに常駐し、突貫工事でバグを潰し、結合テス

トと総合テストの試験項目全てを実施しました。しかし、試験を全て行っても、品質不安があることは、誰もがわかっていました。

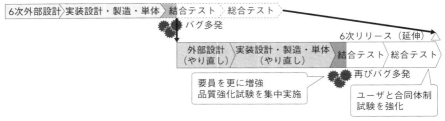

図 1.5 再び 結合テストでバグ多発

(4) サービス開始判定

　品質不安があり、サービス開始は再延期すべきですが、諸般の事情でそれは避けたいとの思いを抱きながら、役員主催の「サービス開始判定会議」を開きました。そこでの意見の多くは次のようでした。
　「試験項目を全て実施し、出たバグは修正したが、まだ品質に不安がある」
　「バグはまだ出るだろうが、試験環境での試験はやり尽した。これ以上は、
　　実サービス環境でないと確認できない」
　「諸般の事情でサービス開始せざるを得ない」
　「もし延期となれば、サービス開始の次のタイミングは4ケ月後となる」
　これらの意見を踏まえ、「手厚い支援体制でサービス開始」と決定しました。
　多少の品質不安があっても手厚い支援体制で切り抜けた経験が幾度もあったので、今回もこれでできると考えたのでした。

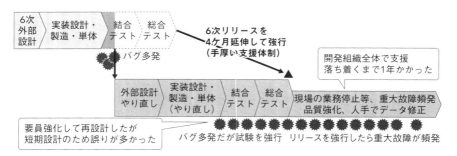

図 1.6　サービス開始直後から重大故障が頻発

6　第1章　システム開発のトラブル事例と教訓

（5）サービス開始直後から重大故障が頻発

　ところが、サービス開始直後から、「業務処理が終日できない」という重大故障が頻発しました。プロジェクトルームは戦場の様相です。引っ切り無しにかかる電話、全国の現場での処置、データの手作業修正、バグ解析、設計とプログラムの見直し、改修版への差し替え……プロジェクト全員が必死に働き、トラブルは徐々に沈静化しましたが、完全に落ち着くまで1年かかりました。

2.3 なぜ大トラブルになったか？

　最初の段階で「重大問題と経営陣に報告」「抜本対策実施」としたのは適切でしたが、対策内容やその後のアクションに問題がありました。

（原因1）過去の成功体験が判断を狂わせた

　この開発事業部は、過去の大トラブルの経験から、PMOの組織化などのさまざまな施策を行い、その結果、ここ4〜5年は、半年という短期間で大型開発を高品質に行うようになっていました。また、多少の品質不安がある場合も、手厚い支援体制でサービス開始させてきました。その過去の成功体験が判断を狂わせ、大トラブルを招きました。その主な内容は、原因2以降で示します。

Point　過去の成功体験に慢心せず「かもしれない運転」が基本

　「今回も大丈夫だろう」と考えると失敗しますので、「トラブルになるかもしれない」と考えて対処します。「かもしれない運転が安全運転の基本」は、プロジェクトマネジメントでも同じです。

（原因2）品質不安なのにサービス開始を強行

　これが最も重大な判断誤りでした。「品質不十分のため、サービス開始不可」と、当たり前に判断すべきでした。

Point　「品質不十分ならサービス開始不可」と当たり前に判断する

　諸般の事情で無理な判断をしても、品質という現実は変わらないので、必ずトラブルになります。

（原因3）「無理な計画」

　「設計やり直し」との方針は適切でしたが、「開発期間4ケ月延伸」、設計からサービス開始まで半年という計画は、短か過ぎて、無理な計画でした。総合テストはわずか1週間です。「過去の機能追加開発も半年」との理由でしたが、今回は「新システム開発相当」として1年計画とすべきでした。老朽化した某システ

ムを廃棄し、こちらで作り直すというものだったからです。

Point 無理な計画になってないか？　虚心坦懐に見直すべし

開発期間が短過ぎる無理な計画では、頑張ってもトラブルになります。

（原因4）「設計対象を知らない設計者」

今回の開発は、老朽化した某システムの作り直しでしたが、そのシステムの設計者を集めることができませんでした。それで、設計対象を知らない設計者が、対象をドキュメント等で勉強しながら設計したのですが、それが、たくさんの設計不具合を起こした根本原因でした。

Point 設計対象を熟知した設計者でなければトラブルになる

設計対象を熟知した設計者が必須であり、その設計者を確保できないなら、開発計画は根本から見直す必要がありました。

（原因5）「リスク評価」が御座なり

プロジェクト計画書の「リスク評価」が御座なりで、他の計画書からの転記レベルでした。きちんとリスク評価すれば、「設計対象を熟知する設計者が居ない」などのリスクが明白となり、計画を見直したはずでした。

Point 御座なりの「リスク評価」が大トラブルにする

リスク評価が御座なりなら、対策検討や計画見直しがされず、大トラブルとなります。

（原因6）"ツボ（最重要事項）"を外した計画

今回開発の決して外してはいけない"ツボ（最重要事項）"は、「設計対象を熟知した設計者の確保」でした。それが生命線でした。しかし、そこが考慮されていなかったことが、敗因でした。

Point "ツボ（最も重要なこと）"を外さないプロジェクト計画とする

"ツボ"を抑えればプロジェクトは成功しますが、"ツボ"を外せば、成功は極めて困難です。

(記事1) トラブルプロジェクトの現場

- あちこちで怒鳴り声、大声での電話
- 緊急対策会議ばかりで前に進まない
- 徹夜の者がそこここで仮眠し、疲労困憊、これが何ケ月も続く
- 要員が出払って、誰もいない
- 追加要員に教える暇がない、教育できない
- 追加コストを誰が負担するか？が決まらないので動けない

- 「どうなってる？いつまでに？見通しは？」と矢の催促。「それが分かればトラブルにならない」と思いつつ、徹夜ででっち上げる
- どうなっている…と説明できる者がいない
- 状況が分かるデータは何もない
- 「データを出せ」と言っても、出てこない
- 「データの収集、整理」それができないから混乱している

(記事2) 重篤で危機的状況の現場

- 「しーん」と静まりかえっている
- 報告が断片的で、全体が見えない。
- 結論が出ない打ち合わせが長々と続く。
- 判断しない、指示が出ない。
- 何か発言すると『それじゃ、お前がやれ』と宿題返しされるので、発言しない
- 火の粉が飛んで来ないよう静かにしている

- 「役に立たない作業」とわかっているが、やらないと「お前のせい」と言われるから、無駄だけど黙ってやる
- ソッポを向いて、返事しない、仕事してるふりをする
- 立て直しに邁進するリーダがいない
- 下手に動くと、全ての責任を被せられるので、静かにしている

(記事3) トラブルプロジェクトの実態

(1) 無秩序な大混乱、コントロールできない
- 何が起きているか？混沌としている
- 因果関係や原因が混沌としてわからない
- どこから手を付けて良いかわからない
- 対処方針が出ない、明確な指示が出ない
- 報告が上がらない、現場を把握できない

(2) 要員追加が簡単ではない
- 優秀な人が集まらない
- 要員追加したが、優秀なリーダがいない
- 追加要員を戦力に仕上げる教育ができない
- 要員追加したが、混乱は収まらない

(3) 莫大なコスト超過
- 追加コストが次々に必要
- 莫大なコスト超過となる

(4) リリース遅延、ビジネス計画の破綻
- いつリリースできるか見通しが立たない
- ビジネスを開始できず、顧客の信用を失う
- 事業計画が破綻し、経営に大打撃

(5) 「あるべき論」で一方的に非難する
- 「こうあるべき」と、到底できないことばかり言って、現実的な対策の議論ができない
- 発注者は「契約違反」と責め立て、受注者は「契約したことだけやる」と居直る

(6) コスト負担が問題
- 契約外のグレーな部分をやらないと先に進めないが、コスト負担する者がいない
- 契約外のことをすると、コスト持ち出しで、しかも「やって当然」と感謝もされない

(7) 実態とかけ離れた報告
- 立派な資料や報告書だが、実態と違う
- 皆が評論家で、誰も一人称で動かない。
- 進捗報告はみせかけ、実態は進んでいない
- 課題は解決せず、問題は大きくなっている
- 「破綻する、計画見直しが必要」と思うが、それを言うと、責任をとらされるので、誰かが言い出すまで、黙っている。

第2章 トラブル未然防止の基本

本章では、開発トラブルの調査結果を紹介した後、「トラブル未然防止の基本」について述べます。

1. システム開発トラブルの調査結果

900以上の開発プロジェクトを調べたある調査によると、その結果は次のとおりで、大トラブルの撲滅が経営課題ということでした。

(1) トラブルプロジェクトの割合とコスト超過額

- 1/4のプロジェクトが少額のコスト超過やリリース遅延を起こしている
- 1％のプロジェクトが高額のコスト超過となっている
- コスト超過総額の88％は、大型開発[1]プロジェクトのトラブルによる

(2) トラブルの根本原因

- 根本原因の42％が、システム企画やプロジェクト計画に起因
- 根本原因の35％が、開発に起因
- 根本原因の23％が、マネジメントに起因

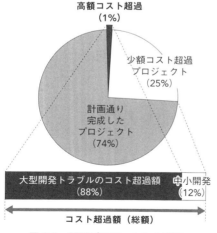

図2.1　開発プロジェクトの状況
（母数926プロジェクト）

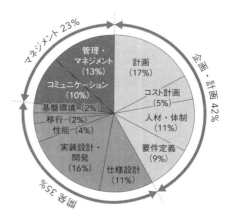

図2.2　トラブル原因

---

[1] 大型開発：本書では、開発費5,000万円以上のプロジェクトを指す。

（3）トラブルの根本原因内訳

トラブルプロジェクトの根本原因を調査した結果が表 2.1 です。

これによれば、「無理な計画」とか、「要件が曖昧」などの「企画・計画」に問題があったとするものが、全体の 42％ と高率を占めました。

また、「設計の遅延」「仕様変更の多発」などの開発フェーズの問題が 35％、管理・マネジメントやコミュニケーションの問題が 23％ でした。

Point「企画・計画」をしっかり立てることがトラブル未然防止の鍵

トラブルプロジェクトの根本原因のトップが「企画・計画」であるとの調査結果は実に興味深いことです。開発に着手する前に、「企画・計画」をしっかり立てることが、最も重要ということです。

表 2.1　開発トラブルの根本原因内訳

トラブル原因		内容	割合(%)
企画・計画	計画	目標が曖昧	17
		計画が具体的でない	
		無理な計画、できない約束	
		リスク分析していない、甘い	
		度重なる計画変更	
	コスト計画	甘い見積り	5
		コスト精査が甘い	
		契約前の先行着手	
	人材・体制	PMスキル不足	11
		PMが複数PJを兼務	
		新規ベンダ	
		業務スキル不足、キーマン不足	
		PM任せ、上司や幹部が見ていない	
		ステアリングコミッティなし	
	要件定義	要件が曖昧	9
		PJ開始後に要件定義	
		要件定義が遅延	
開発	仕様設計	仕様設計が遅延	11
		追加変更多発	
		仕様の膨張	
		仕様レビュー不徹底	
		仕様設計を外注に丸投げ	
	実装設計・開発	新技術の適用	16
		新パッケージの適用	
		実装設計が遅延	
		開発・試験のマネジメントに問題	
		複数工程を同時並行で実施	
		オフショア開発で問題	
		総合試験で仕様バグ多発（仕様設計の不具合）	
	性能	性能条件が明確でない	4
		性能評価が甘い、性能評価せず	
	移行	移行の不具合	2
	基盤環境	データセンタ環境問題	2
		ネットワーク環境問題	
マネジメント	コミュニケーション	報・連・相に問題	10
		業務部門との連携に問題	
		関係部署との調整に問題	
		営業／開発の連携に問題	
	管理・マネジメント	進捗管理に問題	13
		課題管理に問題	
		品質管理が甘い	
		ドキュメント・成果物管理に問題	
		工程毎の点検・監査を未実施	

(4)「仕様膨張・仕様確定遅延」の原因調査結果

　仕様が膨らみ、仕様確定遅延となったプロジェクトの多くが、大トラブルに陥っていて、その原因を調査した結果が表2.2です。

　「要件が確定しないまま設計開始」とか、「追加要望がとめどなく出続けた」「業務部門で要望のまとめ役がおらず、要望が整理されないまま膨れ上がった」など、よく見かける事項が回答されています。

(5)「リスク評価」が形式的

　大トラブルのプロジェクトについて、「リスク評価していたか？」を追跡調査した結果は、「プロジェクト計画書にリスク評価を載せてはいるが、他の例を転載したもので、形式的で形骸化した内容が多かった」とのことです。

　本来は、しっかりリスク評価すべきで、そうすれば、先手先手で有効な対策を打つことができて、大トラブルにはならなかったはずです。

表2.2　仕様膨張・仕様確定遅延の原因調査結果

区分	仕様決定遅れ、仕様膨張の原因
計画	「仕様凍結日」を予め約束していなかった
要件	「要件」が確定しないまま、設計を開始した
	「要件調整」が設計工程の後も、いつまでも続いた
追加要望	「追加要望」がとめどなく出続けた
	「ついでにこれも」と、追加要望が続いた
	「画面」を具体化したら、ユーザ要望が追加された
	「設計レビュー」すればするほど、新たな要望が、次々に追加された。
業務部門のリーダシップ	業務部門側に要件・要望を交通整理するまとめ役がいない。要求がバラバラに沢山出て膨れ上がった
設計開発側のガードの甘さ	要望を言うと、設計者が「ハイ」と答えたので、「やってくれる」と思い、経営層にもそう報告した。しかし、設計者は、相槌で「ハイ」と言っただけだった。設計者は、1ケ月後に「できません」と答えたが、業務部門に「経営層には『やります』と答えてある」と押し切られてしまった。
	仕様膨張について、設計側が警告しなかった。「開発規模が計画より3倍に膨らんでいるので、このまま作るのは無理」と早く警告すべきだった。
設計側の業務スキル	対象業務をよく知らない設計者は、要望されたことの取捨選択ができず、全て取り込んでしまった。実は、不要不急な項目もたくさんあった。
	「実現しても効果が見込めない」「それは止めよう」「その代わりこうしよう」と逆提案して、仕様をスッキリ、スリムにすべきだった。
設計体制	設計要員が多過ぎて、全体統括できなかった。全体の仕様規模を把握できず、開発の実現性とコストを検証できなかった。
	設計要員が多過ぎた。細かなパーツ毎にバラバラに設計した。その結果、結合試験で、設計不具合が多発して、設計のやり直しにまで発展した。

リスクは無数にあり、どれが顕在化するかわからないので、リスク評価は難しいということで、形式的な記載にしたようですが、それは問題でした。

ではどうすれば良かったか？　を次節で述べます。

(6)「第三者監査を受けていない」

大トラブルとなったプロジェクトは、いずれも、第三者によるプロジェクト監査を受けていないか、または、監査結果を聞き流していました。これは、開発プロジェクトのPMに次のような思いがあるからでした。

「このプロジェクトのことは、誰より自分たちが知っている」

「このプロジェクトをわかってない第三者による監査など、意味がない」

「忙しくて、第三者監査などに対応する時間などない」

しかし、これは間違いでした。しっかりプロジェクト監査を受け、その結果を反映していれば、大トラブルにならずに済んだはずです。

(7)「多層構造の開発体制」

多くのプロジェクトの開発体制が、元請け、下請けという多層構造でした。

多層構造では、受／発注間で互いの利害が相反するので、さまざまな齟齬が生じてマネジメントが難しく、トラブルになりがちです。また、多層構造では、管理オーバヘッドが大きいとか、報告が層から層へ伝言されることで現場の実態が

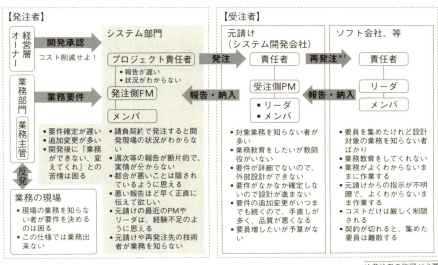

図 2.3　多層構造の開発でよくある問題

見えにくくなるといった問題もあります。図2.3は、多層構造の開発でよくある問題を示すものです。

2. トラブル未然防止の基本

プロジェクトはいつも、開発を成功させたいと、努力するのですが、それでも大トラブルになることがあります。それを防止するには、特に留意すべき勘所を外さないことが大事です。これを、トラブル未然防止の基本として以下に紹介します。

《トラブル未然防止の基本》
《基本1》全員を一丸にする、ベクトルを合わせる（PM）
《基本2》経営陣の参画（体制）
《基本3》PMOや専門家の支援（体制）
《基本4》必ず計画を立てる（計画）
《基本5》外部仕様を早く凍結（仕様管理）
《基本6》変更管理を徹底（仕様管理）
《基本7》3つのリスクをコントロールする（リスク管理）
《基本8》早期発見・早期対処〈火事はボヤの内に消す〉（リスク管理）
《基本9》レビュー重視（品質管理）
《基本10》計画対比で予／実管理（進捗管理）
《基本11》ステークホルダーと合意（コミュニケーション）
《基本12》報・連・相と情報共有の徹底（コミュニケーション）
《基本13》プロジェクト監査を受ける（プロジェクト監査）

《基本1》全員を一丸にする、ベクトルを合わせる（PM）

これが、PM、特に発注側PMの一番重要な役割です（1章【事例1】参照）。

特に、多層構造で大人数で行うプロジェクトでは、これが重要です。互いに利益が相反する受／発注関係の全員が、ベクトルを合わせ、一丸となって取り組む……そのようなプロジェクトなら、必ず成功します。

《基本2》経営陣の参画（体制）

情報システム開発には、多くのリソース（人材・設備・予算）が必要で、事業戦略との整合・投資効果も厳しく問われます。また、多くの組織・法人・システムが関係し、互いの利害の調整も必要です。

そのため、開発プロジェクトのオーナーとして、および主要組織の代表として、必ず経営陣に参画いただくことが必要です。

経営陣が参加するステアリングコミッティを適宜開催し、ステークホルダー間

の調整、意識統一、意思決定を行って開発を進めることが重要です。

《基本3》PMOや専門家の支援（体制）

システム開発には、さまざまな専門スキルが必要です。DB設計、性能評価、アーキテクチャ設計、セキュリティ設計・評価、品質評価、プロジェクト監査などです。プロジェクト計画書に、これらの専門家やPMOの支援計画を組み込み、予算措置します。これが、プロジェクトを成功に導きます。

《基本4》必ず計画を立てる（計画）

計画を立てるのは当たり前ですが、形式的に計画書の体裁を整えただけ…という例をよく見かけます。よく検討せずに作った計画書では、実際の作業と大きく乖離して、計画対比での予定／実績管理（以後、予実管理と略称）もできず、トラブルプロジェクトになります。

また、作業毎の実施計画、試験計画も必要です。これを作らずに、いきなり作業開始する例もしばしば見受けられますが、計画なしの作業は、目隠し運転と同じなので、必ずトラブルになります。

「計画立案」という当たり前のことを、きちんと行うことが大事です。計画に関する基本のいくつかを紹介します。

《基本4(1)》プロジェクト計画書を「成功のシナリオ」として作る

「行うべきこと」と「リスク」を具体化して計画を立てます。それが「成功のシナリオ」になります。これができれば、開発は半分成功したも同然です。

しかし、システム開発で、「行うべきこと」も「リスク」も無数にあり、条件次第で変化するので、その全てを計画に盛り込むことなどできません。

そこで、PMは、「今回開発の"ツボ（最も重要なこと）"は何か？」「最も懸念するリスクは何か？」と自問自答して、要点を絞り、それについては、できる限り具体化して計画を立てます。要点が明確で、首尾一貫しているので、プロジェクト全員が理解でき、ベクトルを合わせて取り組むことができます。

《基本4(2)》「工程毎の実施計画書」は工程開始の1ヶ月前までに作成する

例えば、「○○試験計画書」は、試験開始の1ヶ月前までに作ります。

試験要員の手配、教育、チーム分け、詳細WBS作成、必要装置・物品・ツールの調達……等々、試験開始までに準備すべきことが多いので、1ヶ月前の作成でも遅いほどです。

ところが、工程開始後に実施計画を立てている例もよく見かけます。この場合、

計画立案と作業準備に要する期間だけ確実に遅延し、しかも遅延が次第に拡大していることが多いようです。

《基本4(3)》「作業単位毎の計画」を必ず作り、次回開発にも流用する

　例えば、「1週間連続運転試験」「応答性能評価試験」といった作業単位の計画書や、「試験項目表」「WBS」「作業手順書」「試験正解値」「試験環境設定書」等の詳細資料を、周到に準備することで、作業を効率的に漏れなく実施できます。

　また、これらを保管し、次回開発やリグレッションテストにも使い廻します。そうすることで、ノウハウが蓄積され、品質と効率が格段に向上します。

《基本4(4)》「品質計画」を「高品質を作り込む計画」として作る

　「品質計画」は、高品質達成のために必須です。この「品質計画」は、「バグをどうやって取るか?」ではなく、「バグを作り込まないようにどうやるか?」「どうやって高品質を作り込むか?」「それをどう検証するか?」と考え、立案します。そうすると、高品質を達成できます（10章参照）。

《基本5》外部仕様を凍結（仕様管理）

　トラブル原因の11%が「仕様設計」にありました。つまり仕様設計遅延、仕様膨張等です。これは、大トラブルになった事例の全てに当てはまりました。これを防ぐには、「外部仕様凍結」が非常に重要です。きちんと仕様凍結すれば、これらの問題を確実に防げます。これは、次のように行います（6章参照）。

　　①仕様凍結日を業務部門と予め合意する
　　②「レビュー／再レビュー／その修正・確認」のスケジュールを定める
　　③レビューまでに、必ず設計書を執筆完了する
　　④設計書を執筆できるよう、期限までに業務部門との仕様調整を完了する
　　⑤スケジュールを業務部門と見える化し、進捗管理する
　　⑥業務部門に、仕様確定に協力していただく

《基本6》変更管理を徹底（仕様管理）

　外部仕様確定後の変更追加要求が多くて、設計製造への手戻りが頻発し、品質不良となって大トラブル……という例は多くあります。

　このため、追加変更要求の1件毎に必要性等を厳しく点検し、変更管理を徹底して、仕様追加変更を少なくするようにします（6章参照）。

《基本7》3つのリスクをコントロールする（リスク管理）

　リスクは無数にあり、その全てに対処することは困難です。それで、「問題が出

るまで静観し、問題が出たら対処」とする例が多いですが、これでは、大トラブルに向かって進むようなものです。では、リスク対策はどうすれば良いかというと、次の方法が効果的です。

①３つだけリスクを上げる

②その３つだけはしっかり対処し、コントロールする計画を立てる

③そのコントロール計画を、確実に実施する

「３つだけでよいのか？　選ぶのは誰？　その選択は正しい？」との疑問が湧くと思いますが、問題ありません。それは、次の理由からです。

- PMがリスクを３つ選ぶ

　誰よりも真剣に考えているPMだからこそ見える懸念は、間違いなく重要なリスク。

- リスクコントロールの仕組みは、他のリスクにも効果があることが多い

　この仕組みとは、「リスク兆候の早期発見／初動動作／本格対処」のことで、３つ以外のリスクにも共通する部分が多く、これでリスクをきちんとコントロールすれば、３つ以外のリスクが起きても直ちに対処できる。

なお、「３つに限定せず、全てを定量評価し、綿密に対処するのが良い」との意見もあります。対策も多くなるので、工数も多大になって大変ですが、それが可能なプロジェクトは、ぜひ検討して下さい。

《基本8》早期発見・早期対処〈火事はボヤの内に消す〉（リスク管理）

《トラブル防止》は、「早期発見・早期対処」に尽きます。

「火事はボヤの内に消す」と同じです。「トラブルの芽を発見したらすぐ対処」です。当たり前のことですが、実はこれが難しいのです。機械ならセンサーを埋め込めば早期発見できますが、人間では簡単ではありません。

例えば、「問題や不具合はいち早く報告」と決めていても、受／発注関係の場合、「都合が悪いことはもう少し見極めて、後で報告」とされることがあり、これでは、「早期発見」できません。「いち早く報告」の徹底が鍵です。

そのため、「《基本1》全員を一丸にする、ベクトルを合わせる」が重要なのです。全員がプロジェクト全体のことを考えて行動すれば、「いち早く報告」も徹底され、「早期発見・早期対処」ができます。

《基本9》レビュー重視（品質管理）

「レビューを重視し、丁寧に繰り返しレビューして、高品質化する」これをやる

17

と、驚くほど品質が上がります。「試験前にレビューでバグを取り尽したので、試験してもバグが出ない」との例もあるほど、高品質となります。

　レビューは、設計書やプログラムだけでなく、計画書、試験項目、スケジュール、基盤環境、マニュアル、手順書等々、あらゆるものが対象です。

　「レビューに時間とコストがかかる」との意見もありますが、実はそうではなく、全体から見ると大幅なコスト削減になります。「バグ1件を見つけ改修するコスト」を、レビューによる方法と、試験による方法で比べると、レビューによる方法が圧倒的に安上がりだからです。

　また、レビューには、「レビューメンバー全員がスキルアップできる」という著しい教育効果もあり、これ以降の作業効率と品質が格段に上がります。

《基本10》計画対比で予／実管理（進捗管理）

　「計画対比での管理」は基本ですが、これを行わず、「実績だけ管理」するプロジェクトを時々見かけますがそれらの多くはトラブルプロジェクトになっています。トラブルになると、「とりあえず目の前の作業だけして、トラブル拡大」という悪循環になります。やはり、「計画を立てて実行、計画対比で予／実管理」と、基本を忠実に行うことが大事で、それが成功の鍵です。

《基本11》ステークホルダーと合意（コミュニケーション）

　経営陣、業務部門、関連組織、利用ユーザ等のさまざまなステークホルダーとのコミュニケーションを密にすることで、プロジェクトは円滑に進みます。ステークホルダーを味方につけることが大事です。間違っても「抵抗勢力」にしてはいけません。

《基本12》報・連・相と情報共有の徹底（コミュニケーション）

　「報・連・相」の徹底は、どのプロジェクトでも指示されますが、簡単ではありません。忙しいとついつい「報・連・相」が疎かになりがちで、問題が起きます。「報・連・相」が日常動作となるまでに徹底することが課題です。

《基本13》プロジェクト監査を受ける　（プロジェクト監査）

　「監査対応は面倒」と避けたがるPMがいます。しかし、実は、プロジェクト監査は、PMを強力に支援し、トラブル防止に効果的なのです。それは、監査人が、多くのプロジェクトを見て来ているので、プロジェクトの危うさが第三者の目からはっきり見え、的確な助言を行うからです。

　例えば、監査人には「このままでは外部設計は半年遅れ、リリースはもっと遅

れる」といった未来が見え、助言し、監査報告します。プロジェクトが、これに対処すれば、トラブルを防げます。プロジェクト監査の予算とスケジュールを計画に組み込んで、監査を受け、対処することが、プロジェクトを成功に導きます。

3. トラブルになったらどうする？

　もし、トラブルになったらどうするか？　小手先で躱そうとすると、トラブルはますます大きくなるので、トラブルの根本原因を炙り出して、必ず正攻法で抜本対処することが大事です。

Point まず、定量的に状況把握

　何がどうなっているか？　定量データでの状況把握が最優先課題です。ところがトラブルプロジェクトでは、この状況把握が、非常に難しいのです。

- 状況把握できるデータがない（有るなら、トラブルになってない）
- 状況がわからぬまま進んできた（だから、データがない）
- データ収集の体制と仕組みがない（それほど混乱している）

　このように難しいことですが、定量データでの状況把握は必須で、再建の第一関門です。体制を整えて、データ収集から始めます。

Point 「なぜ・なぜ・なぜ」と根本原因を炙り出す

　「なぜそのバグが作り込まれたのか？　それはなぜ？」と「なぜ？」を繰り返して、根本原因を炙り出します。これが中途半端だと、抜本対処はできないので、「なぜ？」の繰り返しを徹底して行います。

Point 「抜本対策」を果敢に実施

　大トラブルを収めるには、抜本対策を果敢に行うしかありません。例えば、「バグが際限なく出るので、試験を中止し、設計からやり直す。そのために、対象業務を熟知した設計者を集め直す。サービス開始は半年延期」とします。コストも期間も大幅に追加となるのですが、これ以外の方法では、もっとコストと期間がかかってしまいます。経営者やプロジェクトオーナーの判断を仰ぎ、計画と体制を作り直して行います。

> （事例）１ケ月かけて状況を定量分析し、全体計画を見直し、リスタート
> 　ある巨大プロジェクトが大トラブルとなりました。1,000名のメンバが右往左往して大混乱状態ですが、立て直しの方策がわかりません。そこで、PMOが支援に入りました。PMOはまず、バグ票を１件１件見て、１ケ月かけて状況を定量的に整理しました。

そして、そのデータを基に、「このまま進んでも見通しは立たないので、全作業を停止し、計画と体制を作り直す」「リリースを半年延ばす」と対処策をまとめ、ステークホルダーに理解を求め、承認を得て、開発プロジェクトをリスタートしました。こうしてプロジェクトを再生し、見直し後は計画どおり半年遅れで、サービス開始しました。

4. 大トラブルの立直しのポイント

大トラブルの立直しを正攻法で取り組む際の留意点は次のとおりです。

Point 役員が責任者となる

多大なコストと人員が必要で、損失も出るので、役員が責任者となります。

Point 立直しプロジェクトリーダーを、新たに任命する

大胆な改善策をやり遂げる、実行力のあるリーダーを、新たに任命し、権限を与え、新リーダーが、大鉈を振るえる環境にします。

Point 取組み方針を全員に明示する

新リーダーは、「何から始めるか、どう取り組む」等の取組み方針を、プロジェクトメンバに明示します。

Point 定量的に状況把握する体制を編成する

状況把握の期限を決め、その体制を編成して実施します。

Point 「根本原因」を炙り出して「対策案」を立てる

状況把握したデータを基に、根本原因を炙り出し、対策案を立てます。例えば、次のようにいくつかの案にまとめ、比較審議します。

A案（開発続行）　　：リリース期限を変えず、体制強化し、開発続行
B案（リリース延期）：リリースを延期、体制強化し、開発続行
C案（計画見直し）　：開発方式も外部委託先も変え、計画見直し
D案（開発中止）　　：開発中止、SAAS 等の外部サービスに切り替え

Point 経営者が対策案を審議し、予算等を承認する

立て直しには、計画外のコストや期間が必要なので、審議し、承認します。

Point その他（PM が心がけること）

- 有言実行　：方針、計画を明示し、実行する
- 意義を説明：「何のために」を説明すれば、全員が 1 人称で取り組む
- 一斉に実施：「戦力の逐次投入は負け戦」、全員で抜本対策を一斉に実施

第3章 受／発注それぞれの役割

1. 開発トラブルの原因は 受／発注 双方にある

　システム開発の大トラブルは、どれも受／発注の双方に原因があって、どちらか一方だけが悪い…ということはまずありません。発注側の原因も多々あります。例えば、「仕様確定後の要件の追加変更の頻発」です。トラブルを防止し、開発を成功させるためには、受／発注の両者がそれぞれの役割を果たすことが大切で、発注者は、プロジェクト全体をそのように適切にマネジメントします。

2. 契約

2.1 システム開発の契約

　受／発注の役割は契約形態で異なります。その概要は表3.1のとおりです。

表3.1　契約形態

契約種別	請負契約	準委任契約（SES契約）	労働者派遣契約
法律	民法	民法	労働者派遣法
契約の概要	完成物に報酬を支払う、成果物と納期が確定している契約*1	委託者が、（法律行為以外の）業務を委託する契約	派遣元事業主が労働者を派遣先企業に派遣し、派遣先の労働に従事させる契約
受託者の責務	仕事の完成義務を負う*2	善良な管理者の注意をもって委任業務を行うこと	労働に従事
契約の条件	発注者は要件を提示	発注者は、委託する業務内容と処理プロセスを提示	労働条件を提示
完成義務	受注者は、完成義務あり*3	なし（善管注意義務あり）*4	なし
瑕疵担保*5	受注者にあり（1年*6）	なし	なし
指揮命令権	受託者がもつ	受託者がもつ	発注者が持つ
支払い	完成後*7、納品成果物を検収し合格なら支払う	委託業務への報酬を、一定期間毎に支払う*8（時間別、日別、月別、期間別など）	労働への報酬を一定期間毎に支払う
記事	上記内容（法律）より、締結した契約の条項が優先される		

*1 改正民法では、プロジェクト中断時も支払い義務あり。
*2 改正民法ではプロジェクト中断の規定あり。
*3 改正民法ではプロジェクト中断の規定あり。
*4 改正民法では、「履行割合型」は完成義務なし、「成果完成型」は完成義務を負う。
*5 改正民法では「瑕疵担保」でなく「契約不適合」。
*6 改正民法では「引き渡しから5年以内、不具合の事実を知ってから1年間」に変更。
*7 改正民法では、「プロジェクト中断時の支払い義務」「代金減額請求」の条文あり。
*8 改正民法では、「履行割合型」「成果完成型」の二つを明文化。

2.2 工程と契約のパターン

　業務アプリ開発の契約のよくあるパターンを表 3.2 に紹介します。なお、本書では、パターン④や①で説明することが多いですが、これ以外のパターンの契約での開発もよくあります。

表 3.2　工程と契約のパターン

3. 発注／受注の流れと役割分担
3.1 システム開発の流れ

システム開発における発注者／受注者の関係を、ウォータフォールモデルで表したものが図 3.1 です。発注者は外部設計で仕様を確定し、実装設計以降の開発を外部委託するという構図です。

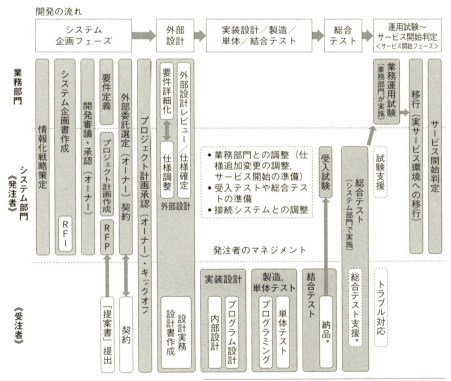

図 3.1 システム開発の流れと役割分担

3.2 工程毎の発注者／受注者の役割

発注者／受注者の役割を、工程毎に少し詳しく表現したものが図 3.2 です。

（1）システム企画

発注側で行い、外部委託先と契約し、キックオフします。

（2）外部設計

発注者／受注者が共同で行います。

- 発注者は、業務部門と仕様調整し、外部仕様を確定する
- 受注者は、外部設計書を完成させ、次工程（実装設計）を準備する

（3）実装設計〜結合テスト

多くの場合、受注者が請負契約で行います。

- 受注者は、外部仕様に従って、実装設計・製造・テストを行う
- 請負契約の多くが、結合テスト完了または総合テスト完了での納入。納入を受け、発注者は受入試験を行って検収可否を判定する。

（4）総合テスト

発注者が実施／受注者が実施の 2 つのパターンがあります。

①発注者が実施するパターン

　　結合テスト完了での納入を受け、発注者が総合テストするパターンで、さらに 2 つのパターンに分かれる。

　（① -1）発注者が、受入試験で検収可否判定後、総合テストするパターン

　（① -2）発注者が、受入試験を兼ねて総合テストするパターン

　　なお、総合テストの実作業を外部委託する場合、多くは準委任契約で委託するが、全体の責任は発注者が負う。

②受注者が実施するパターン

　　総合テスト完了で納入する契約の場合、受注者が実施する。

　　なお、総合テストは、「実サービスできることの開発部門としての確認」が目的なので、これを受注者が実施する場合も、発注者はその目的が達成されるようにマネジメントする必要がある。

（5）業務運用試験

発注側の業務部門が、次の目的で行い、システム部門が支援します。

（目的 1）システムが「実サービスに供せる」ことの最終確認

（目的 2）新システムに対応した業務処理体制、手順等の最終確認

（目的 3）業務の担当者に対する「新システムでの業務」の教育、習熟

（6）移行・サービス開始

サービス開始に向けて発注側が行う作業です。

- 移行：現システムから新システムへの移行作業。移行リハーサルを何度か実施し、支障なく移行できるように準備する。移行は、業務部門、システム部門、運用保守部門が合同で行う
- サービス開始判定：オーナーまたは業務部門の責任者が判定する
- サービス開始　　：新システムでサービスを開始し、システムを開発プロジェクトから運用保守部門に移管する。

（7）プロジェクト終結

開発プロジェクトは、サービス開始直後の初期トラブル対応が終了次第、終結します。

（8）システム効果検証

サービス開始半年後〜 1 年後に、新システムの効果を業務部門とシステム部門が合同で検証します。

なお、4 章から 11 章では、これらの各工程の詳細と、発注者としてのマネジメントのポイントを詳述します。

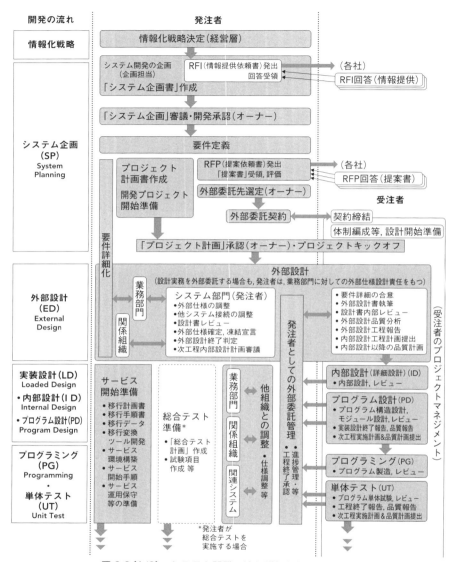

図 3.2（1/2） システム開発の流れ詳細と役割分担（例）

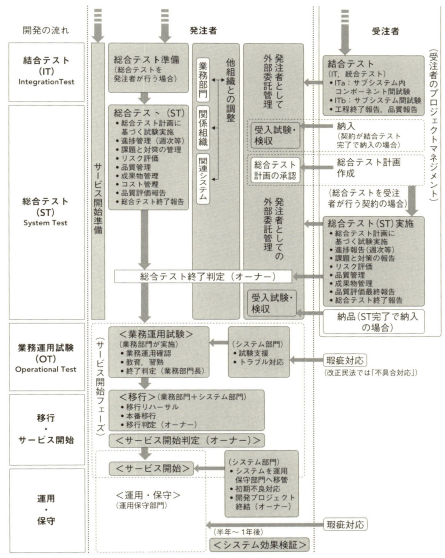

図 3.2（2/2） システム開発の流れ詳細と役割分担（例）

第4章 企画・要件定義・調達
～開発の成/否は企画で決まる～

　企画フェーズは、情報化戦略に則ってシステム開発を企画し、プロジェクト発足するまでの期間です。本章では、企画フェーズのうちで、情報化戦略策定から、外部委託先選定までについて述べます（図4.1参照）。

　企画では、最初にシステム開発の方針、目的、方向性、リスク、コスト等を明確にします。ここで定めた目的や要件に従って設計開発を進めるため、目的が曖昧だったり、要件に不備があれば、プロジェクトは、混乱し失敗します。したがって、企画フェーズは、最も重要な、力を注ぐべきフェーズです。

1. プロジェクト成功の鍵は、「企画」にあり

Point 企画がシステム開発の成否を決める

　企画は、システム開発の成否を決める「鍵」であり、発注者として最も重要な仕事です。企画で大切なことは、進むべき目的、方向を明確にすることです。企画を、道先案内の"地図"に例えると、トラブル原因の例は表4.1のようになります。目指すべき目的地やルートを誤れば、目的地にたどりつけなくなるので、

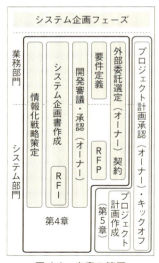

図4.1　本章の範囲

表4.1　企画が原因のトラブル例

目的地が曖昧	目的や目標が曖昧で、どこに向かえば良いかわからない
ルート設定が違う	「事業戦略の実現」とのIT化の目的を事業部門と共有できておらず、事業部の実情とは合わないやり方をしている
ルートが曖昧	業務要件が曖昧、不明確、顧客のニーズを把握できない
地図作りを他者に丸投げ	「ITはわからない」と、企画・計画段階から外部委託先に丸投げ
ルートがころころ変わる	要件がいつまでも揺れ動き、確定しない
距離や道の険しさの推定誤り	完成時期やスケジュールの想定が甘く、到底間に合わない
リスクの無視	リスクを考慮せず、障害についてのリスク対策がない
仲間の非協力	開発への現場の不同意、非協力

「企画を誤らない」ことが大切です。

2. 組織全体のガバナンスとIT

> **Point** 経営層、経営者は、IT利用の方針を明確にする

　ガバナンスは組織を目的地に向かわせる舵取りを意味します。経営層（取締役会、理事会等とそのメンバーたる役員）は組織のニーズを評価し、組織の目的に沿って利害関係者のニーズに応えるための事業戦略を立て、方針を示します。経営者（取締役会、理事会等で選任された社長等の業務を執行する役員）は経営層の方針を基に、管理職に指示をし、その結果をモニターします。

　経営者は事業戦略から組織全体のIT戦略、個々のIT戦略の執行を統括します。もし、経営層、経営者が、IT戦略の方針を示さず、組織としてITの利用を統括しなければ、システム開発もその場しのぎになり混乱します。

　経営者の事業戦略から、組織全体のIT戦略を立案し、個々のIT戦略との整合をとります。

　方針が明確でないと、複数の部門でバラバラにITを開発し、同様のシステムを二重に開発したり、個別に開発したシステム間で情報連携ができないなどの無駄な投資につながります。

　経営者は、以下の流れでシステム開発が行われるように組織のニーズから個々のIT戦略につなげる方向を示す舵取りをします。

① 組織のニーズを明らかにする
② 事業戦略を組み立てる
③ 組織全体のIT戦略を整合させる
④ 個々のIT戦略を定める

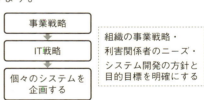

図4.2　戦略を立てる

3. 企画立案とITマネジメント

3.1 事業戦略を立てる

　経営層は全社の事業戦略、中長期計画を立案します。環境、ニーズの分析が的確でないと誤った方向を示してしまうことになります。

- 外部環境（経済動向、競争会社の動向など）
- 内部環境（従業員の状況等）
- 利害関係者（株主、債権者、取引先等）の要請

3.2 IT 戦略を立てる

（1）企業の目標と IT

Point 戦略目標と IT 利用の整合をとり、デメリットを表面化させないリスク管理をする

① 企業の目標を明確にし、IT 利用の方針を明確にする

　　戦略目標と IT の関係を明確にします。

② IT 化について自社開発か、外部委託開発かの方針を決める

　　外部委託開発には既存のパッケージの利用も含みます。

③ 既存システムを改修するか、新規開発するかを決める

　　改修と新規開発のコスト、リスク等を比較します。

④ クラウド適用の可／否を検討する

　　コストだけでなく、セキュリティ、データ保全、大規模災害対策など、さまざまな要件を比較検討します。

⑤ ビッグデータ、IoT 等、新技術の活用を検討する

　　IoT 等で、従来とは全く違うビジネス展開の可能性もあり、新しい波を検討します。ただし、新技術のリスクも考慮する必要があります。

⑥ 「大きく産む」のか「小さく産んで育てる」のか、対象範囲を検討する

　　大規模開発は投資額も大きくなるので、テストケースとして相応しい部分から始める等のやり方を検討します。

（2）経営者と IT 担当部門の役割

Point 現行システムの状況把握が重要

経営者は、新システムに関する情報と組織の現在の IT の状況を考慮して、IT 戦略を立てます。新技術の情報はもちろん必要です。また、既存の IT の現況（システムの更改時期やネットワークの状況など）も把握し、既存システムと重複する無駄な投資とならないようにします。

IT 部門は、次のように経営層の示す事業目標達成のために IT 戦略立案に必要な情報を整理します。

- 新技術の動向の調査
- セキュリティやリスク情報の収集
- IT 投資額の妥当性の検証のための情報収集
- 事業目標達成のための、最適な IT 活用の提案、「IT 戦略」の立案

- 「IT戦略」に基づく、個々のシステムの企画
- リスク評価、コスト見積り、投資対効果の評価
- 社内の全てのITの集約（システム台帳、ネットワーク構成図等）
- 機器のリース台帳の管理
- ロードマップの作成
- 現行システムの予算、実績の集約

3.3 企画立案と検証

Point IT投資は、ニーズを具体的な戦略に反映し、数値化して検証

業務の目標、効果を数値化し、実現可能性を検証します。

①達成すべき目標の明確化

- 目標を明確に設定（漠然と開発を始めない）
- 目標の数値化（検証可能とする）
- 経営の示す戦略目標の数値化
- 最終目標を達成するためのアクションプランの繋がりの明確化

②業務の目標

業務の目標を数値化し、試算します。

（例）・顧客サービス向上による顧客獲得の期待値

- どの期間でいくらの投資を回収する

短期的な売上増などの金銭的な目標以外に、サイバーテロ対策や、異物混入検知装置導入など、企業の信用を保つための長期対策費の考慮も必要です。

「業務の目標」は、次のように「新規」と「既存」に区分できます。

（a）新規業務へのIT活用の目標

（例）新規市場開拓・新事業の目標、達成年度《競争優位》

新規事業の企画では、競争優位の確立のために下記を検討します。

- 新ビジネスモデルの確立
- 目標とする一定期間での売上予想とコストの算定
- 受注後の業務フローなどの業務サイクルの検証（インターネット販売における、受注後の商品発送フロー等）

（b）既存業務へのIT活用の目標

（例）IT活用による効果試算《コスト削減・効率化》

- 既存システムの改善
- 既存業務への「新システム導入」
- 既存業務のサービス改善
- ピッキングシステム等で、商品納期短縮
- 手作業の IT 化で効率化、コスト削減
- 品質検査装置、安全管理装置等で、品質向上、安全確保

4. 企画実現の体制

Point 業務部門の参加と同意、経営者・システムオーナーによる組織間調整が必要

(1) 業務部門の参加

　企画検討では、業務部門の担当者が参加したチームを編成します。業務部門は多忙かもしれませんが、新システム導入で、業務フローも変わるからです。現場業務の改善と IT 導入を両輪で推進するのがベストです。業務フロー変更は、業務の現場にとっては大問題なので、内容と意義をよく理解してもらい、業務部門のトップの合意をとることも必要です。業務部門が参加しないと、実際の業務の流れの理解が不足し、使い勝手の悪いシステムや、使えないシステムができてしまいます。

(2) リーダシップ

　システム開発を成功させるには、経営者とシステムオーナーの強力なリーダシップが必要です。特に、新規事業や会社全体に関わる革新的システムの開発では、組織毎に異なる意見や要望をまとめる必要があります。

5.「システム企画書」の作成・承認

Point システム企画書は、企画の可否を判断できるよう明確に記載

　情報化戦略に則って、個々のシステム開発等の IT 導入を企画します。「システム企画書」を作成し、予算を獲得し、実行に移すために審議・承認を受けます。「システム企画書」には、この IT 導入がいかに必要で、効果があるかを示し、意思決定に必要な項目を記載します。

(1)「システム企画書」の作成

　IT 導入の承認を得るための企画書を作成します。

表 4.2　システム企画書の項目（例）

	項目（例）	概略
1	システム化の目的	企業の目標と結びついた目的を記載する。
2	システム化の内容	どの業務をシステム化するかを明確にする。システム化の業務と関係する部門を明確にする。
3	システム化の必要性	目標達成に IT の利用が必要であることを明確にする。
4	投資額（予算）	IT導入の概算予算
5	導入時期	IT導入時期、サービス開始時期
6	システム化の効果、投資回収の見込み	IT活用効果と投資回収の見込み、回収期間を記載する。
7	投資リスク（目標との乖離）	想定した効果が出ず目標達成できないリスクを明らかにする。関連項目をシミュレーションして、下記のようなリスクを評価する。 • 業務プロセス変更によるマイナス要素の有無 • 売上が上がり過ぎての在庫不足、欠品等の懸念のリスク。目標との乖離。
8	投資額算定の根拠	IT化投資額の算定根拠を示す。
9	RFI（Requset For Informatt on、情報提供依頼書）等による情報収集結果	RFI等で収集した情報収集結果を載せる。新技術の情報、新たな方式の提案、超概算コスト、新たなITの導入効果など。

（2）投資額（予算）の申請と承認

IT 導入の承認を得るために投資額（予算）をさまざまな方法で算定します。

例えば、「類似開発の例から概算見積り」「RFI 結果から概算見積り」「現システム改修の概算見積り」などです。システム企画書には、見積り根拠を添付します。

（3）企画と投資額（予算）申請の方法

企画と投資額を 1 つだけ申請する方法、複数案を申請する方法等があります。投資上限金額を示す方法、個々の開発毎に細分化した申請等もあります。

（4）審議・承認

経営者またはオーナーが主催する審議会で、「システム企画書」で提案された IT 導入について審議し、可／否を判定し、企画と予算を承認します。主管部門が関連部署に稟議を回して、承認を受けるやり方もあります。承認後、要件定義、RFP 等による外部委託先選定等を行います。

（5）「システム企画書」作成・審議の留意点

Point 企画段階で、前提条件・制約に無理はないかを検証する

「システム企画書」の作成では、特に次の項目に留意します。

① オーナーと各部門の責任者を決める

オーナーは、その IT 導入の責任者です。開発導入についてだけでなく、サービス開始後の導入効果についても責任を持ちます。また、この IT 導入に関する事業部や部門毎の役割責任を明らかにします。

② 事業部計画と全社経営計画との整合をとる

経営戦略・事業戦略との関係を明確にします。トップダウンでの調整、ボトムアップでの調整、各部門への予算配分調整も必要です。

③ コストと投資効果を定量評価する

投資効果が見込めない IT 導入は承認されません。

④ 必要性、必然性を明確にする

各部門のニーズ、戦略による新規事業のニーズ、リスク要素、デメリット等を検証し、「本当に開発する必要があるか？　開発しなくても良いのでは？」と必然性、必要性を検討し、真に必要な投資だけを行います。

⑤ 人材と実現可能性を見極める

人材、スキル、期間、需給の環境、ライバル社の動向等を検討します。実現可能性、特に人材確保を厳しく見極めます。必要な人材が確保できないのに無謀な計画を進めて失敗する例があります。

⑥ 技術の変化、環境の変化を見極める

ソフト／ハード／クラウド／通信／端末等の環境や技術の変化を検討します。サービス開始時に技術やサービスが既に陳腐化しているといったことにならないか？　新技術利用の制約、リスクを検証し、見極めることが大事です。

⑦ 調達計画を立てる

開発承認後、外部委託先の選定・契約やハード／ソフト等の必要資材の調達を行います。それらの調達計画を明らかにします。調達が無理な場合や、無駄な調達の場合もあるからです。

6.　要件定義

要件定義は、システム企画フェーズで行う重要な作業です。「システム企画書」をベースに、システムの実現に向けスタートを切り、さまざまな要件を定義します。

6.1 要件定義の重要性

「要件が曖昧だったために下流工程でさまざまな齟齬が発生し、大トラブルになった」……そんな経験はありませんか？「上流工程でコケれば、全てコケる」と言われます。要件定義書は、「外部設計」の前提条件となります。要件定義が曖昧であれば、外部設計の設計品質は不十分となるので、下流工程でトラブルが多発します。

6.2 定義すべき要件

トラブルを未然防止するには、どのように要件定義すべきでしょう。「要件定義」プロセスでは、下記を決める必要があります。

① 業務要件
② システム要件
　②-1 機能要件
　②-2 非機能要件

6.3 要件定義の体制

要件定義の体制には、「広義」と「狭義」の2つがあります（図 4.3）。

① 広義の要件定義体制

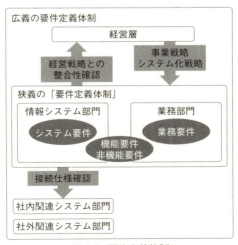

図 4.3 要件定義体制

「会社や組織全体の事業戦略」を策定したり、個々の部門の「事業目標」を定める経営層、関連システムの主管部署等が含まれます。

② 狭義の要件定義体制

当該業務を担当する「業務部門」と「システム部門」で構成します。

6.4 ①業務要件

中期事業戦略といった「組織全体の事業戦略」や、組織毎の「事業目標」が設定されています。これらの「事業戦略」や「事業目標」を達成するための業務内容を定義するのが「業務要件」です。

会社などの組織体は「継続的成長」が株主といった利害関係者から求められ、将来に渡って存続させなければなりません。また、「事業再構築（BPR）」も求められます。各組織や部門は「事業目標」を達成するために最適な活動を行い、「全体の事業戦略」との整合もとります。「業務要件」には、それらを盛り込みます。

表 4.3 「事業戦略・事業目標」と「(次期)業務の検討」(例)

戦略・目標	• 売上＆利益 ○％アップ! • 業務効率 ○％アップ! • コスト ○％削減! • 業界市場シェア ○％獲得! • 新規事業参入!	業務の検討	• 現在の業務処理フローで大丈夫? • 無理・無駄な作業はない? • 属人的な業務はない? • 競合他社の動向は? • 業界のベストプラクティスは?

これらの次期業務の検討を行い業務要件を定義します。その際、「現行の業務内容では、なぜ事業目標を達成できないのか?」「次期業務ではどうすれば事業目標を達成できるのか?」といった分析を行いますが、これは業務部門が主体となって進めます。システム部門は「ITのプロ」で、「業務のプロ」ではないので、もし「業務要件定義」をIT部門に丸投げするとさまざまな齟齬が出て、大トラブルになることがあります。

業務部門は、自部門の業務や関連業務に詳しい担当者で、課題意識を持っている者をアサインし、事業目標達成に必要な業務要件を過不足なく定義します。

表 4.4　業務要件の内容（例）

現行業務の分析	次期業務の要件
・組織の事業戦略（中期経営計画等） ・現行業務の役割とゴール ・現行業務の現時点における 実績／達成度 ・現行業務のフロー ・情報の入出力 ・現行システムの操作手順 ・ステークホルダー（利害関係者） ・関連する業務（社内外） ・法制度／社会環境／競合他社の状況等 ・現行業務における未達成の課題等 ・組織全体および当該業務におけるセキュリティポリシー ・現行業務の「業務環境図」「業務フロー」「業務記述書」	・組織の事業戦略（中期経営計画等） ・現行業務の課題に係わる解決策 ・新業務に求められる役割とゴール（組織の事業戦略から） ・新業務のフロー ・情報の入出力 ・新システムの操作手順 ・ステークホルダー（利害関係者） ・関連する業務（社内外） ・法制度／社会環境／競合他社の状況等 ・新業務で達成すべき課題等 ・組織全体および当該業務におけるセキュリティポリシー ・新業務における「業務環境図」「業務フロー」「業務記述書」

6.5 ②システム要件

　業務要件を実現するためのシステム要件を定義します。業務要件との整合性を保ち、システムで何を実現するのかをシステム要件としてまとめます。システム要件は、システム部門が主体となって定めますが、使い勝手の判断などは業務部門に依存しますので、業務部門の協力も必須です。

　システム要件は「機能要件」と「非機能要件」に大別されます。

6.6 ②-1 機能要件

　次期業務を実現するための「機能」を定義します。表4.5は、機能要件項目の例です。これらは、関係するステークホルダーに合意を得ながら定めます。データやその処理、他システムインタフェース等はシステムの根幹に関わりますし、画面や帳票は業務部門等の利用者の使い勝手に大きく影響するからです。

　この機能要件定義は大変な作業です。その内容は、業務やシステムの特性、重要度、規模等によって異なるため、「この項目と内容を設定したら機能要件定義は完了」などという簡単なことではありません。

表 4.5　機能要件（例）

情報システムが備えるべき機能全般	・処理内容／処理方法　　　　・入出力データ／入出力方法 ・入出力の関係		
画面に係わる機能	・画面の一覧 ・画面レイアウト	・画面名 ・画面遷移の方法	・画面の概要 ・画面入出力要件
帳票に係わる機能	・帳票の一覧 ・帳票レイアウト	・帳票名 ・帳票入出力要件	・帳票の概要 ・帳票入出力形式
データに係わる機能	・データ項目名 ・データ処理内容	・データ項目概要 ・データ定義	・データ形式
外部インタフェースに係わる機能	・関連する他システムの一覧 ・送受信データ／送受信タイミング／送受信の前提条件		

　実際に機能要件定義でまず悩むことは、システム要件をどのような様式で、どのように定義するか？　ということです。過不足なく、わかりやすく、曖昧性を排除し定義しなければなりません。曖昧性を残すと、後々の設計フェーズで、設計不具合を多発することとなり、トラブルの原因となります。表4.6、表4.7は、その様式の一例です。要件定義は、このような一覧表形式だけでなく、図面や記述書も必要です。端末画面図や処理フロー図、システム構成図、処理内容の記述書など、システムの特性や規模、重要度などに応じて適切に用意します。

6.7 ②-2非機能要件

　システム要件では、機能要件とは別に、これを実現するための非機能要件も定義します。システムを適切に稼動させる稼働率、レスポンスタイム等の性能、安心してシステムを使い続けるための運用保守事項、システムやデータを守るためのセキュリティ等の設計が必要だからです。

　非機能要件は、システムの特性や規模、重要度などに応じて適切に定義します。定義する項目例を表4.8に、様式例を表4.9に示します。

　非機能要件は、「適切に」定義することが特に重要です。システムの特性、規模、重要度に応じて適切に定義します。

　システムも「投資」の一環である以上、高い「投資対効果」が求められます。そのため、「余力があり過ぎるムダなシステム」や「余力がなくて実用に耐えないシステム」とならないように、「適切に」に定義し、後々のトラブル要因としないことが肝要です。

表 4.6　機能要件表（例）

機能レベル1	機能レベル2	機能レベル3	機能要件概要
○○管理	○○進捗確認	（概要）申請・決裁に必要な登録、承認、回覧ルート設定、回覧等を一元管理する	
		未処理数表示	処理が必要な件数を表示し、処理を促す
		履歴表示	回覧処理履歴の一覧表示、詳細表示
	:	:	:
○○決裁	決裁の起案	伺い決裁	
	:	:	:

表 4.7　機能要件表（例）

接続システム	From	To	概要
B-system	A-system	B-system	（概要）毎日、夜間、B-systemに日次データを送り込む
			□□情報ファイル送信
			△△情報ファイル送信
	:	:	:
C-system	C-system	A-system	（概要）毎月、夜間、C-systemから月次○○データを取り込む
			○○データ受信（月末 00：00 ～ 02：00）
	:	:	:

表 4.8　非機能要件の内容（例）

分類	項目例　（各項目は「通常時」「繁忙時」の夫々について定める）
可用性	・システムの稼働時間／稼働率 ・RPO（目標復旧時点　Recovery Point Objective）／RTO（目標復旧時間　Recovery Time Objective）／RLO（目標復旧レベル　Recovery Level Objective） ・DR（災害対策　Disaster Recovery）／BCP（事業継続　Business Continuity Plan）
性能／拡張性	・データ量／ユーザ数 ・データ処理量（通常時／繁忙時） ・レスポンス時間／ターンアラウンド時間（通常時／繁忙時） ・システムライフサイクル中の拡張度
運用性／保守性	・運用監視（通常時／障害時） ・インシデント対応／パッチ対応 ・保守サポート要件 ・構成管理／変更管理
セキュリティ	・法令／組織内等のセキュリティルールへの準拠 ・情報資産のセキュリティレベル ・アクセスコントロール ・不正監視／証拠保全
基盤環境	・関連するシステムとの接続要件 ・機器等の設置環境（データセンター）要件

著作権表示：Copyright © 2010-2013 IPA

表 4.9　非機能要件定義表（例）

レベル1 大項目	レベル2 中項目	レベル3 小項目	概要
運用	（概要）専用データセンタの定常運用		
	バックアップ／ リストア	復旧時間	データ回復を伴う復旧は障害発生から24時間以内
		磁気DK故障	磁気DK単体の故障はオンライン復旧可とする
	：	：	：
□□	□□□□	□□□□	
	：	：	：

6.8 要件定義の確定

(1)「要件定義書」へのとりまとめ、レビュー

　業務要件、システム要件（機能要件および非機能要件）を定義したら、「要件定義書」にまとめ、内容に齟齬や矛盾がないかを確認します。

　また、その内容が「事業目標」や「事業戦略」の達成に寄与するものとなっているかを確認します。

(2)「要件定義書」の確定

　「要件定義書」は、どんなに遅くとも「外部設計」開始前までに確定し、完成させます。要件の固まっていない状態で設計を始めると大トラブルになるからです。

　もし要件確定が期限に間に合わないなら、要件定義期間を延長し、期限を再設定して、最優先で作業します。

　止むを得ない事情で外部設計を開始する場合は、要件が確定した部分から始めるしかありませんが、未確定部分を設計範囲に含めないように管理します。

(3)「要件定義書」の引継ぎ

　確定した「要件定義書」は、「調達」「プロジェクト発足」そして「外部設計」へと引き継ぎます。

(4)「要件定義書」確定の審議・承認

　「要件定義書」の確定について、関係者間で審議し合意を得ます。経営層／業務部門／システム部門／その他社内外の関連部門と、要件の整合性と内容をレビューし、その結果を、各部門の責任者が出席する会議で審議し、合意を得て、経営者またはオーナーが承認します。

Point　整合性が確認できないなら、企画プロセスをやり直す

　整合性の確認と合意は、この後の設計を進める上で必須なので、これができて

40　第4章　企画・要件定義・調達

いないなら、企画プロセスをやり直すほかありません。確認事項や整合性確認の判断基準等の例を、下記に示します。

（各要件の整合性確認（例））
- 業務要件…………組織の事業戦略・システム戦略との整合
  　　　　　　　　業務フローによる業務プロセスとシステムの整合
- システム要件……システムの特性、重要度、規模、業務要件との整合
  ├─ 機能要件……処理方法、画面・帳票・データ等の整合
  └─ 非機能要件…性能や可用性、安全性等の整合

（判断基準（例））
- 業務要件（業務フロー含む）の網羅（抜け漏れナシ）
- システム要件（機能要件）の網羅（抜け漏れナシ）
- システム要件（非機能要件）の網羅（抜け漏れナシ）
- 要件間の整合性・関係者間の合意（矛盾ナシ）

（審議事項（例））
- 要件定義の完了
- 未確定部分の確定時期
- 未確定部分のスケジュール等に与えるリスク

(5)「要件定義書」確定の関係者間による「オフィシャルな合意」

Point 「合意」にあたっては要件定義書の決裁欄に各部門責任者が捺印する

　関係者間の「オフィシャルな合意」は必ず行います。例えば、要件定義書の表紙に決裁欄を設け、各部門の責任者が捺印し、完成文書とします。これは、後で要件が安易に追加変更されることを防ぐためです。合意がとれないまま次のステップに進むと、大トラブルを引き起こしてしまうことになります。

（事例）要件定義が遅延し、開発期間が短くなって大トラブル

　大規模システムの開発で、「要件定義」がズルズルと半年遅延しました。それにもかかわらず、「サービス開始日は予定通り厳守」とされ、「工期は2／3に圧縮」されました。開発規模が減ったわけではないのに、工期は半年削られてしまいました。そのため設計途中で、製造／試験を開始…といった無理な作業を行わざるをえなくなり、総合テストで大トラブルになってしまいました。結局、品質強化に半年かかって、サービス開始は予定から半年遅延となり、コストも大幅超過となりました。要件定義が遅延したのなら、その分、サービス開始時期を先に延ばすべきで、理由もなく開発工期を短縮し、「無理な計画」に走った結果の大トラブルでした。

【当初計画】

要件定義 ＞ 外部設計 ＞ 実装設計 ＞ 製造／単体 ＞ 結合試験 ＞ 総合試験 △サービス開始

【実際】

要件定義（半年遅延） ＞ 外部設計 ＞ 実装設計 ＞ 製造／単体 ＞ 結合試験 ＞ 総合試験 ＞ 総合試験＆品質強化 ▲

開発期間を半年削りサービス開始を守る＜無理な計画＞

結局，トラブル多発でサービス開始は半年遅延

＜無理な開発＞
設計途中で，製造試験を開始

トラブル多発

7. 調達

7.1 調達戦略

　外部委託先やハード／ソフトなど、さまざまな調達が必要ですが、予め「調達戦略」を定めて行うことが大切です。

Point 予め「調達戦略」を定めて調達する

　外部委託先の調達では、まず「何故外部委託するか？」を整理することが大事です。例えば、下記事項です。これは、企業の戦略にも関わる重要事項です。

・自社で内製すべきことは何か？
・外部委託すべきことは何か？
・役割分担と責任分界点はどこに設定するか？

42 　第4章　企画・要件定義・調達

（事例）戦略なき外部委託（丸投げで問題）

　ユーザ企業のIT子会社で、親会社のシステム開発を請負っていましたが、その実態は、外部委託先への丸投げでした。この結果、システム開発のノウハウも、業務仕様のノウハウも何も残らず、トラブルにも対応できなくなり、IT子会社の存在価値が疑問視されるようになりました。当初は、業務仕様の定義とプロジェクトマネジメントだけは行う予定でしたが、全てを外部委託に丸投げした結果、会社の存在理由が問われてしまいました。

（事例）甘い見通しでのフェージング契約で失敗

　「外部設計完了で納品、実装設計以降は別契約」という「フェージング契約」にしました。外部設計で仕様を確定した後、見積り直して契約すれば、精度が高い見積りで、総コストを低くできると考えたからです。こうして、実装設計以降について複数社から相見積もりをとって、設計した会社とは別の会社で一番安価な額を出した会社と契約しました。当初予定額より安価なので、フェージング契約の効果が出たと喜びました。

　ところが、実装設計を始めると、前の外部設計の見直しが必要となりました。納品された外部設計書の瑕疵ではないのですが、実装設計で判明した課題を解決するために、外部設計への手戻りが必要になったのです。そこで実装設計を委託した社に外部設計見直しを委託しましたが、契約外作業で別コストとなり、結局、コストも工期も、計画以上に膨らんでしまいました。甘い見通しでフェージング契約した失敗事例です。

7.2 RFP（提案依頼書：Request for Proposal）

（1）RFPの意義、作業項目

　複数社に提案依頼書と調達仕様書を示し、技術的・価格的に最も優れた提案を出した社と契約する、これがRFPによる調達です。

　RFPで複数社による競争状態をつくり、良い提案、安価な提案を受け、公平・公正に調達することができます。RFP作業項目例を表4.10に示します。

（2）RFPの作成

　RFPの記載項目は多岐にわたります。応札側は、このRFP記載内容だけを頼りに検討し、最も良い案を練り上げて提案するので、必要条件は全て、RFPに記載されなければなりません。また、政府機関等が行う国際入札では、海外企業が意図的に排除されるような記載としてはならないと決められています。RFP記載事項（例）を表4.11に示します。

表 4.10　RFP 作業項目（例）

RFP作成	要件定義書をベースに、提案依頼書・調達仕様書を作成する 複数社の提案を比較評価しやすいように、提案書式や章立てを定め、機能要件や非機能要件の重要度や優先度に応じた重みづけ評価基準書を作成する
RFP発行・ 調達説明会の開催	提案依頼書・調達仕様書を発行する。調達説明会を開催、提案予定社とのQ&Aを行い、受／発注間および各社間の認識の齟齬を防ぐ。 また、契約書（案）を提示し、予定する契約条件を示す。
ベンダプレゼンテーションの開催	提案書提出社を招き、プレゼンテーションおよびQ&Aを実施する。 提案社によっては、提案書作成部門と受託後の開発部門が異なる場合がある。そのため受託後のPM予定者にプレゼンしてもらうことで、PMおよび社としての実力、提案内容の実現性等を評価する
提案評価	予め準備した評価基準書に従って、各社の提案内容を比較評価する • 発注者側が指定した記載方法・章立てとなっているか • 提案内容は提案依頼書および調達仕様書に対して抜け漏れはないか 　また、「より良き提案」は行われているか • 提案内容の技術的優位性と実現可能性の評価 • 重要度や優先度に応じた重みづけに伴う技術点の配分 • 提案価格は予算（予定価格）を超えていないか • 提案価格に応じた価格点の配分
評価委員会の開催と ベンダ決定	複数名の専門家から構成される評価委員が技術評価および価格評価の結果を持ち寄り、評価委員会を開催し、公平公正な評価を行う。 • 技術評価：技術力の高い提案であるほど高い評点とする • 価格評価：低廉な提案価格であるほど高い評点とする 評価委員の評価内容に齟齬や理解の誤りが無きよう、評価者全員で確認する。透明性・公平性を担保するため、会計（経理）部門の責任者も立ち会う。評価基準書に従い、技術評価と価格評価が総合的に最も優れた提案社を受託者として選定し、経営者またはオーナー等責任者の承認を得る。
ベンダとの契約	選定した社と契約内容を合意し、契約を締結する。なお、契約書に、受注社からの提案書を添付し、トラブルや訴訟リスクに備える

（事例）RFP の不備によるトラブル（総合評価方式にすべき調達案件）

　RFP での国際調達で、「価格競争入札」としたので、初めて参加した海外企業が最も安価で落札しました。ところが、その会社は、システムの内容もドキュメントも理解できず、片言の日本語しかわからないので、発注側に多くの手間と時間がかかることになりました。

　また、RFP に、「現システム運用事業者が支援する」と記載していました。日本企業にとっては複雑でないシステムなので、安易に「支援」と記したのが問題でした。落札した海外企業は、当然、その「支援」を求めてきたので、簡単な支援ではなくなりました。結局、現システム運用事業者に特別体制で支援してもらうこととして、追加予算を計上し、総コストは莫大になりました。「RFP でコスト削減」のつもりが、逆に高くなった失敗例です。

表 4.11　RFP 記載事項（例）

項目		内容
提案依頼事項		提案依頼範囲、開発額、運用保守費、見積り条件、スケジュール（開発、移行、リリース）、業務アプリケーション、基盤環境（設備、ハードウェア／ソフトウェア、ネットワーク、サーバ、ストレージ、端末等機器）、体制（開発、運用、保守等）、納品成果物（ドキュメント等）
目的、背景、概要		本システムで実現すべき目的、本システム構築の背景、事業との関係、現状の課題、期待する効果、システム化の方針、リリース時期、システム全体図、機能一覧、関連システムを含む全体像、現行システムとの関係
業務要件	現行業務	• 現行業務の役割／ゴール／未達成課題 • 現行業務の業務フロー（関連する他業務との受渡を含む） • ステークホルダー／法制度／社会環境／競合他社との状況等
	次期業務の要件	• 次期業務に求められる役割とゴール（組織全体の事業戦略との関連） • ステークホルダー／法制度／社会環境／競合他社との状況等 • 次期業務の業務フロー（関連する他業務との受渡を含む）
システム要件	機能要件	• システムの機能全般（処理内容・方法／入出力データ・方法 等） • 画面（名称・レイアウト・遷移・入出力要件 等） • 帳票（名称・レイアウト・遷移・入出力要件 等） • データ（項目名・形式・処理内容・定義 等） • 外部インタフェース（関連システム／送受信データ・タイミング 等）
	非機能要件	• 可用性（稼働時間・稼働率／ RPO・RTO・RLO ／ DR・BCP 等） • 性能（データ量・ユーザ数／データ処理量／応答時間 等） • 拡張性（システムライフサイクル中における拡張度） • 運用性、保守性（運用監視/インシデント対応/保守要件/構成・変更管理 等） • セキュリティ（法令・組織内ルール／情報資産／アクセスコントロール／不正監視／証拠保全 等） • システム環境（関連システム接続要件／ファシリティ（データセンタ）等） ※上記各項目の「通常時」「繁忙時」の各々について要件を定義
プロジェクト管理要件		• 定例報告、レビュー、管理項目
発注者による監査権限		• 本プロジェクトにおいて「発注者より受託者およびその委託先に対してプロジェクト監査を実施する」旨を明記
資格要件等		• ベンダの会社情報、社としての認証および類似の業務・システムでの実績、各要員の保有資格、スキル・経歴、問合せ窓口
		• 応札参加資格条件、提案期限、本調達のスケジュール、秘密保持条項、著作権、成果物

（3）RFPのポイント

```
①RFP作成　　：各要件を定性的・定量的かつ具体的に記載
　　　　　　　　優先順位・重要度に応じた重みづけの評価基準策定

②調達説明会：入札説明書・調達仕様書に対するQ&A
　　　　　　　　参加しなかったベンダにも回答発行し、認識の齟齬を防ぐ

③提案の評価：評価基準に従い、各提案書の記載内容を評価
　　　　　　　　PM予定者にプレゼンしてもらい提案内容の実現性を確認

④ベンダ選定：複数の評価委員が技術面・価格面から総合的に評価し選定
　　　　　　　　契約書記載内容の合意の後に提案書を添付した契約書を締結
```

図 4.4　RFP のポイント

Point ① RFP は詳しく、より具体的に

　RFP の目的は、「要件定義書」で定義した要件を「費用対効果の高い」システムとして調達することです。このため、RFP には、機能要件や非機能要件などの各要件を、定性的・定量的に詳しく、具体的に、明確に記載します。また、調達項目の各々について、優先順位や重要度に応じて重み付けした評価基準書を予め作り、公正に評価します。そうすることで、より良い提案、より廉価な提案を引き出すことができて、価格が高騰することを防ぐことができます。

Point ② 調達説明会の実施は効果的

　調達説明会を実施することは非常に効果があります。複数社に一斉に説明し、質疑応答することで、調達仕様を深く理解してもらい、適切な提案を引き出すことができます。説明会に不参加で入札意思のある会社には、質疑応答の内容を提示します。こうして、公正で適切な競争状態を作り、より良き提案、より廉価な提案を引き出すことができます。

Point ③ ベンダプレゼンテーションの開催および提案の評価

　複数名の専門家（業務の専門家やシステムの専門家など）から構成される評価委員会で、受領した各社の提案書を適切に評価します。評価基準書に従って、業務の特性等によって決めた優先順位や重要度等の重み付けを勘案します。また調達仕様よりも「より良き提案」で評価に値するものは加点します。

　なお、提案社内で提案書作成者が受託後の開発を担当しない場合、契約後に開発担当が自社提案内容を理解していないといった問題が出ることがあります。そ

こで、ベンダプレゼンテーションを開催し、PM予定者にプレゼンテーションとQ&Aを担当してもらい、開発を安心して任せられるか？を確認します。

Point ④ 外部委託先の選定

評価委員会で技術的評価および価格的評価が総合的に最も優れたベンダを外部委託先として選定し、経営者またはオーナー等責任者の承認を得ます。

選定会社との契約では、契約書記載内容の合意をとります。特に検収条件、支払条件、瑕疵担保条件、成果物の著作権条件、トラブル時の契約解除条件、損害賠償の上限金額、係争時の所轄裁判所を定め、根拠法を日本国法とすることは重要です。特に契約先が海外ベンダやその日本法人の場合は、これを必ず合意し契約締結します。なおその社が提案した「提案書」の記載内容の履行を担保するために、契約書にその社からの「提案書」を添付します。

7.3 適切な調達方法

適切な調達は、どのようにすれば良いか？ 一般的には、「総合評価落札方式」と「最低価格落札方式」があり、調達要件に合わせて使い分けます。

（1）「総合評価落札方式」

提案内容と価格の両方を評価し、重み付けして評価点を決めます。提案内容の評価は、「評価基準書」等を作り、評価項目や重要性を明確にして、複数の評価者（評価委員）にこれに従って評価してもらいます。

（2）「最低価格落札方式」

いわゆる価格勝負です。ただし、「技術審査」として、「RFP記載内容の実現の担保」を証明する書類の提出を要求します。その書類は「できる／できない」の判断のみに用い、技術的な優劣の評価や得点付けは行いません。

価格については、参考として「運用保守コスト」の見積りもとって、「システムライフサイクルコスト」を見ることもできます。

RFI等でとった概算見積もりから、予定価格を予め算出しておきます。RFPの提案額が、予定価格より一定割合（例えば6割）以下なら、提案の適格性・フィージビリティを確認する「低入調査」を行う場合もあります。予定価格より高いなら「失格」です。全ての入札者が失格なら「不落」とし、再度調達をやり直すか、提案者と再調整します。調達範囲等の再調整で合意すれば「不落随契」で随意契約とする場合もあります。再度調達は、入札までさらに2ヶ月ほどかかることも

47

あり、サービス開始時期を設定し直すことも必要となります。

Point RFPへの提案書は「コミットメント」とし、契約書にもその旨を明記する。契約違反は違約金または訴訟の対象とする（下記事例）

（事例）RFPへの提案と話が違う（いつまでたってもできてこないパッケージ）

　RFPに対して、「要件にマッチしたパッケージがあり、ほとんどの要件は基本機能で可能」との提案を出した会社と契約しました。FIT & GAPして、詳細設計に入った頃、「パッケージを見てみたい」とデモを依頼しましたが、いつまで経ってもデモしてくれません。当初は「パッケージは開発中で詳細設計前には完成」との話だったのに、話が違います。そのベンダの幹部からは、「実はパッケージがまだ完成していない、納期は半年遅れる」との返事です。仕方ないので期限を延期し、期限厳守の約束で契約継続しましたが、それでも出て来ません。再度要求すると、「パッケージの完成は難しい」との回答です。結局、パッケージは完成せず、訴訟となり、開発中止となりました。RFPの提案書を鵜呑みにしたのが失敗で、詳細に確認し、提案書はコミットメントとして明記して契約すべきでした。

第5章 プロジェクト計画の作成、キックオフ 〜開発プロジェクトの発足〜

　本章は、「システム企画フェーズ」の後半、「プロジェクト計画作成からキックオフ」について説明します。この「キックオフ」が「開発プロジェクトの発足」です。なお、キックオフまでの企画フェーズを「プリプロジェクト」で行うこともあります。

　ところで、開発トラブルの根本原因で一番多いのが「企画・計画」でした（2章参照）。このため、「企画・計画」では次の事項をしっかり行うことが大切です。

① PM（プロジェクトマネジャー）の任命
② 体制の編制
③ リスク評価
④ 「プロジェクト計画書」作成・承認
⑤ 「外部設計実施計画」作成・承認
⑥ キックオフ

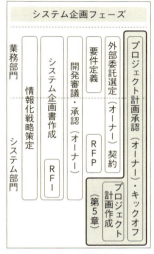

図 5.1　本章の範囲

1.PMの任命

> **Point** PMは現場の最高リーダー、開発を直接左右する

　システム開発を託すPMを、発注者／受注者のそれぞれで任命します。

　PMは、開発プロジェクトを直接指揮する現場の最高リーダーなので、その人選は開発の成否を左右し、誰をPMとするかは最重要課題です。

(1) 望ましいPM：人間力とリーダシップに溢れた人物

- 方針を明確に定め、有言実行する
- 発注／受注の立場を超え、プロジェクト全員のベクトルを合わせる
- 人間的な魅力に溢れ、メンバ全員が信頼する
- 「大所高所から判断」「現場の細かな実態を見る」そのバランスが良い
- 柔軟にチーム編成し、生き生きと活動させる
- 「報・連・相」を活発にし、風通しの良いプロジェクトにする
- 経営層や上位責任者とコミュニケーションし、協力を引き出す

(2) PM 任命時の注意点

- 所掌範囲、権限、義務、上位管理者との責任分担を定める
- PM 候補者が納得し、自ら進んで拝命するようにする、押し付けない

（事例）プロジェクトを失敗させた PM の例
- 何も判断せず、問題の先送りをしていた PM は、トラブルをますます大きくしました。
- 部下や受注者に問題を押し付け、責任をとらない PM は、全員の信頼を失いました。
- 問題を報告した者に、オウム返しに「問題を整理し、解決法を示せ」と宿題を出すばかりで、何もアクションしない PM には、誰もついてこなくなりました。
- PM がいくつものプロジェクトを掛け持ち、プロジェクト実態を見ていなかったので、深刻な事態になっていることを PM 自身がわかっていませんでした。

---

2. 体制の編制

Point キーマン、特に「業務習熟した設計者」の確保が必須

発注者／受注者は、それぞれの体制の編成を定めます。体制の編制については、特に下記に留意します。

- 信頼できる PM の任命
- キーマンの確保（特に業務に習熟した設計者）
- チームの編制、チームリーダの任命
- 専門家や PMO 等の支援体制
- 業務の教育
- 業務部門との緊密な連携体制
- その他の組織との連携体制

(1) キーマンの確保

マネジメントのキーマン、技術のキーマン、業務のキーマンなど、いろいろなキーマンが必要ですが、特に「業務のキーマン」が重要です。「業務に習熟した設計者」です。業務アプリを設計するには、その確保が必須で、確保できなければ開発延期も考えなければならないほどです。

(2) チームの編制、チームリーダの任命

発注側は、業務部門等と仕様を調整してまとめる「仕様管理チーム」を編成します。受注側は、外部設計作業を行うための複数のチームを編成します。例えば、機能分野毎の設計チーム、処理方式設計チーム、移行設計チーム、ハード／ソフト基盤設計チーム等です。発注側は、受注者のこれらのチームに対応して担

当をそれぞれ定め、仕様を管理し確定します。

　また、これらのチーム毎にリーダを任命し、詳細な作業計画は、チームリーダが中心になって立案します。

　なお、開発体制は、この後、設計→試験→サービス開始と工程が進むにつれて、適切な形態に変化させていきます。

（3）専門家やPMO等の支援体制

　システム開発では、性能やセキュリティ等、専門スキルが必要なことが多いので、専門家やPMO等の支援体制をプロジェクト計画に盛り込んでおくことが必要です。例えば、次の分野についての支援体制が必要です。

- 方式設計、性能設計、性能評価
- パッケージベースでの設計
- セキュリティ
- 運用設計、保守設計、ネットワーク設計、基盤設計
- 品質評価
- プロジェクト監査

（4）業務の教育

　設計や試験を行う全員が対象業務をよく知っていることが、システム開発を成功させる必要条件です。このため、プロジェクト全員への開発対象業務の教育が非常に重要です。これは、例えば、業務マニュアルや新人教育テキスト等の業務部門の教材で教育します。教育には期間・工数・コストが必要なので、それらを計画に組み込み、実施します。

（事例）業務を知らない100名の設計者で設計して大トラブル
　業務を知らない100名の設計者が、「業務は何ですか？どう処理して欲しいですか？」と業務部門にヒアリングして、「設計書」を1万ページ作成しました。その結果、全体の整合がとれていない、矛盾だらけの設計書となりました。幾度も手直ししたのですが良くならず、1年遅延して、結合テスト・総合テストまで漕ぎ着けましたが、設計バグ多発で、結局、開発中止となりました。

（5）業務部門との緊密な連携体制

　業務仕様を定め、外部仕様設計するには、業務部門の力が必要です。業務部門との合同プロジェクト体制とすることがベストですが、それができない場合は、緊密な連携体制を作る必要があります。ところが、これがなかなか難しいのです。

51

業務部門は日常の業務処理で忙しく、月末締め、四半期締め、年度末締め等の締め処理期間はさらに多忙を極めるので、システム設計のために割く時間などなくなってしまうからです。このため、外部設計工程の期間だけは、こちらに専念していただく業務担当を切り出していただくよう、業務部門に協力を求めます。

（6）その他の組織との連携体制

接続対象システムの組織や、運用保守の組織等、調整すべき対象組織は多いので、それぞれの組織対応に調整窓口を定め、円滑に連携する体制を組みます。

3. リスク評価

システム開発のリスクは数え切れないほど多く、どれが顕在化するかわかりませんが、対策を怠っていると、致命傷になりかねません。そこで、企画段階でリスク分析し対策を定めることは、とても重要です。

（1）リスクマネジメントの基本方針の設定

PM は、この基本方針を定め、キックオフ時に全員に周知します。

（例）・「（問題が）起きてから対処」でなく「起きないように事前対策」
 ・「火事はボヤの内に消す」……問題の早期発見・早期対処
 ・「悪い事ほど早く報告」………問題の早期発見
 ・「情報共有を徹底」……………悪い事や問題も皆で共有し対処

（2）リスクマネジメントルールの設定

リスクマネジメントの役割分担、問題報告ルール、対策ルール等を定めます。

（3）リスク分析と対策

開発のリスクを洗い出し、分析し、対策を立てます。リスク分析法としては、「リスク発生頻度×波及範囲×影響の重大さ」で定量分析する方法があります。リスクを数値化するので、説得性がありますが、定量化が難しいリスクの分析が課題です。

（4）形骸化したリスク評価は危険

「リスク評価の内容が、他プロジェクトと全く同じ」という例を見かけます。「外部設計が期限までに確定しないリスク」「プログラミングが期限までに完了しないリスク」といった文言を他プロジェクトの計画書から転載しているのですが、このような形骸化したリスク評価で誤魔化したために、本当のリスクへの対策が遅れて大トラブルになっている例をよく見かけます。

（5） 特に懸念するリスクを３つ挙げる

　開発のリスクは無数にあって、コスト・工期が限られた中で、その全てに対処することは無理です。そこで、次のように行います。

Point　特に懸念するリスクを３つ挙げ、対策を必ず実行する

　PM が、本当に懸念していることを３つ挙げ、それについては、対策を必ず実行するというやり方です。リスクの抽出を PM に任せるのは、誰よりこのプロジェクトを真剣に深く考えているからです。大事なことは、「対策を必ず実行する」ということです。対策とは、「予防／検知／対処」です。

- 予防：リスクを顕在化させない
- 検知：兆候を発見したら直ちに報告……早期発見
- 対処：直ぐ対処……………………………早期対処

　このうち、「発見したら直ちに報告」という「検知」の仕組みは、多くの場合、これ以外のリスクにも有効です。他のリスクの兆候もいち早く発見し、早期対処できます。

　そこで、「直ちに報告」の仕組みを作り、機能させることが大事なのですが、実は簡単ではありません。それは、部下／上司とか、受注者／発注者といった関係では、問題の隠蔽とか、報告を遅らせることが起こりがちだからです。

　これは、「『あの件はどうなった？』と状況報告を求められるので面倒」とか、「『直ぐ対処して結果を報告せよ』と、宿題にされるだけで、助けてくれない」と報告を上げる側が警戒するからです。あるプロジェクトで、大幅遅延を隠し「順調」と虚偽報告を続けた PM がいましたが、「どうせ怒られるなら最後の１度だけで済ませたかった」というのが理由でした。

　そこで、「直ちに報告」を実現するには、「報告すれば助けてくれる」「自分だけで悩まなくてもいい」という文化にすることが大切です。報告を受ける側の PM 自身も意識を改めることが必要です。

4.「プロジェクト計画書」作成・承認

　設計からサービス開始までの計画を具体化したものが、「プロジェクト計画書」です。これを作成し、承認を受けたら、開発プロジェクトをキックオフします。

4.1 「システム企画書」と「プロジェクト計画書」

　前章で説明した「システム企画書」は、開発可否を審議し、承認を得るための
ものでした。これに対し、本章の「プロジェクト計画書」は、開発を成功に導く
ための具体的な計画です。これが、よく練られた計画であれば、開発は順調に進
み成功しますが、粗雑な計画なら、大トラブルになります。

　「プロジェクト計画書」は、開発承認を受けた「システム企画書」をベースに、
それを具体化して作成します。

表 5.1　「プロジェクト計画書」の概要

<table>
<tr><td colspan="2"></td><td>「プロジェクト計画書」</td><td>（参考）「システム企画書」</td></tr>
<tr><td colspan="2">作成時期</td><td>キックオフ前</td><td>開発承認伺い</td></tr>
<tr><td colspan="2">文書の用途</td><td>開発の詳細計画の承認
（キックオフで関係者全員に周知）</td><td>開発の可／否判断
（必要性、投資対効果等）</td></tr>
<tr><td rowspan="15">内容</td><td>目的</td><td>（システム企画書と同じ内容）</td><td>○</td></tr>
<tr><td>開発の必要性</td><td>（システム企画書と同じ内容）</td><td>○</td></tr>
<tr><td>コスト</td><td>◎（コスト詳細）</td><td>○（予算総額）</td></tr>
<tr><td>効果、投資対効果</td><td>（システム企画書と同じ内容）</td><td>○</td></tr>
<tr><td>リスク評価</td><td>◎（詳細なリスク評価）</td><td>○（投資のリスク）</td></tr>
<tr><td>要件、前提条件</td><td>◎（具体的な要件・前提条件）</td><td>△（概要のみ）</td></tr>
<tr><td>システム化内容</td><td>◎（システムの詳細内容）</td><td>△（概要のみ）</td></tr>
<tr><td>スケジュール</td><td>◎（具体的な工程、開発線表）</td><td>△（サービス開始時期等の概要）</td></tr>
<tr><td>体制</td><td>◎（PM、詳細な体制）</td><td>△（主管組織等の概要）</td></tr>
<tr><td>関係組織</td><td>◎（関連組織）</td><td>△（主な関連組織）</td></tr>
<tr><td>教育</td><td>◎（具体的な業務教育計画）</td><td></td></tr>
<tr><td>リソース計画</td><td>◎（各種リソースの詳細計画）</td><td></td></tr>
<tr><td>調達計画</td><td>◎（外部委託先、その他調達詳細）</td><td>△（外部委託先選定計画等）</td></tr>
<tr><td>品質</td><td>◎（品質計画）</td><td></td></tr>
<tr><td>マネジメント</td><td>◎（プロジェクト管理ルール等）</td><td></td></tr>
<tr><td>成果物</td><td>◎（具体的な成果物）</td><td></td></tr>
</table>

4.2 「プロジェクト計画書」の目次

　設計からサービス開始までの詳細な計画を作成します。

表 5.2　プロジェクト計画書　目次（例）

項目		説明
1	プロジェクトの目的とゴール	
	（1）目的	事業戦略上の目的、IT戦略との関係
	（2）目標	具体的な目標（定量的目標）
	（3）背景	システムの背景、開発の必要性
	（4）期日	完成期日（サービス開始予定日）
	（5）予算（秘）	「システム企画」審議で承認された予算
	（6）効果	定量効果、投資対効果
2	システム概要	システムの概略、図・表等（詳細資料を添付）
	（1）概要	・何をするシステムか?の概要
	（2）最重要事項	・絶対に外してはいけない要点《ツボ》
	（2）業務要件	・対象業務の内容（「要件定義書」を添付）
	（3）システム要件（機能要件）	・実現すべき機能（　　　　同上　　　　）
	（4）　〃　（非機能要件）	・機能以外の実現すべきこと（同上） （性能、運用、保守、セキュリティ、移行など）
	（5）システム基盤要件	・ハード／ソフト構成等（基盤定義書を添付）
	（6）接続システム	・接続先のシステム
3	前提条件、制約条件	
	（1）前提条件	計画の前提（現システムからの移行など）
	（2）制約条件	新システムが守るべき条件 （遵守すべき法律、バッチ処理の制限時間など）
4	スケジュール	
	（1）マスタースケジュール	全体の大日程線表（工程区分、マイルストーン）
	（2）詳細スケジュール	週次の中日程線表（業務アプリ開発、ハード/ソフト基盤、 関連システム、業務部門などの線表）
5	体制	
	（1）発注側の体制	システム部門／業務部門の体制・リーダ・キーマン
	（2）外部委託先の体制	システム開発受注社の体制・リーダ・キーマン
6	リソース計画	（コスト・調達の計画は発注者内だけの秘）
	（1）コスト計画（秘）	サービス開始までのコスト内訳／月別展開
	（2）要員計画	発注側／外部委託先それぞれの要員の月別計画
	（3）調達計画（秘）	外部委託契約、ハード等の基盤調達計画等
7	成果物	
	（1）最終成果物	プロジェクト完了時の成果物 （プログラム、外部設計書など）
	（2）添付品	成果物に添付するもの （実装設計書、試験仕様書、試験データなど）
	（3）検収基準	納品物検収の基準
8	リスクマネジメント	
	（1）基本方針	プロジェクトのリスクマネジメントの基本方針
	（2）リスクマネジメントルール	プロジェクトのリスクマネジメントルール
	（3）リスク分析と対策	・特に懸念するリスクと対策・他のリスクと対策 ・リスクの早期検知策　　　・リスク再評価時期

項目		説明
9	品質計画	
	(1) 品質マネジメント方針	高品質達成のための品質マネジメントの方針
	(2) 設計の品質計画	高品質設計の品質計画（10章参照） •設計品質の定義、目標値、高品質設計施策など （詳細は「外部設計実施計画書」に記載）
	(3) 品質計画	高品質を実現する製造テストの品質計画（10章参照） •品質基準と目標値、高品質化施策など （詳細は、製造開始前に「品質計画」として作成）
10	プロジェクトマネジメント	
	(1) マネジメントの基本方針	プロジェクトマネジメントの基本方針、運営方針
	(2) 行動指針	プロジェクトメンバが必ず守るべき行動指針
	(3) 遵守規定	遵守すべき規定 •「開発標準」・「セキュリティ基準」など
	(4) 権限、意思決定ルール	•オーナー、PM、チームリーダの権限 •プロジェクトの意思決定ルール
	(5) 会議体・ コミュニケーションルール	•会議体・報告ルール、報告書・記録・議事録のルール •情報共有ルール、共有フォルダー
	(6) 工程開始/終了/監査のルール	工程毎の開始／終了ルール、終了判定ルール、プロジェクト監査を受けるルール等
	(7) 進捗管理	•週次、月次の進捗管理ルール、報告内容（品質、進捗、工数など） •チーム内での作業進捗管理ルール
	(8) 課題管理・障害管理	課題管理ルール、障害管理ルール、管理体制、窓口
	(9) 仕様管理	要件管理、外部仕様管理のルール、様式、窓口
	(10) 構成管理、変更管理	•成果物の管理、版管理、変更管理 •仕様追加変更のルール、様式
	(11) 教育・訓練	•業務スキル教育などの計画
11	その他	
	(1) 設計/開発/試験の環境	•クラウドか否か、基盤ハード/ソフト、ツール等
	(2) サービス環境	•クラウドか否か、センタ設置場所、運用組織等

4.3 「プロジェクト計画書」とは？

　「プロジェクト計画書」は、設計／製造／試験／サービス開始の具体的な計画を記すもので、その出来は、開発の成否を大きく左右します。

Point 「プロジェクト計画書」は "成功のシナリオ"、"バイブル"

　「プロジェクト計画書」は、"開発を成功に導くシナリオ"です。最終ゴールまでの道筋と行うべきことを、具体的に掘り下げて計画します。しかし、開発は、シナリオ通りにできるほど単純ではありません。問題が起きたらどうするか？も考え、それも計画に盛り込みます。それが"成功のシナリオ"です。

　これを関係者全員の"バイブル"とします。座右に置き、問題が起きたら、こ

こに立ち戻って考えます。もし、計画変更せざるを得ない時は、"バイブル"の変更なので、ルールに従ってオーナーの承認を得ます。

Point 実行可能な具体的な計画とする

"成功のシナリオ"ですから、実行可能な計画とするのは当然です。しかし、「このまま実行するのは到底無理」と思える計画を見かけることがあります。サービス開始日に無理やり合わせた短期開発とか、内容の難しさを考慮しない低コスト開発などです。「無理な計画」は、どんなに頑張っても実現不可能で、大トラブルになってしまうので、「プロジェクト計画」を審議する際は、本当に実行可能か？　を真摯に点検する必要があります。

（事例）無計画な船出、無謀なふるまい
　予算とサービス開始日だけという「枠だけ決めた計画」で開発スタートする例を見かけますが、多くの場合、大トラブルになっています。「とりあえず開発スタートして、走りながら詳細を詰めよう」というやり方では、すぐにスケジュール遅延、コスト超過、品質トラブル多発となります。「無計画な船出」では、成功させることは困難です。

（事例）全て順調を前提にした計画
　「全てが理想的に順調に進んだ時のみ期限通り完成」という計画を見かけますが、何か問題が起これば、すぐに計画は破綻し、開発遅延・コスト超過となります。計画立案時にそれを全く考えていないので、失敗するのも当然です。計画審議時には、そのような計画ではないかを慎重に点検する必要があります。

4.4 プロジェクトの目的とゴール

「システム企画書」には、開発の目的とゴールが記載され、承認されているはずですが、それを「プロジェクト計画書」にも明確に、具体的に記載します。

これは、とても重要で、「何のために開発するのか？」「どんな効果を狙うのか？」は、常に意識すべきことで、もし何か問題が起これば、ここに立ち戻って、どうすべきか？　を考えます。

4.5 システム概要

構築するシステムの概略を、図・表等も交えて、具体的に記載します。

Point 絶対に外してはいけない《最重要事項》を明記する

《最重要事項》とは、「絶対に外してはいけないこと」、「これだけは必ず達成すべきこと」、「柱」です。それを明記します。開発を始めると、やるべきことがた

くさんあって、優先度が曖昧になるので、絶対に外してはいけない「柱」が何か？を明らかにしておくことが大事です。この「柱」を中心に設計開発を進めます。例えば、「応答性能○ msの実現」が「柱」なら、これを実現する方式設計を最優先で行い、これを中心に、全体の開発計画を進めます。

（事例）応答時間を「柱」にしたコールセンター

　コールセンターの再構築で、「応答性能○秒達成」を「柱」に据えました。これが達成できるなら、開発にコストがかかったとしても、投資効果は十分に得られる。逆に、もし、達成できないなら、コールセンター要員が大量に必要で、コールセンターコストが莫大となり問題になる、というものでした。このため、設計開発のあらゆることを、この「応答時間達成」を中心に計画して開発し、大成功を収めました。

4.6 前提条件、制約条件

　開発の前提条件や制約条件を明記し、これに従って全体の計画を立てます。

　前提条件は、例えば、「現システムからの移行」とか、「○○システムとの接続」です。制約条件は、必ず守るべきことで、例えば、「夜間バッチ処理を○時間以内に完了させ、朝○時にオンラインサービス開始」とか、「法改正○月○日にサービス開始」「○○法の準拠」などです。

4.7 スケジュール

Point 「仕様凍結日」をマイルストーンに設定する

（1）マスタースケジュールの具体化

　開発計画の全体を「マスタースケジュール（図5.2）」として具体的に表し、工程区分やマイルストーンを明記します。また、業務部門／システム部門／関連組織などの各部門毎のスケジュールも表し、互いの関係が見えるようにします。

（2）仕様凍結日を設定

　マスタースケジュールに、「仕様凍結日」を必ず明記し、関係者と合意します。これは、大トラブルを避けるために必須です。大トラブルとなったプロジェクトはどれも仕様確定が甚だしく遅れているからです。

　仕様凍結日を設定すれば、要件の出し元の業務部門も、「早く仕様を固めなければ」と、要件と仕様の確定に協力してくれます。

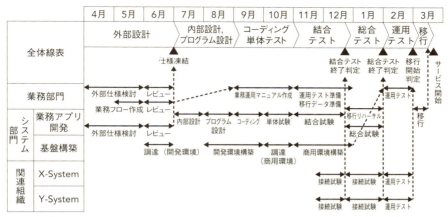

図5.2 マスタースケジュール（例）

> （事例）外部仕様が確定せず大トラブル
> 　基幹業務システムの更改で、業務部門からの要望がいつまでも出続けました。総合テスト工程になっても、まだ要望が出ていました。開発部隊は、要望受入れを拒否しますが、「これをやってくれないと業務ができない」と押し切られ、設計への手戻り、試験やり直しを強いられました。それがくり返され、品質はガタガタとなり、重大バグが頻発し、性能問題も出て、結局、サービス開始は半年延伸、コスト大幅超過となりました。「仕様凍結日」を定めていなかったこと、「仕様凍結後の追加変更は別コスト」といったルールも定めていなかったことで、このようなトラブルになりました。

（3）業務フロー作成計画を立てる

Point　「業務フロー」を業務部門／システム部門で共同作成する

　「業務フロー」は、「業務の流れ」と「システムの処理」の両方を表したものです。新システムに変わると、業務の流れも変わることが多いので、「業務フロー」も新たになります。

　この新たな「業務フロー」は、外部仕様設計で必要ですが、総合テストや業務部門による習熟テストでも必要です。ところが、これがなかなか作成されないので、問題になります。作成されないと、外部仕様に齟齬が出て、それが総合テストまでわからず問題が多発します。

　なぜ作成されないかと言うと、業務とシステムの両方を知っている者でないと書けないからです。業務部門とシステム部門が協力しないと作れないのです。

　そこで、「業務フロー」を業務部門とシステム部門とで共同作成する計画を、マ

スタースケジュールに盛り込むことが重要です。

（4）プロジェクト監査、工程終了判定の計画を組み込む

Point プロジェクト監査、工程終了判定は必須

　システム開発を成功させるには、「プロジェクト監査」や「工程毎の終了判定」が非常に有効です。そこで、その計画を、マスタースケジュールに組み込み、予算を措置し、体制を編制します。

4.8 体制図

　体制図を作成し、プロジェクト計画書に掲載します。体制図は、発注側／受注側それぞれについて作成し、リーダ、サブリーダ、キーマンを明示します。また、彼等が適任であることの根拠資料を添付します。経歴情報やスキルデータ等です。

　体制図には、「仕様調整窓口」などの、組織間やチームの窓口も明記します。窓口を一本化し、一元管理することは、プロジェクトを機能的に運営するために重要です。

4.9 リソース計画

（1）コスト計画

　工程別のコストの内訳や月別計画を立てます。これには、プロジェクト監査や専門家支援のコストも計上します。また、総額が、承認された予算の範囲内であることを確認し、超過の場合は、規程に従って承認を受けます。

（2）要員計画

　発注側／受注側のそれぞれの要員計画を、月別で示します。要員急増する月は、要員確保の調整を早く始めます。

（3）調達計画

　外部委託等の調達やハード／ソフト等の設備調達の計画を、分野毎、月別に立てます。

　外部委託契約については、契約する工程や契約形態を明らかにします。また、複数工程を一括契約とするか、工程毎に区切るフェージング契約とするかといった契約の方針も明記します。

　設備調達計画については、調達対象設備、試験用／本番サービス用等の区分、調達時期、調達方法、予定額を明記します。

4.10 成果物

　作成すべき成果物を明示します。成果物の量は、期間・工数・要員数に大きく影響するので、受／発注間で予め合意します。

表 5.3　成果物一覧（例）

No.	フェーズ、工程	成果物
1	企画フェーズ	・システム企画書　・プロジェクト計画書　・要件定義書 ・RFP＆外部委託先選定書　・フィット＆ギャップ分析書
2	外部設計 （ED） External Design	・外部設計実施計画書　・外部設計書　・他システム接続設計書 ・システム基盤設計書（ハード/ソフト/ネットワーク等）　・移行設計書 ・運用設計書、運用マニュアル　・保守設計書、保守マニュアル ・EDレビュー報告書　・ED品質報告書　・残課題管理簿 ・ED報告書　　　　・ED終了判定書
3	実装設計 （LD） Loaded Design	・LD実施計画書　・実装設計書　・システム基盤パラメータ定義書 ・LDレビュー報告書　・LD品質報告書　・仕様変更管理簿 ・LD報告書　　　　・LD終了判定書　・残課題管理簿
4	プログラミング（PG） Programmng／ 単体テスト（UT） Unit Test	・PG/JT実施計画書　・UT試験項目　　・UT品質報告書 ・プログラムソース　・UT障害管理簿　・残課題管理簿 ・PG/JT報告書（プログラム構成、規模等）・PG/UT終了判定書 ・基盤構築報告書（構成図、装置詳細、ネットワークポート接続表、等）
5	結合テスト （IT） IntegrationTest	・IT実施計画書　　・IT試験項目　　　・IT環境定義書 ・IT品質報告書　　・IT障害管理簿　　・IT性能評価報告書 ・IT報告書　　　　・IT終了判定書　　・残課題管理簿
6	総合テスト （ST） SystemTest	・ST実施計画書　・ST試験項目　・ST環境定義書　・ST品質報告書 ・ST障害管理簿　・ST性能評価報告書　・移行リハーサル計画書 ・移行リハーサル手順書、報告書　・ST報告書　・ST終了判定書 ・残課題管理簿
7	受入試験・検収	・納入物一覧　　・納入物　・添付品　　・（納入社）社内検査成績書 ・受入試験計画書　・試験項目　・試験環境定義書　・障害管理簿 ・受入試験報告書　・受入試験品質報告書　・受入判定書（検収書）
8	業務運用試験（OT） Operational Test （業務部門実施）	・OT実施計画書　・OT試験項目　・OT環境定義書 ・OT品質報告書、障害管理簿　　・OT報告書　・OT終了判定書
9	移行、 サービス開始	・移行計画書　・移行体制　・移行手順書　・移行報告書　・移行判定書 ・サービス開始判定基準書　・サービス開始判定書
10	プロジェクト終結	・成果物一覧　・生産性検証　・品質検証　・リスク評価　・体制表 ・マネジメント履歴　・工程別活動履歴　・終結判定書
11	システム効果検証	・定量効果　・投資効果評価　・目標達成度検証　・課題と対策

4.11 品質計画

　品質について、「品質マネジメント方針」「設計の品質計画」「製造テストの品質計画」を作成します（10章参照）。なお、品質については、「バグをとって品質を上げる」のではなく、「最初からバグを作り込まない」が正しい考え方です。この考え方で、品質計画を作成します。

4.12 プロジェクトのマネジメント計画

システム開発を成功させるには、プロジェクトをどうマネジメントするかの方針を明示し、ルールを定め、徹底することが必要です。例えば、リスク管理で、「早期発見・早期対処」と定めても、「問題を発見したらすぐ報告」という文化が根付いていなければ機能しません。

(1) 行動指針

プロジェクトを運営するには、「プロジェクト行動指針」の明示が必要です。

"どのように行動すべきか"を1人ひとりが理解していれば、「指示待ち人間」は居らず、プロジェクトは極めて効率的に機能します。全員のベクトルが合って活動するなら、大きな問題も乗り越えられます。そのために、どう行動すべきを、PM は、「プロジェクト行動指針」として明示します。

表5.4　プロジェクト行動指針の例

	行動指針	解説
1	有言実行	「宣言し、実現する」ということ。「無言実行」は、いつまでにできるかがわからないので、良くない。「いつまでに○○する」と明言して必ず実現することが大事。そうすると信頼される。 身近な目標と期限を定め、確実に実現することが大事。
2	いつまでに／誰が／何を	会議や報告では、必ずこの3点を明確にする。それができないプロジェクトは大トラブルになっている。もし大きな問題なら、それをいくつかの小さな問題に分解して、その1つひとつを「いつまでに、誰が、○○する」と定めて、対処する。
3	「着地見通し」の表明	「着地見通し」分析は、マネジメントの基本。「着地見通し」がない報告ばかりなら、それは既にトラブルプロジェクトに陥っている。苦しくても「着地見通し」を報告すること。
4	迅速な報告、素早い対処	良い報告は早く出し、悪い報告は隠したがるが、これは危険。 「悪い報告ほど、すぐ上げる」の徹底が必要。早く対処すれば、傷は浅いうちに直せる。「何もアクションしないリーダ」や「報告者に宿題を投げ返すリーダ」には、報告が何も上がらない。

(2) 進捗管理

Point 計画と対比して予／実管理する

これができないプロジェクトは、大トラブルになります。実績報告だけでは、遅れているのか？いつ終わるか？がわからないので、対処が遅れるからです。

Point 着地見込みを必ず報告する

これもプロジェクト管理の基本ですが、これができてないプロジェクトは、トラブルに陥っています。「○月○日○○作業は終了見込み」と報告し、頑張ってそれを達成する、その繰り返しが、プロジェクトを成功させます。

5. 「外部設計実施計画書」作成・承認

　キックオフすれば、その直後から、外部設計作業が始まります。そこで、作業をすぐに開始できるように、「外部設計実施計画書」を予め作成し、「プロジェクト計画書」と一緒に提示します（第6章参照）。

6. キックオフ

　キックオフすることで、プロジェクトが発足します。キックオフは最初の全体会議であり、プロジェクトの重要イベントです。

（1）キックオフの目的

　「関係者全員のベクトルを合わせる」ことが目的です。システム部門だけでなく、業務部門も受注者も含み、全員の意識を合わせます。プロジェクトは、目的を達成するために集合した人間集団なので、全員の意識を合わせることが大切です。ベクトルが合ったプロジェクトは、どんな問題も乗り切れます。

（2）キックオフの内容

　①背景説明：このプロジェクトが必要となった背景

　②目的説明：何の為にやるか？の意義と目的

　③マネジメントの方針、運営ルールの説明

　④「プロジェクト計画書」の詳細説明

　⑤「外部設計実施計画」の説明：キックオフ後、作業開始する内容

　⑥遵守事項の説明：法令、基準、報告様式など

　⑦体制、メンバー紹介

　⑧懇親会：仲間意識の醸成

（事例）自分の言葉で、想いを伝える

　キックオフで説明に立ったPMは、「メンバが、力を合わせるプロジェクトにしたい」と強く思いました。しかし小手先の説明では見透かされると思い、PMは、自分を正直に出すことにしました。自分の言葉で、訥々とプロジェクトの意義や難しさ、未来の構想などを、一所懸命に語りました。すると、プロジェクトの皆が「やるぞ！」と言ってくれたのです。自分の言葉で想いを伝えたので、心に響いたのでした。

コラム 《発注者の物語》 『現行と同じ』は危険

「松岡さん、スコープについて打ち合わせをしたいのですが……」

プロジェクト開始から1週間。要件定義から運用までを委託したベンダの雉鳥PMからの電話だ。

今回の"基幹システムコンバージョンと周辺システム更改プロジェクト"は、ベンダに要件定義から運用まで一括発注した。

要件定義が終わり、設計開発に入ろうという時に、ベンダのPMが交代した。前任PMは、何でもとりあえず引き受けていたが、今回のPMはなかなか面倒そうだ。

「どんな内容でしょうか?」

私は嫌な予感がして不機嫌な声で答えた。

「本プロジェクトのスコープを詳細化したので、認識合わせをしたいのですが」

と雉鳥PMは言う。

「わかりました。明日の16時で良ければ空いています」

面倒だが仕方ないので、会うことにした。

「スコープを明確にしたい」と言われても、こちらは、今まで通り動けば、何も問題ない。

支店にも「機器を新しくし、ソフトをバージョンアップするだけで、機能はなんら変わらない」と伝えている。

翌日、雉鳥PMは約束の時刻にやって来て、話し始めた。

「支店への展開や、システムの説明は、松岡さんが行って下さるのですよね」

そう言われても、私はシステムには詳しくないんだから、全部ベンダで上手くやってくれればいいのに面倒だな……

「いやいや、システムのことはわからないから、御社で説明して下さいよ。これまでの業者さんは全部やってくれてたよ」

確かに現行業者は、全部やってくれた。だから、私はわかっていないことが多いのだが…

「それは、スコープに入っていません」

と雉鳥PMは言った。

「それも込みで考えてくれていたのではないの? 営業さんは『全部やります』と言ったよ」

と、私は、当時の営業の言葉を持ち出した。でも、大体、『全部』って何だろう。『現行と同じ』と言っても………

「少し検討してみます。でも、どこにも記載がなく、スコープに入っていないので、実施できるか 未だお答えできません」

雉鳥PMは一旦引いて答えた。

「他にも漏れているものはないんだろうね」

私は不安になった。

「今、スコープを明確にしているところです。プロジェクトキックオフまでには明確にします」

キックオフ前日、雉鳥PMが訪ねて来て、事前送付したキックオフ資料について、疑問点などあるかと尋ねた。

私は、まだバタバタしていて、資料を見ていなかった。

「また、確認できていないので、疑問点は出せないですね」

と答えると、
　「では、少し確認しておきたい内容が
あるので、一緒に見てもらえますか？」
　と雉鳥 PM は言って、私と向かいあっ
て座った。

　「まず、この基盤ソフトのバージョン
アップですが、バージョンアップ後のテ
ストのことが明確でないので、最小限の
ケースのみ実施して終了とします」
　「え！　大丈夫なんだろうね」
　「スコープが明確でなく、テストにつ
いての作業は含まれていませんでした。
ただ、全く動かさないというのもどうか
と思いますので、一般的な操作につい
て、テストしておくことで担保としたい
と思います。」
　　　：
　そんな感じで、「これは、ここまでや

る」「これはやらない」「これはやる」「こ
れをやるには追加費用がかかる」という
切り分けを続けていった。

　何をやるか、要件定義でもっと詰めて
おくべきだった。
　もし、支店でシステムが上手く動かな
かったら、こちらにクレームがくる。
　「現行と同じ動きをする」「問題なく動
く」と言うだけでは、ベンダは上手く汲
み取ってくれないのか？
　システムがわからない発注側はどうす
ればいいのか？
　発注したら、全部やってくれる、そん
な感覚だったのに……どっと疲れがでて
きた。
　（お断り：人名は全て架空の名前です。
実在の方ではありません）

65

コラム 《受注者の物語》 曖昧なスコープ、安易なコミットが問題を起こす

「雉鳥さん、大変です」

プロジェクトが始まって1週間。毎日1回はプロジェクトメンバーが駆け寄ってくる。

「また、問題?」

「そうなんです。このパッケージのバージョンアップもスコープなんです」

「要件定義まで済んでいるのに、未だスコープが明確でないって、どういうことなんだよ」

私は、既にリスクがあることが明白なこのプロジェクトのPMに1週間前に任命された。

仕切り直しというか、新体制になり、再度「プロジェクト計画書」をお客様とコミットしようと進めている。

要件定義が曖昧な記載で、スコープが明確でないものが次々に出てきている。リスクも高い、どこまでお客様とコミットできるか……… もう、調整するしかない。

お客様との調整は困難を極めた。

委託されて作った要件定義が曖昧で、どうにもはっきりしないことが多々ある。

しかし、ここで、お客様の話をそのまま通してしまっては、大変な赤字プロジェクトになってしまう。実現できるかどうかもわからないというリスクもある。

「雉鳥さん、御社に要件定義を作ってもらう時に、私たちは『現行通りにシステムが使えること』とずっと言っています。運用も現行レベルで、現行でやっていることは全部やっていただくという前提で進めてきたつもりですよ」

「はい、その『現行レベル』という内容を明確にしておかないと、今後プロジェクトが頓挫することになります。ですから、プロジェクト計画書に明確に何を実施するか記載をしておくようにします。」

「こちらとしては、現行と変わらなければ問題ありませんけれどね」

「また、パッケージのバージョンアップですが、操作方法などの変更もあるかもしれません。こちらも、もう少し調査させていただいて、計画書に内容を記載したいと思います。」

「それって、操作方法もちゃんと支店毎にレクチャーしてくれるんだよね」

「支店毎にシステムの説明をすることにはなっていないのですが」

「こちらではできないよ。それもやってくれなくちゃ」

私は途方にくれた。システムのコンバージョンにあたり、支店展開について、本店の担当者は何もする気がないようである。

しかし、途方にくれている時間はない、なんとか、お客様に迷惑をかけず、当社も大赤字にしないための内容を「プロジェクト計画書」に記載して、コミットする、それを進めるしかない。

「今日は戦っていましたね」サブPMの柏木が帰り道に言った。

「そりゃ、必要なところは戦わないと……どこまでできるか……なんとかしなくてはね」

(お断り:人名は全て架空の名前です。実在の方ではありません)

66 第5章 プロジェクト計画の作成、キックオフ

第6章 外部設計
～仕様凍結が鍵～

1.「仕様膨張・仕様確定遅延」は大トラブルの始まり

外部設計とは、要件定義で定めた要件に従って、システムの外部仕様を設計することです。外部仕様とは、ユーザーから見える仕様です。発注者のシステム部門は、業務部門と仕様調整し、受注者は外部設計書を作成するなど、発注者／受注者は役割分担し、協力して進めます。

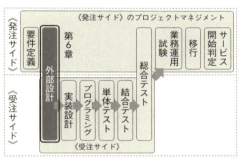

図 6.1　本章の範囲

ここで最も重要なことは「仕様確定」です。「仕様膨張・仕様確定遅延」が、大トラブルに繋がるからです。期日までに仕様を確定し、仕様凍結することが、開発を成功させる鍵です。

しかし、これは簡単ではありません。業務処理に係わる細かな要望が際限なく出続けたり、要件定義した範囲を超えた要望が出たりします。これを整理し、期限までに「仕様凍結」しなければなりません。そのポイントは4つあります。

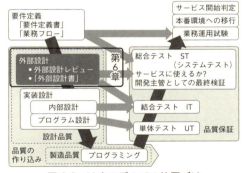

図 6.2　V字モデルでの位置づけ

> **Point**
> ・業務部門と緊密に連携する
> ・レビューを繰り返し、設計品質を上げる
> ・業務部門と合意し、ステークホルダーの承認を得る
> ・定めた期日までに「仕様凍結」する

67

2. 外部設計品質がシステムの最終品質となる

　外部設計では、発注者の役割は非常に重要です。仕様を調整し定めるのが発注者だからです。発注者はプロジェクト全体を適切にコントロールし、外部設計を高品質に行い、仕様凍結します。

Point 「外部設計品質」が、システムの品質を左右する

　システム開発が上手くいくかどうかは外部設計で決まります。設計品質が良ければ、バグが少なくスケジュール通りに仕上がります。逆に、設計品質が悪ければ、実装で多量のバグを作り込み、バグは枯れず、「再設計が必要」と言われるまでになります。そのようなトラブルプロジェクトはいくつもあります。

3. 外部設計実施計画

3.1 外部設計実施計画の作成

　「外部設計実施計画」は、プロジェクトをキックオフする前に作成しておきます。週次レベルの具体的な計画、実施体制等を予め作成し、プロジェクトを開始したら、直ちに設計作業に入れるように準備しておきます。

3.2 週次の中日程計画

（1）週次の中日程計画は必須

　プロジェクト全体の進捗管理は、一般に週次の中日程計画で行います。大日程計画は管理レベルが粗く、個々の作業レベルの WBS では詳細過ぎるからです。中日程計画は、業務アプリの個々のチーム、方式設計＆性能設計チーム、運用保守設計チーム、基盤開発チームなどのチーム毎に、週次線表[1]を作り、進捗管理します。

　なお、全工期が数ヶ月程度の短期開発では、大日程と中日程を一本化し、さらに短い超短期開発では、WBS も含めて一本化します。

（2）中日程計画が設計開発実務側（ベンダ）だけの計画……は問題！

　外部設計は、設計書執筆を請負う実務側（ベンダ）だけが行うのでなく、発注側（業務部門、システム部門、関連組織、等）での仕様調整と両輪で行うものです。発注者／受注者、それぞれの作業項目を作り、プロジェクト全体の週次レベ

---

1 線表：スケジュール表のこと。大日程線表、中日程線表、小日程線表、週次線表、日次線表などがある。

68 ｜ 第6章　外部設計

表 6.1 「外部設計実施計画」の記載（例）

	目　次	内　容
1	システム企画の残課題への対策	システム企画フェーズの残課題に早急に対処する計画 • 「要件定義」「要件詳細化」「調達」など、企画フェーズで完了すべきことが残っている場合の取組計画を具体化する
2	業務詳細フロー作成計画	業務処理とシステムの関係を記した「業務詳細フロー」を、業務部門とシステム部門で協力して作成する具体的な計画
3	外部仕様確定日	仕様確定日（仕様凍結日）を、業務部門と合意する。 • 期限を過ぎても確定しない項目は、開発対象から除外する
4	スケジュール • 週次の中日程計画 • 日次計画	外部設計を進める「週次・日次」の計画。 • 実施段階で、進捗を予／実管理することができる様式とする。 • 業務部門／システム部門／関連組織／ベンダの計画を記す。 • 外部設計のチーム毎の詳しい作業計画を記す。 • チーム（例）(a) 機能設計　(b) 非機能設計　(c) 方式設計 　　　　　　　(d) センター設計　(e) ハード／ソフト基盤設計 　　　　　　　(f) 他システム接続設計 • マイルストーン、クリティカルパスを設定する • 設計レビュー、レビュー後の修正、確認の予定を組み込む • 設計品質分析、システム監査、工程終了判定などの計画
5	作業の詳細化（WBS）	詳細なタスク（WBS）と、日次の作業スケジュール • 設計チーム毎に作成　　• 日次で進捗管理る
6	体制、チーム編成	設計作業の体制、チーム編成 • WBSと1：1に対応した編成とする • メンバーのスキル、資格、経歴を考慮して編成する • 業務部門、システム部門、関連組織の体制 • 外部仕様を定める実質の責任者を定める
7	成果物計画	外部設計で作成予定の成果物と添付品の一覧 • これをベースに成果物作成状況を管理し、版管理する
8	設計品質計画（外部設計編）	高品質設計を実現する具体的な計画*1 • 設計品質の定義、目標値　　• 高品質設計の施策 • 設計品質の評価法　　　　　• 品質評価体制、評価者 • 設計レビュー計画　　　　　• 設計品質の評価時期
9	リスク評価と対策	外部設計でのリスクの洗い出し、対策 • 実施可能な具体的対策
10	運営ルール、規定	プロジェクト運営ルール、準拠すべき標準の確認と周知徹底 • 設計規約（様式、記法、記述の粒度、名称規約など） • 仕様管理、課題管理、成果物管理などのルール、様式 • 進捗管理、報告ルール、報告様式、準拠すべき標準
11	条件・環境、その他	外部設計作業を行う上での条件、環境 その他、「プロジェクト計画書」に記載されていない条件

*1 詳細は 10 章参照

ルの中日程線表として、進捗管理します。

（3）計画対比で予／実管理

　計画に比べて実績はどうか？との予／実管理は必須です。ところが、実績だけ管理の例をよく見ます。「計画はあくまで計画で、実態と違って当たり前」と、計

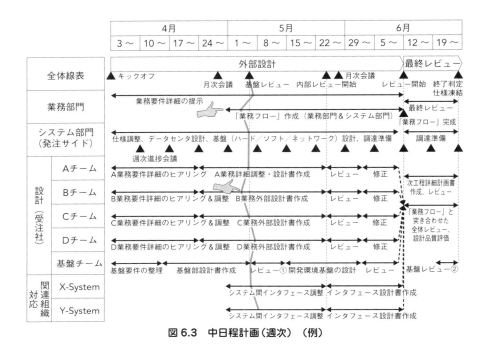

図 6.3　中日程計画（週次）（例）

画を軽視しているように見えます。その結果、大トラブルになっています。計画に重きを置き、計画対比で進捗管理すると、遅延の兆候や問題を早く発見できるので、計画対比での予／実管理は必須です。また、図 6.3 のように、進捗を「イナズマ線」で表し、予／実を「見える化」することも大事です。

(4) マイルストーン、クリティカルパスの設定

マイルストーンとクリティカルパスを必ず設定し、計画通り進捗しているか？を点検します。ステアリングコミッティと関係するマイルストーンは、月 1 回程度の頻度で設定し、進捗の指標にします。

また、全体進捗に影響を及ぼすパスを、クリティカルパスとします。このパス上の遅延は、全体の遅延に直結するので、進捗管理では重点的に点検します。

3.3　WBS（Work Breakdown Structure）と日次線表

プロジェクト計画書で定めたスケジュール（大日程または中日程線表）を、さらに、チーム毎の WBS、日次線表（小日程計画）に詳細化します。この日次線

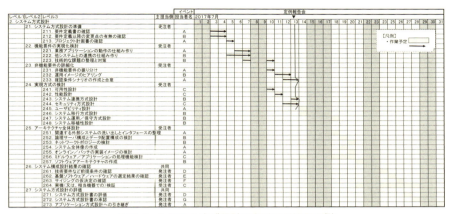

図 6.4　システム方式設計における WBS の例

表で、各チームの進捗を予/実管理します。また、WBS とチーム編成表で、各メンバは自分の役割、計画、期限を詳細に理解します。この詳細な WBS と日次線表も、外部設計開始前に作成しておきます。

　実装設計以降の工程でに、WBS は、工程開始 1 ヶ月前までに作成します。そうすることで、「キーマンや要員の確保」など、工程作業に必要な準備を手落ちなく整え、次工程を円滑に開始できます。

（事例）WBS の実態が中日程と乖離
　外部設計を請負ったベンダから、設計作業増等による WBS の変更の報告がありませんでした。ベンダからの週次や月次の進捗報告は、作業実態と大きくかけ離れた"当初の"WBS や中日程線表でなされました。それで、発注者は、現場の実態がわからず、抜本対策や立直しが遅れ、開発は大きく遅延しました。
　WBS の実態を中日程線表上に、ギザギザの稲妻線で見える化して管理するべきでした。また、WBS を変更せざるを得ない時は、受/発注両者で協議し、中日程計画にも反映する等、計画見直しと予/実管理を、ルールに則って適切に行うべきでした。

3.4 業務詳細フローの作成計画

　「業務フロー」は、要件定義の段階で作成されますが、外部設計工程では、さらに、「業務詳細フロー」を作成します。これは、業務とシステムの互いの関係と流れを記載したもので、外部設計に必須です。これは、業務とシステムの両方を理解しないと作成できず、作成に工数と期間も必要なので、計画を立て、体制を

71

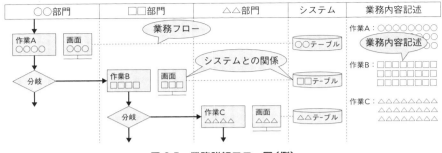

図 6.5　業務詳細フロー図（例）

作って行います。
- 作成体制：業務部門とシステム部門の共同作成体制
- 作成期限：外部設計レビュー前

3.5 成果物の計画

(1) 外部設計で作成すべき「成果物」の計画

外部設計の成果物を定め、更に、「何を、何時までに、誰が作成するか」を明らかにして、メンバ全員に周知します。また、成果物計画と設計体制・WBS が整合していることを確認します。

（成果物（例））・外部設計工程詳細計画書
　　　　　　　・外部設計書
　　　　　　　・業務詳細フロー（業務部門と共同作成）
　　　　　　　・外部設計報告書（レビュー報告、設計品質報告、残課題等）
　　　　　　　・外部設計終了判定書

(2) 作成すべき「添付品」の計画

成果物の「添付品」の計画を定め、意識合わせします。

（添付品（例））・レビュー議事録、レビュー指摘事項一覧、レビュー分析書
　　　　　　　・設計メンバ表、レビュー体制表

(3) 「いつまでに・誰が・何を」の明確化

「いつまでに、何を作る」「作成者、責任者、承認者」を明確にします。

（例）・成果物一覧に、作成期限、作成者、責任者を記入
　　　・成果物作成の予／実管理表、版管理一覧表

表 6.2 外部設計書（例）

No	設計書	内容
1	システム概要書	システム全体の構成、どの業務アプリがどのように動作し、相互にどのように関係するかなどを、図表等を用い判り易く記述。 • システム構成図　　• ネットワークと接続システム一覧 • 機能一覧　　　　　• 非機能一覧　　など
2	システム構成図	システムのハード構成、基盤ソフト、ネットワーク構成を記述 • クラウド／ローカルセンタ等の区別など
3	業務機能一覧	• オンライン機能一覧　• バッチ処理一覧　• 一元管理項目、等
4	業務機能定義書 （業務機能毎に詳述）	業務機能を実現するための具体的な処理を、個別に記述。 • 業務処理機能　　　• 画面一覧　　　　　• 画面関連図 • 個々の画面設計　　• 入出力メッセージ　• 帳票設計 • コード（商品コード等）• DBテーブル構成　• ファイル構成 • オンライン機能　　• バッチ機能　　　　• SAAS等のクラウド処理など
5	画面一覧	業務機能を実現するために必要な画面一覧を作成
6	画面設計図	• 画面毎に業務機能の実現に必要な項目、配置を記述 • 「どの画面で何を、どう処理する」を記述 • ヘルプ機能等
7	帳票一覧	業務機能を実現するために必要な帳票一覧を作成
8	帳票設計図	帳票毎に業務機能の実現に必要な項目と配置を記述
9	ファイル、テーブル	業務機能の実現に必要なファイル,テーブルを記述
10	ファイル（またはテーブル）間の関係性定義書	• 業務機能を実現するファイル、テーブル • その関係性（マスタ、トランザクション）
11	オンライン画面展開図	初期画面から業務の流れに応じて分岐する全体像を記述
12	バッチ処理フロー図	バッチの流れ、行う処理、正常終了／異常終了時のフロー図を記述
13	方式設計書	システムの方式、アーキテクチャを記述
14	メッセージ設計書	画面または帳票に出力するメッセージ
15	区分設計書	システムを機能させるために必要な項目としての区分・フラグの設計
16	業務詳細フロー図	新システムにおける業務の流れとシステムの画面・処理のフロー図 （業務の流れとシステム処理の両方を記載）
17	他システム接続設計書	当システムと接続する他システム間のインタフェース、データ受け渡しの論理的・物理的な接続の設計
18	非機能一覧	運用、保守、遠隔監視保守、セキュリティなど、非機能全体の一覧 （ローカルセンタ処理／クラウド処理の区別も記す）
19	性能設計書	非機能のうち、性能についての設計書。 トランザクション性能、高負荷処理性能等について、性能要件、ピーク性能設計値、性能を出すための方式設計等について記述
20	セキュリティ設計書	非機能のうち、セキュリティについての設計書。社のポリシー、セキュリティ要件、セキュリティ方式設計等について記述。
21	運用設計書	非機能のうち、運用に関する設計書。定常運用、異常発生時の運用、運用体制、運用手順等の設計。
22	保守設計書	非機能のうち、保守に関する設計書。オンライン保守、オフライン保守、メーカ保守等に関する体制、手順等の設計。
23	システム構成一覧	データセンタ構成、接続システム、クラウド、ネットワーク基盤、端末基盤などの一覧

No	設計書	内容
24	基盤設計書	• データセンタ設計（センタ構成、ファイル構成等） • ハード基盤設計（ハード、基盤パネル、VM、ストレージ、ファイル、パラメータ定義、入出力機器） • ソフト基盤設計（OS／ミドルソフト／パッケージソフト、システムファイル、パラメータ定義など） • ネットワーク基盤設計（センタ内高速NW、広域NW） • 端末基盤設計（PC、タブレット、スマホ、携帯等の機種、OS、ミドルソフト、ブラウザ、セキュリティソフト等）
25	移行計画書、 移行方式設計書	移行計画と移行方式の設計。 移行計画には、移行方式の詳細を決める時期、移行リハーサル時期、移行本番時期、移行検討体制などを記載。 移行方式設計書には、移行方式の概略、方式詳細の設計時期を記載。

3.6 外部設計運営ルール

外部設計を円滑に進める運営ルールと遵守すべき規約等を定めます。

表 6.3　プロジェクト運営ルール［外部設計編］（例）

```
・会議体          ：会議区分、目的、開催日、出席者、議事録等
・コミュニケーション ：報告*1／連絡、情報共有
・進捗管理        ：予／実の管理、着地見込み*2、作業進捗基準
・仕様変更管理     ：変更承認会議体、調整ルール、変更管理ルール
・レビュー管理     ：対象物、レビューア、観点
・課題／QA管理     ：課題／QA票
・構成管理        ：書式、版管理、訂正箇所表示、格納場所
・一元管理ルール    ：商品コード登録などの一元管理の方法
```

*1 定量データ、誰が、いつまでにを記すと定める。
*2 作業終了や工程終了の見込み時期。

Point 報告に「いつまでに、誰が」「着地見込み」を必ず記すこと

（事例）「いつまでに、誰が」「着地見込み」がない報告
　基幹システム開発プロジェクトで、毎週の進捗会議に詳しい定量データは報告されましたが、進捗コントロールできず、工期延伸となってしまいました。週次報告が「実績値」だけだったからです。「計画」と比べての進捗分析や、「完了予定日」が示されず、「何日遅れか？」「いつ終わるか？」「いつまでに、誰がやるのか？」がわからず、プロジェクト実態を把握できなかったのです。
　開発の現場が混乱状態で、本来行うべき管理が為されていなかったからです。
　「計画と比べての進捗分析」「着地見込み」「いつまでに誰が」の報告がなければ、「順調でない」「トラブル状態になっている」と考え、抜本対策を早く打つべきでした。

74 ｜ 第 6 章　外部設計

4. 外部設計作業

　明解な外部仕様を作成すれば、次の実装設計の品質も、自ずと高くなり、さらに、その次のコーディングではバグを作り込まなくなります。つまり、外部設計の質が、システム全体の質を決めることになります。

4.1 方式設計（アーキテクチャ設計）

　外部設計の最初に、システム全体の方式設計を行います。「方式設計」とは、システムの基本的な処理方式（アーキテクチャ）を定めることです。

（例）・クラウドか、専用ハードか、パッケージベースか
　　　・処理方式（アプリの動作の仕組み、データ連携の仕組み）
　　　・負荷分散、システム障害対策、BCP対策等の仕組み
　　　・24時間365日運転、オンライン保守の仕組み、等

　これで、システムの性能や処理能力、障害時のサービス継続等のサービスレベル、運用保守方法など、システム全体の枠組みが決まります。その概略は、外部設計前のシステム企画で定めますが、その後明らかになった条件も含めて、処理方式を具体化します。

4.2 外部設計における発注者の主な点検ポイント

　「外部設計」とは、システム化の目的に沿って、要件定義で定められた内容をどのように実現するかを、業務部門と仕様調整しながら、システム設計の観点から具体的に文書化する作業です。外部設計を外部委託契約する場合は、一般には、設計書の執筆は受注者が行い、業務部門との仕様調整は発注者が行います。

　受／発注両者で役割分担して円滑に設計を進めるため、作成すべき設計書とその内容（表6.2）について、両者で意識合わせしてから設計を開始します。

　発注者の主な点検ポイントを、表6.4に示します。

4.3 外部設計におけるリスクと対策

（1）リスク分析と対策

　外部設計における主なリスクと対策の例を表6.5に示します。もし問題が表れたら、早急に対処します。

表6.4　外部設計における発注者の主な点検ポイント

項番	主な点検ポイント
1	設計書の記述、記述粒度を予めプロジェクトとして定めたか？　遵守されているか？
2	要件が漏れなく、設計書に反映されているか？
3	要件を実現する仕組みが、具体的に方式設計されているか？
4	業務が正しく処理できるレベルに、具体的に、詳細に設計されているか？ （文字だけでなく、図・表等でわかりやすく、誤解されない記述か？）
5	業務がしやすいUI（ユーザインタフェース）となっているか？
6	非機能要件も具体的、定量的に設計されているか？
7	「業務処理フロー」と「システム処理」の流れの整合性がとれているか？
8	当システムと接続する関連システムの全体像が明確に設計されているか？
9	論理DB設計は、検索／追加／更新が容易な設計となっているか？
10	他システムとのインタフェースはシンプルで明確か？
11	運用・保守が容易な設計か？（障害発生時の運用保守、組織改編時の保守等）
12	設計内容の個々について、業務部門の承認の証跡があるか？ 業務部門との仕様調整結果と合致しているか？　仕様調整結果を誤解してないか？
13	移行設計では、移行データの事前クリーニングも含め、全体を見て設計しているか？
14	セキュリティ設計内容を専門家または専門組織が検証したか？
15	システムのバックアップ／リカバリ時間、ネットワークのルート／容量等、システムサービスに必要な条件が整理され、それを十分に満足しているか？
16	設計書が整然と体系化、構造化されているか（構造化設計、ドキュメント構造）

表6.5　外部設計におけるリスクと対策（例）

	リスク	対策
1	要件詳細や外部仕様がいつまでも確定しない	・仕様凍結日を予め定め、業務部門との仕様調整の進捗をコントロールする。仕様設計を予／実管理する。
2	外部仕様確定後に、業務部門から変更追加要求が多発	・仕様凍結後の追加変更ルールを定め、安易に容認しない運営を行う。追加変更コストは、業務部門負担とする
3	要件漏れ （企画での要件漏れの発覚）	・外部設計の前提となる要件の漏れが発覚した場合、対処コストを見積り、予算追加をオーナーに伺う
4	要件を満たさない （業務要件、機能要件、非機能要件）	・要件と外部仕様の対応表を作り、漏れが出ないよう、常に進捗管理する ・要件不満足が判明した際の対策 　・予定した外部設計期間内での対処の検討 　・予定したコスト内での対処の検討 　・追加予算見積り、工期延長の検討、オーナーの承認
5	外部設計のコスト／日程の超過	・次工程以降での吸収の検討 ・追加予算、開発線表見直し、オーナーの承認
6	設計開発規模の肥大化	・要件／外部仕様の見直し、削減 ・追加予算の検討、開発線表見直し、オーナーの承認

（2）リスクの兆候の早期発見

リスクの兆候を早期発見すれば、問題が大きくなる前に対処できます。

どのように早期発見するか？　を検討し、計画に組み込むことが肝要です。

【リスクの兆候と対策（例）】
(1)兆候の現れ方：どこに、どんな風に
　　①設計開発の問題・兆候は「現場」に現れる。現場の状況を常に把握する
　　②「基準、計画、約束」からの乖離は危ない！　報告者の発言に注意する！
　　③計画逸脱が複数、同じ原因で発生、異なる兆候が同時発生などは危険
　　④プロジェクトに影響を及ぼす環境変化は、ステークホルダーとの会話に現れる
(2)兆候の押さえ方
　　①受注者／業務部門／関係者の話を聞く、報告を注意深く読む
　　②当事者の沈黙、言い訳、約束不履行、曖昧発言は危険な兆候
　　③作業遅れ／漏れ、品質不良
　　④プロジェクト方針やルールへの違反
　　⑤マイナス思考の意見、他人批判、プロジェクトへの不信の声
　　⑥ステークホルダーの発言の変化、その背景の確認
(3)兆候から派生する現象
　　①スケジュール遅れ、着地見通しが出てこない、期限厳守できない
　　②成果物が出てこない、成果物が使えない、品質不良
　　③作業を任せられない、スキル不足、知識不足
　　④プロジェクト方針や目的からズレている、抜けがある
　　⑤チームワークの乱れ、プロジェクト情報の混乱
(4)「発注者」から見た「受注者のトラブルの兆候／現象」
　　①発注者が提示した文書や計画の内容を理解してない。誤解し、前後の脈絡やつじつ
　　　まが合わない、漏れている、抜けている
　　②期限が守られない、作業（WBS）のスケジュール変更が多い
　　③メンバの変更が頻繁
　　④マネジャ、リーダの指導力が発揮されていない
　　⑤言い訳や取り繕う発言が多い、メンバによって言うことが違う、統一性がない
　　⑥宿題に答えて来ない、積極的な提案が少ない
　　⑦業務部門からの要望／要求を反映した設計書が上がって来ない
　　⑧設計対象業務を理解してない、誤解が多い
　　⑨パッケージでの開発では、パッケージの機能範囲／品質で設計ができてない

5. 外部設計レビュー

外部設計書は、まず設計担当内での内部レビューで誤り等を訂正した後、業務部門との外部レビューで、要件を正しく満足している仕様であることを確認し、合意します。業務部門と最終的に合意することが「外部設計レビュー」の目的です。

業務部門とのレビューで仕様を合意したら、「仕様確定」し、「仕様凍結」しま

す。

大トラブルになったプロジェクトの多くは、「仕様確定」が大幅に遅延したり、仕様確定されていません。期日までに「仕様確定」できるか否かは、大トラブルになるか否かの分岐点です。

外部設計レビューを計画通り、密度濃く行って、仕様確定させることが、外部設計工程における発注側 PM の最も重要な仕事です。

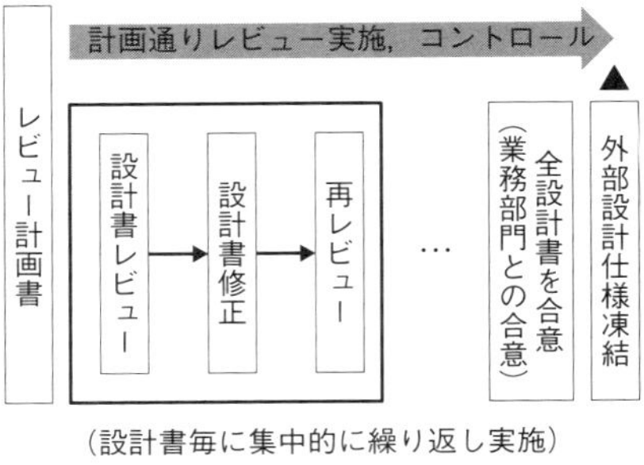

図 6.6　レビュープロセスのイメージ

5.1 レビュー計画

レビューは多くの関係者が集って行います。このため、実施計画にレビューの計画を立て、スケジュールや実施方法を調整します。

「予め定めた仕様凍結日に仕様確定させること」が重要です。そのため、対象毎にレビュー計画を立て、集中的にレビューを繰り返します。

〈レビュー計画の内容（例）〉

①設計書レビュー　　　　：・対象設計書とレビューの観点（レビュー毎に観点を毎回変える）
　　　　　　　　　　　　　・レビューの階層化
　　　　　　　　　　　　　・レビューア／レビュー場所／実施スケジュール／レビュー時間／回数

②設計書以外のレビュー：基盤環境、システム操作書、運用マニュアル等

5.2 レビューの効果

なぜレビューが必要か？　どんな効果があるか？　をおさらいしてみます。

（1）設計の高品質化

多くの専門家がそのノウハウを出して、設計資料を確認（レビュー）することで、設計内容の不具合、記述ミス、文書間の齟齬など発見し、設計品質を早い段階で高めます。高品質な設計は、最終的に、コーディングでのバグ作り込みを防ぎ、高品質システムを実現します。

高品質であれば、試験工数も少なく、低コストにもなります。

（2）仕様への深い理解

業務部門とのレビューを通して、設計担当は対象業務を深く理解し、高品質な設計を行います。また、新たに加わった設計担当者は、レビューで業務に対する理解を一挙に深めます。それが、設計・開発の不具合を防ぎ、高品質なシステムを実現させます。

- 業務部門　　：業務詳細を設計者に伝え、逆に、システムの仕様を理解する
- システム部門：対象業務を理解し、外部仕様調整を適切に行う
- 受注者　　　：対象業務の理解を深め、高品質に設計する

5.3 レビューで高品質化

（1）レビュー工数と品質

レビューにかける工数について、興味深い調査結果があります。

- 「総工数の4％以上をレビューに費やしたプロジェクトは、他のプロジェクトと比べて、品質が2倍～6倍良い」
- 「総工数の10％をレビューに費やしたプロジェクトは、リリース後の不具合がほぼ0」

「レビュー工数が総工数の10％」とは、大きな値です。設計工程だけでなく、製造・試験でも頻繁にレビューしたということです。

（2）「水平展開レビュー」の繰り返し

「水平展開レビュー」とは、「ある不具合を発見したら、同じ原因の不具合が、他にも潜在しているはず」と網羅レビューする方法です。これで同じ原因の不具合を、根こそぎ、一度に摘出し、短期間に品質を向上させます。

5.4 レビューの実施

外部レビューを繰り返して、外部仕様を確定させます。

Point 「業務詳細フロー」が必須

外部設計レビューには、「業務処理の流れ」と「システムの処理」の両方を表した「業務詳細フロー」が必要です。これがないと、業務部門は、業務の流れとシステムの関係を理解することが難しいからです。このため、「業務詳細フロー」をあらかじめ作成しておく必要があります。

(1) レビューの対象範囲、対象物、階層、方法

レビューは、対象範囲、対象物、階層毎にいろいろな方法で行います。

表 6.6 外部設計レビュー対象範囲（例）

①	要件	対応漏れの点検	・機能要件、非機能要件全てを確認
②	機能設計	概略全体レビュー	・業務詳細フロー／画面／帳票／一元管理、等
③		個別機能レビュー	・機能毎の処理、入出力インタフェース
④	非機能設計	性能、方式	・センタ処理能力　・端末応答性能　・処理方式 ・ネットワーク性能（輻輳、遅延時間等）
⑤		運用・保守・基盤	・定常時／障害時／ BCP ／データセンタ構成 ・ハード／ソフト基盤構成、パラメータ
⑥		セキュリティ等	・社のポリシー、セキュリティ要件対応等

表 6.7 レビュー対象物（例）

①	計画書	次工程（実装設計）の実施計画、移行計画など
②	業務詳細フロー	「業務詳細フロー」を辿ってシナリオレビュー
③	設計書	機能、非機能、インタフェース、方式、ハード／ソフト基盤など
④	品質	個々の品質評価結果、システム全体の品質評価結果
⑤	プロセス	マネジメントプロセス、設計プロセス、

表 6.8 レビューの階層（例）

①	業務部門レビュー（外部レビュー）	業務部門と外部仕様を合意し、責任者承認印を得る
②	システム部門レビュー	システム部門とベンダのレビュー
③	受託会社内部レビュー	受託会社内での、担当チーム毎の内部レビュー
④	第三者レビュー、監査人レビュー	オーナーに代わって、第三者の専門家によるレビュー

表 6.9 レビュー方法（例）

①	全体レビュー	全体の流れを包括点検
②	機能別レビュー	機能毎別に、詳細点検
③	「読合せ」レビュー	その場で読合せし、点検。 ○コミュニケーション活発化、○対象業務への理解、 ○全員の立上りが早い、　　　○短期にスキルアップ △長時間かかる
④	「コメント」レビュー	事前に査読、コメント提出。その回答でレビュー実施。 ○事前査読で、じっくり読み込み、深い点検 ○短時間でのレビュー ×専門的で、初心者には理解できない
⑤	「網羅レビュー」	観点を定め、一斉に、網羅的に実施
⑥	「水平展開レビュー」	同じバグが他にも有るのではないか?と点検 ○対象が明確　○効率的　○著しい効果あり
⑦	「サンプリングレビュー」 （探針レビュー）	全体から一部を抽出し、詳しく突っ込んで点検 ○手早く実施、効率的　　○全体の傾向がわかる ○本格的検査の前に、傾向を見る

第 6 章　外部設計

(2) レビュー実施、レビュー適切性の評価

レビュー計画に基づいてレビューし、レビューの適切性を評価します。レビューが適切・十分で効果的だったか？ ということです（10章参照）。

(3) レビュー結果分析①「レビュー密度」

「仕様の隅々まで確認したか？ 疑義のある点は関係者が時間をかけて点検したか？」について、定量的に評価する指標として「レビュー密度」を用います。これは、設計書の品質を高める効果があります（10章参照）。

(4) レビュー結果分析②「設計品質の分析」

設計の品質を、レビュー時の「設計品質評価票」や、「査読コメント票」、「レビュー記録」等で評価します（10章参照）。

5.5 レビュー報告・品質報告

発注側 PM がプロジェクトオーナーまたは責任者にレビュー結果と設計品質を報告します。設計終了の承認につなげる重要な報告です。

（レビュー報告・品質報告の内容（例））

①レビュー品質　②設計品質　③追加レビューの要／否　④今後の進め方

（承認を得ることができるレベル（例））

- 外部設計終了に相応しい品質レベルである
- 実装設計を開始することができる設計レベルである
- 外部設計書を、納品物として受入れ、検収できるレベル

（事例）トラブル事例「レビューで合意したのに……」

システム部門は、「業務部門と何度もレビューして合意したので、設計品質は良い」と、自信がありました。業務部門も、「設計書の記述はわかりにくいが、これまで、業務内容を詳しく説明してきたので、それが設計に反映されているはずだ」と思って、仕様凍結に合意しました。こうして順調に総合テスト工程まで進んで来ましたが、ここで大問題が起きました。

実際に動作する画面を見た業務部門から、クレームが噴出したのです。

レビューで合意したのに、なぜか？ それは……

- 外部設計書は、開発者が記述した、開発のための設計書
- 外部設計書は、業務マニュアルではないので、業務部門にはわかりにくい

これが原因でした。実は業務部門は設計仕様を理解してなかったということです。

---

6. 外部仕様凍結

外部設計工程終了で大切なことが2つあります。「仕様凍結」と「凍結後の管理ルールの設定」です。

(1) 仕様凍結

業務部門と外部仕様を合意し、仕様凍結します。

Point 「仕様凍結版ドキュメント」は、設計開発のバイブル

誰もが、正しい仕様を、いつでも参照できる状態（環境）にしておくことが大切です。仕様凍結の議事録を関係者へ送付し、凍結版仕様書を参照できる環境も周知します。以後、これを設計開発のバイブルとします。もし、変更があれば、オーナーまたは責任者の承認を得て訂正します。

Point 「仕様凍結日」を事前に公式に宣言する、期日を厳守する

仕様凍結が大きく遅延すると大トラブルになるので、遅延しないようにコントロールすることがPMの重要な任務です。そのため、「仕様凍結日」を、予め業務部門と合意して公式に宣言し、マスタースケジュールに重要なマイルストーンとして記載して、厳守します。発注者のシステム部門も業務部門も、設計担当の受注者もこの期限に向け、設計とレビューを行います。

業務部門も、凍結日を意識して要件詳細化・仕様調整・設計レビューに協力してくれるので、計画通り進み、仕様凍結できます。

(2) 凍結後の管理ルールの設定

Point 仕様凍結後の「仕様変更管理ルール」を定め、合意する

仕様凍結後も、業務部門から追加変更要望が多発して、大トラブルとなった例はたくさんあります。そうならぬよう、仕様凍結後の「仕様変更管理ルール」を定め、業務部門と合意することが大切です（内容は次節参照）。

仕様の追加変更は、実装設計や開発途中のものに手戻りを生じさせ、進捗阻害、品質悪化を招き、大トラブルの要因となります。

そのため、原則、追加変更しません。内容を精査し、止むを得ない件に絞り、かつ、開発全体に著しい影響を及ぼさない項目だけに対処するとします。開発全体に著しい影響を及ぼす件は、全体計画を見直すか、追加変更事案だけを、別スケジュールで実施する計画とします。

Point 追加変更コストの負担ルールを定める

仕様の追加変更は、計画外なので計画コストには含まれず、コスト増となりま

82 | 第6章 外部設計

す。またそれは高額です。設計済や開発試験済の部分への手戻りが重大問題を起こさぬようにするために、手間がかかるためです。それで、追加変更で増えるコストは、オーナーまたは責任者の承認が必要で、誰がコスト負担するかも定める必要があります。なお、そのコストを「要求元負担」とすると、不要／不急の要求を取り下げることができます。「金を出せと言うなら要求は取り下げる」ということです。

7. 仕様変更管理

（1）変更管理会議で協議

　追加変更は、コスト増、品質悪化、全体計画見直しにも関係するので、責任者の承認を得ることが必要です。変更管理会議で、業務部門を含む関係者で協議し、オーナーまたはプロジェクト責任者の承認を得ます。

（2）仕様管理担当が一元管理

　仕様管理担当を置いて、仕様変更管理を一元化します。仕様は常に正しく、矛盾なく、管理しなければならないからです。

　仕様変更を「誰が、どの場で、どの様に決めるか」を関係者で合意、変更管理プロセスと管理様式や管理手順を定め、一元管理します。これを怠ると、変更理由や内容が曖昧になり、誰が／いつ承認したのかも不明確で、Q（品質）C（コスト）D（納期）について大問題になります。

（3）1件1葉で仕様調整

　追加変更要求は、1件1葉の帳票に起票し、1件毎に詳しく精査する方法が最良です。1件1葉とせず、一覧表だけで仕様調整する例を見かけますが、好ましくありません。欄が小さく、検討が甘くなり、トラブルを誘発します。

　（1件1葉の仕様調整帳票の項目（例））

- 必然性（何故必要か？本当に必須か？）
- 効果（大きな効果を見込めるか？）
- 修正箇所（設計書修正、プログラム修正）
- 実施時の影響（線表、品質、設計手戻り等）
- 否決時の影響（事業への影響等）
- コスト見積り
- コスト負担者（誰がコスト負担するか？）

- 実施計画（責任者、体制、WBS、変更確認法等）
- 結論（実施可／否）
- 承認者

（1件1葉での調整の効果（例））

- 不要不急な要求の取り下げ：要望元が必然性と効果をよく考えることで自ら取り下げるようになる。
- 高品質、高生産性の実現：実施前に十分に検討するので、品質良く、生産性良く開発できる。

（事例）追加変更調整を EXCEL 一覧表だけで行って失敗した例
　基幹システムの構築で、残課題管理と追加変更調整を同じ EXCEL 一覧表で行いました。その結果、追加要求事項が増え、未検討・未着手項目も増加し、着手した事項も品質が悪く、結局、開発中止に追い込まれました。
　EXCEL 一覧表の欄ではキーワードしか書けず、内容不明確、誤解、影響分析不足など、さまざまな問題があったことや、残課題と新たな要求が同じレベルで扱われ、追加要求が出続けたことが原因でした。

---

8. 外部設計工程の遅延

　さまざまな事情で、外部設計が計画通り進まず、遅延する場合があります。その際は、下記ポイントに留意して、対処します。

Point 「次工程の中で回復」という考え方は危ういので先送りしない

　「次工程の中で回復見込み」という報告をよく見かけますが、多くの場合、回復できず、トラブル多発、全体の工期遅延となっています。

　「次工程の中で回復」とするなら、次工程計画を綿密に練り直し、必ず達成可能な実行計画と体制を作らねばなりません。それを怠って、大雑把な考えでいると、遅延を拡大させ、問題をさらに大きくすることになります。

　基本は、問題を先送りせず、次工程開始を延期してでも解決することです。

Point 根本原因を炙り出す

　「なぜ／なぜ／なぜ」を繰り返し、根本原因を炙り出すことが必須です。

　これは誰もがわかっていますが、実際は御座なりな分析となり、根本問題の炙り出しまではできていないようです。その結果、目先の対処だけとなり、根本原因に対処しないまま、大きなトラブルとなっています。根本原因の炙り出しは非常に大切な作業です。

Point 遅延回復計画を具体化し、抜本対策する

遅延に至る原因は根深いので、原因対策には時間とコストがかかります。

そこで、外部設計作業を一旦止め、WBS ／体制／工数を再計画し、関係者の協力を仰ぎ、抜本対策する……勇気を持ってこれを行うことが必要です。

Point 全体計画を組み替え、プロジェクトオーナーの承認を得る

遅延回復作業と、これに関係なく実施できる作業の計画を並列に組み、オーナーまたはプロジェクト責任者の承認を得て実施します。外部設計のクリティカルパスが遅延している場合は、全体線表の延伸、設計対象機能の縮小などの思い切った手を、下記を考慮しながら実施します。

① 遅延回復の根本対処

② 全体線表の組み替え

③ 優先度と体制の見直し、追加コスト見積り

④ オーナーまたはプロジェクト責任者の承認

9. 外部設計の終了判定

Point 必ず仕様凍結し、外部設計を終了させる

外部設計終了については、下記に留意して判定します。

① 外部設計書の内容を業務部門やステークホルダーが合意している

② 外部設計レビューが完了し、指摘事項は全て対応済

③ 全ての外部設計書が、設計の品質基準を満たしている

④ 残課題がない：止むを得ない事情での残課題については、具体的な対処計画をオーナーが承認する

⑤ 次工程以降のリスク分析と具体的な対策が実施計画に含まれている

⑥ リスク再評価：当初想定のリスクや新たなリスクの分析と対策が検討されている

第7章 実装設計
～高品質な設計～

1. 実装設計とは

実装とはプログラミングすることです。実装設計とは、外部仕様を実装する設計で、内部設計やプログラム設計のことです。

① 内部設計：詳細設計、内部仕様設計とも言い、外部設計した仕様を実装するためのシステム内部の設計

② プログラム設計：内部設計したものを実装するための「プログラム構造設計」や「フローチャート設計」

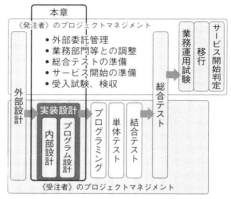

図 7.1　本章の範囲

2. 実装設計における発注者の役割

実装設計での発注者と受注者の役割を、図 7.3、表 7.1 に示します。

実装設計以降を請負契約で外部委託する例が多いですが、この場合、受注者は、責任を持って実装設計を仕上げます。

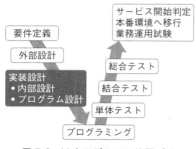

図 7.2　V 字モデルでの位置づけ

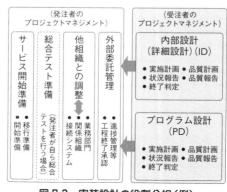

図 7.3　実装設計の役割分担（例）

表 7.1 実装設計での発注者／受注者の役割（例）

発注者	受注者（実装設計の実施）
【1：発注側の役割の遂行】 　受注者が実装設計に専念できるように環境を整える 1-1：外部設計残課題の決着 　仕様凍結時の残課題を決着させる 1-2：業務部門との調整 　実装設計で業務部門との調整事項が出たら、調整し決着させる。 　新たな追加変更要求は、必要性・影響・コスト等を吟味し、必要不可欠なもの以外は受けない 1-3：他組織・他システム調整 【2：外部委託の管理】 2-1：「実施計画」の点検 ・高品質設計を行う計画か? ・受注側のマネジメント計画に適切か?など 2-2：実施状況報告の点検 ・計画通り進捗か? ・設計品質状況は? ・課題と対策の状況は? ・最終着地見込みは?など 2-3：終了報告の点検、判定 ・漏れや誤りはないか? ・設計品質は良好か? ・残課題はないか? ・次工程に進めて問題ないか? 2-4：その他の委託業務の管理 ・状況の点検 ・結果報告の点検、終了判定	① 「実装設計の実施計画」策定 ・スケジュール、WBS、チーム編成、設計手法等の計画 ・高機能ツールを利用したシームレス開発*1の計画 ・高品質設計の計画、リスク評価、マネジメント方法など ② 内部設計：状況報告 ・外部仕様を実現するための内部設計の実施 ・進捗管理、課題管理、品質管理、成果物管理等の実施 ③ 内部設計：終了報告 ・成果物、設計品質報告、課題とリスク評価報告 （内部設計） 機能A　A1入力部／A2入力部　機能B　画面インタフェース A1処理部／A2処理部　帳票インタフェース A1出力部／A2出力部 内部インタフェース　内部インタフェース　コマンド，メッセージ インタフェース A3入力部／A4入力部　機能C　他システム インタフェース A3処理部／A4処理部 A3出力部／A4出力部 ④ プログラム設計：状況報告 ・プログラム単位の分割、プログラム構造設計、オブジェクト指向設計、フローチャート作成などの設計 ・進捗管理、課題管理、品質管理、成果物管理等の実施 ⑤ プログラム設計：終了報告 ・成果物、設計品質報告、課題とリスク評価報告 ⑥ その他の請負業務報告 ・ハード、OS、ミドルソフト、ネットワーク等の基盤の構築等を委託された場合は、その請負業務について報告

*1 高機能ツールで実装設計・実装・テストのシームレス開発を行うと、高品質化と生産性向上に著しい効果がある。

　請負契約では、発注者は、指揮命令権を持たないので、作業者への直接の指示はできません。それで、発注者は、受注者に対する「外部委託管理」で、進捗や品質等を点検し、実装設計が計画通り進むようにマネジメントします。工程終了時には、受注者からの終了報告を受け、妥当であれば承認します。

　また、発注者としての重要な役割が、対外調整です。仕様凍結時の残課題の早期決着の調整、新たな追加変更要求に対する調整など、実装設計を進める上で必要となった調整です。他に、総合テストやサービス開始の準備もあります。

3. 実装設計の契約形態と発注者の立場

　発注者の役割は、受注者とどのような契約を結ぶかで異なります。図7.4は契

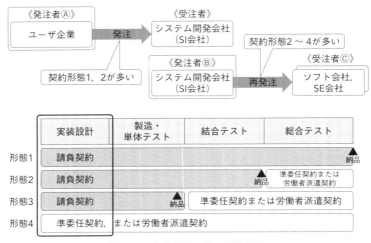

図 7.4　実装設計に多い契約形態

約の形態と発注者の立場のタイプを表したものです。

実装設計工程では、発注者Ⓐは、契約形態1または2の請負契約で外部委託することが多く、この場合、実装設計を仕上げる責任を受注者に求めます。

請負契約で受注したⒷは、実装設計に多くの技術者が必要なので、ソフト会社等に再発注します。その契約は、契約形態2、3、4の使い分けが多く、再発注先に対して発注者の立場でマネジメントします。なお再発注は、Ⓐとの契約で認められていることが条件です。

ところで、Ⓑは、Ⓐに対しては受注者であり、請負った実装設計に責任を負います。この責任を果たすため、Ⓑは、再発注先の作業内容・品質・結果をきめ細かく管理し、一歩踏み込んだマネジメントをしっかり行います。

4. 実装設計における《発注者》のマネジメントのポイント

実装設計を請負契約で外部委託する場合、設計作業は受託した受注者が行い、発注者は、対外調整やプロジェクト全体のマネジメントを行います。そのポイントは次の通りです。

Point 残課題の早期解決

実装設計を行う上で、外部仕様が確定していることは必須条件なので、外部設計終了時に仕様凍結を宣言します。ところが、止むを得ない事情で残課題を残す

ことがあり、これが火種となって仕様の揺らぎを招き、大トラブルになることがあります。例えば、次のような例です。

- 残課題がいつまでも終わらない
- 残課題と称して新たな要求が止め処なく出て、追加要求が増える

このため、外部設計の残課題を早期解決し、実装設計の条件を確定させることは、発注者が為すべき最優先の重要事項で、例えば、次のように行います。

- 残課題を一覧表で整理する（残課題をこれ以上増やさない）
- 課題毎に期限を設定する　（期限切れの項目は開発しない）
- 課題が全て解決したら、「外部仕様 最終版」をまとめ、仕様を確定する

Point 仕様追加変更の抑止

業務部門等から追加変更要求が多発といった次のような問題があります。

- 「仕様の詳細化」と称って変更要求が多発
- 「これができなければ、業務処理できない」と追加要望が出つづける

このような追加変更要求の多発は、設計手戻りの繰り返し、設計遅延、設計不具合といったトラブルになります。

このため、「追加変更の抑止」は、発注者が為すべき重要事項で、これを行えば、実装設計は円滑に進みます（6章参照）。

Point 「実施計画」の確認

実装設計における外部委託管理の手始めは、「実装設計実施計画」の確認です。実施計画の立て方は、次のようにいろいろあります。

- 内部設計、プログラム設計のそれぞれについて実施計画を立てる
- 実装設計としてまとめて実施計画を立てる
- 実装設計／実装／単体テストをまとめた実施計画を立てる

これは、実装設計の進め方や使うツールによって決まります。実装設計開始前に、受／発注の両者で実装設計計画の内容を点検し合意します。

（点検（例））（a）実装設計の高品質化の具体的計画は？

　　　　　　　（b）詳細な実行計画で作業開始可能か？

- チーム編成　　・WBS　　　・日次線表
- 実装設計手法　・設計ツール　・進捗管理等のルール

　　　　　　　（c）実装設計の目標、成果物、終了条件は明確か？

　　　　　　　（d）リスク評価がなされ、リスク対策は具体的か？

Point 計画対比での予/実管理、着地点管理、適切な報告

　請負契約での外部委託では、委託先での作業状況を的確に把握し、コントロールする必要があります。また、委託先側で適切にマネジメントされるようにします。

　マネジメント項目は多く、重要な項目ばかりですが、あえて絞ると、次の3点です。これを確実に行えば、プロジェクトは円滑に進みます。

(1) 計画対比での予/実管理

　作業進捗、品質、課題など、管理すべき対象について、必ず計画と比べて現状はどうか?と、予定と実績を対比して管理します。そうすることで、現状を客観的に把握し、素早く対処できます。これは常識で誰もが行っているはずですが、しかし、「実績だけ管理」の例をよく見かけます。それはトラブルプロジェクトになっています。

(2) 着地点管理

　「○月○日終了見込み」と「着地点」を管理することが、プロジェクトを成功に導きます。プロジェクトマネジメントの"肝"です。

　着地点が計画した期限を超えるなら、至急、対策を打ちます。こうして、大きな問題になる前に対処するので、成功するのです。着地点管理は、進捗・品質・課題など、管理すべき対象の全てについて行います。

(3) 適切な報告

　「今、頑張ってます」という趣旨の、内容のない報告を見かけますが、これでは、トラブルプロジェクトになってしまいます。

　報告は定量データで、予定/実績、着地見込みを入れます。またグラフ化し、スケジュール図に現状をイナズマ線で表示するなど「見える化」します。

　このような適切な報告が素早く上がれば、プロジェクトは成功します。

Point 工程毎に終了判定

　「設計・プログラミング・単体テスト・結合テストが団子状態となって実施中」という例を見かけます。結合テストは、全プログラムの結合試験なので、プログラミング途中や単体テスト途中のものがあれば実施できるはずもないですが、無理に行って、トラブルになっています。複数工程を一括して請負契約する場合も、必ず、工程毎に終了判定し、品質や課題を検証することが必要です。

90 ｜ 第7章　実装設計

5. 高品質な実装設計

実装設計の不具合は、テスト工程で「設計バグ多発」といった重大トラブルを引き起こすので、「高品質設計」は最重要課題です。そのための、発注者としてのマネジメントのポイントについて説明します。

Point 「設計品質計画（実装設計編）」の提示を求める

高品質設計の実現には、「設計品質計画（実装設計編）」が必須で、発注者は、受注者にその提示を求めます。これは、受注者に「高品質設計」を真剣に検討させることになり、効果的です（10章参照）。

Point 「高品質な実装設計とは？」と問いかける

受注者に、「実装設計の品質とは？」「高品質設計を実現するには？」と問いかけます。質問された受注者は、内部で議論して回答することになりますが、その議論が高品質を実現します。回答内容を受／発注両者で協議します。高品質な実装設計の例を表7.2に紹介します。

Point 「実装設計の良し悪しの定量評価法は？」と問いかける

「実装設計品質の良し悪」をどのように定量評価するか？」と受注者に問いかけます。これも、高品質設計の実現に効果があります。「実装設計品質の定量評価」の手法として、「実装設計レビュー結果の評価法」があります（表7.3）。

Point 高品質化施策の確認

発注者は、「設計品質計画の高品質化施策は具体的か？」「施策が実施されているか？」「効果を上げているか？」を点検します（表7.4）。

Point 実装設計品質の評価報告を点検

発注者は、受注者に、「実装設計品質の評価報告」を求め品質を点検します。工程の途中段階や工程終了時に、設計品質を確認します。

表 7.2　高品質な実装設計（例）

	品質項目	内容
1	設計対象を網羅	対象機能、モジュール、インタフェースを網羅
2	条件を網羅	事象、イベント、条件の全てを網羅
3	途切れない連鎖	サブ機能やモジュールの出力が、次のサブ機能やモジュールの入力に全て連鎖し、最終出口まで、連鎖が途切れない
4	出口の網羅	全てに出口があり、エラー全てに異なるエラーコードが付与されている
5	明解な設計	条件、処理、インタフェース、全て明解に設計されている
6	設計不具合がない	「プログラム設計」で、その前工程（内部設計や外部設計）の不具合指摘がない。不具合発見時は、類似不具合の洗い出しを徹底。
7	高密度レビュー	密度の高いレビューを行い、結果良好　（10章参照）
8	部品化	共通部品を先行設計し、全体の設計量の削減、高品質化

表 7.3　実装設計レビュー結果の評価法（例）

	評価項目（例）	評価方法（例）、解説
1	レビュー信頼度	誰がレビューしたか?で信頼度を評価する。 • 主要レビューアーに価値点を重く付与する（例：リーダ：5点） • レビュー毎に、価値点で、レビュー信頼度を評価する
2	レビュー回数	観点を変え、何回レビューを繰り返したか?
3	カバー率	プログラムレビューでは、レビューしたルートのカバー率を評価
4	連鎖継続度	全ルートで、サブ機能やモジュールの出力が、次のサブ機能やモジュールの入力に連鎖し、連鎖が途切れない度合を評価
5	通過回数	プログラムレビューで、主要ポイントを何回通過したか?で評価。
6	不具合指摘数	機能別、サブ機能別、モジュール別、設計者別に不具合指摘数を分析。極端な偏りがないか?を評価。
7	類似不具合数	不具合を指摘された項目について、類似不具合の摘出結果を評価

表 7.4　高品質化施策（例）

	施策分類	施策（例）、解説
1	人	• キーマン確保：対象業務を熟知したキーマンの確保 • 教育　　　　：設計対象業務を設計者に教育 • 編成　　　　：キーマンを核にチームを編成
2	手法	• UML（Unified Modeling Language）での記述 • Unified Processによる設計 • 高機能言語（第4世代言語）やパッケージによる作成 • 2人ペアでの設計
3	ツール	• 高機能設計ツールによる設計／実装／試験のシームレスな開発
4	レビュー	• レビュー重視の計画（時期、線表、工数） • ベテランをレビューアーとする
5	設計品質評価	• レビュー密度や、レビュー指摘数等で設計品質を定量評価
6	部品化	• 部品数、部品規模、部品call延べ回数
7	保守性	• 不具合発見／解析の容易さ、改修の容易さ、版管理

第8章 プログラミング、単体テスト、結合テスト
～高品質の作り込みと検証～

本章では、「プログラミング」、「単体テスト」、「結合テスト」の工程における発注者の役割と、各工程の作業を成功させるためのマネジメントのポイントについて述べます（図8.1、図8.2）。

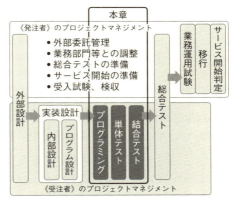

図8.1 本章の範囲

1. この工程の主要作業

本章が対象とする工程での主要作業は表8.1の通りです。この表で「プログラミング＆単体テスト」とまとめているのは、開発支援ツールの普及等で、これらの作業がひとつながりで行われることが多く、期間や作業をはっきり分けることが難しくなったからです。

2. 発注者の主な役割

「プログラミングから結合テスト」までは、請負契約で一括して外部委託することが多いので、発注者の役割は、概ね、「Ⓐ外部委託管理」と「Ⓑ対外調整、総合テスト等の準備」の2つとなります。

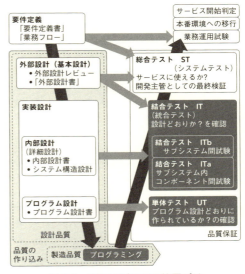

図8.2 V字モデルでの位置づけ

表 8.1　本工程の主要作業

工程	インプット	主要作業内容	アウトプット
プログラミング (P) ＆ 単 体 テ ス ト (UT)	実装設計書	・プログラミング ・単体テスト仕様書作成＆レビュー ・テスト環境整備、テストデータ作成 ・単体モジュールまたは単体機能の機能確認	プログラム テスト仕様書 テスト報告書 テスト環境 テストデータ
結合テスト（IT）	外部設計書 内部設計書 実装設計書 結合テスト概要書	(ITa)・サブシステム内での機能確認 (ITb)・サブシステム間での機能確認 ・外部システムと結合しての機能確認 ・非機能確認（処理時間、応答時間、高負荷、セキュリティ、保守性）	

Point 「外部委託管理」：受注者任せにしない

　発注者は受注者を信頼していても、任せきりにしてはいけません。トラブルが表に現われて初めてプロジェクトの真の状況がわかり、大騒ぎになるという話もよくあり、最悪は頓挫するはめになります。

　受注者が納期通り高品質のシステムを納品するように、発注者は的確にマネジメントします（詳細は4節）。

Point 「対外調整」：仕様追加変更の影響を分析し業務部門と調整

　外部設計終了時に仕様を凍結しますが、それ以降も業務部門から「追加変更要求」が出ることがよくあります。仕様追加変更しないことが高い品質とする上で重要ですが、必要な機能を作り込まないと使えないシステムになります。

　発注者は、仕様追加変更の影響度やコスト、期間等を十分に分析するとともに、その必然性や効果を業務部門と検討し、対応可／否を調整します。調整が長引けば、開発遅延を招くので、迅速に行います（詳細は5節）。

3. 本工程を成功させるには

　通常、プログラミング工程以降は、設計者に加え、プログラマを増員します。設計内容が増員したプログラマに正確に伝わらないと不具合となり、プログラムの修正、テストやり直しという手戻りとなり、工数も膨れるので、増員者への設計内容の教育・伝達はとても重要です（図8.3）。

Point デグレード[1] を招いてはいけない

　プログラミング工程以降は、取扱い対象が、設計書だけでなく、プログラムや

1　デグレード：プログラムの修正誤りで、これまで正しく動作していた部分に起こる不具合。

94　第8章　プログラミング、単体テスト、結合テスト

テストデータ、テスト環境など、コンピュータシステム全体に広がります。バグ修正では、設計書とコンピュータシステムの両方の修正が必要で、多くの労力を要するので、度重なる修正は、デグレードを招き、サービス開始の遅延や本稼働後の障害の原因になります。

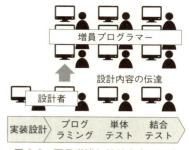

図8.3　要員増強と設計内容の伝達

よって、本工程では、手戻りを減らすために「プログラミング以前の不具合（仕様漏れ、仕様誤り、仕様書の不備等）をテスト開始前に早くたたき出す」、「プログラミングでバグを作り込まない」を強く意識します。アジャイル開発においても、この考え方が必要です。

4. 発注者のマネジメント「Ⓐ外部委託管理」

請負契約で外部委託した開発が成功するように、発注者は、外部委託管理を適切に行い、プロジェクト全体をマネジメントします。

工程開始時、工程進行中、工程終了時の各局面で、受注者から提示された計画書や報告書で品質が担保されたシステムが開発されるかを評価します。

なお、計画通りに進捗し、品質が確保されるかについて、受注者からの報告だけに頼っていると、問題に気付くのが遅れ、対処が手遅れになるので、普段からの受注者との円滑なコミュニケーションが大切です。何か問題が起きたことがすぐわかれば、発注者としての対処も素早くできます。発注者／受注者でWin／Winの関係を築くことが大切です。

4.1 工程開始時の外部委託管理（実施計画の点検）

システム開発では、工程毎に実施計画書を立て、よく点検してから工程作業を開始することが基本です。「プログラミング＆単体テスト工程」、「結合テスト工程」についても、同様に行います。

発注者は、工程毎に「実施計画書」の提示を受注者に求め、受／発注両者で協議し、合意して作業開始します。その記載項目（例）を表8.2に示します。

表 8.2 「実施計画書」の主な記載項目（例）

	項目	概要等
1	本工程の目標、進め方	この工程の作業の目標、進め方を記す。進め方は、例えば共通部品を先行開発、機能ごとにチームを編成して並行開発、等
2	体制、チーム編成	責任者、PM、チーム編成、役割、再発注先、要員構成、リーダ、力量
3	関連組織	業務部門、接続システムの主管組織、保守運用組織、連絡系統図、等
4	基本スケジュール	大日程スケジュール、中日程スケジュール、マイルストーン、等
5	WBSと詳細スケジュール	WBS、日次の詳細スケジュール
6	開発手法とツール	開発手法、試験手法、主なツール
7	準拠すべき基準、標準	開発標準、管理標準、セキュリティ基準、等
8	開発環境	ハード、基盤ソフト、ネットワーク、端末（PC、スマホ等）
9	成果物の計画	工程終了時の成果物一覧（予定）
10	品質計画	高品質を実現する具体的な計画（詳細は10章） ・品質目標　・高品質化施策　・品質評価計画　・品質管理体制、等
11	プロジェクト監査計画	プロジェクト監査受診時期、プロジェクト監査体制
12	教育計画	追加要員への教育スケジュール、指導者
13	リスク評価	リスクの洗い出し、具体的な対策、リスク再評価の計画
14	運営ルール	進捗管理、課題管理、着地見込みの管理、報・連・相、遵守規約、等
15	終了条件	工程終了条件、終了判定者
16	その他、残課題	前工程からの残課題と対処の計画、等

Point 「実施計画書」を協議する

　実施計画に従って工程作業を行うので、高品質で素晴らしい成果を出すか否かは、この実施計画の良し悪しに左右されます。このため、実施計画の説明を受け、受／発注両者でしっかり協議し、合意することが大事です。Face to Faceで協議することで、正しく把握できます。

　もし、実施計画で省略されている項目があれば、今後の作業に影響ないかを確認し、合点のいかない点は再検討を要請します。

　発注者が重点的に確認すべきポイントは次のとおりです。

Point 品質保証のしくみが考慮されているか？

　プログラミング標準、テスト標準、進捗管理標準、品質管理標準が定められているかを確認します。作業終了後に成果物の品質をチェックするのでなく、早めに品質の PDCA を回すようにすることが重要です。

　もし、不十分と判断した場合は、適切な標準への切り替え等を促し、レベルアップを要請します。

また、部品化・共通化の計画、部品モジュールの先行開発チームの編成、品質保証体制など、高品質化の体制が組み込まれているかも確認します。

Point 品質の作り込みを意識したスケジュールになっているか？

大日程・中日程・小日程のスケジュールと、WBSとの整合を確認します。また、部品の先行開発とか、プロトタイプのトライアル、メインルートの先行開発、作業の切れ目の品質点検など、高品質の作り込みを意識したスケジュールになっているかも確認します。

Point 保守性を考慮しているか？

システムは構築して終わりではなく、その使命を全うするまで、多くの変化に対応するための改良と保守が必要です。そのため、ソフト保守の仕組みが整っているか？　等の検証が必要です。

Point 高リスクなテストは、優先度を高くしているか？

テストの工数、期間には限りがあるので、テスト項目に優先度をつけ、「高リスク項目」は前倒しでテストし、重大バグを次の総合テスト工程に持ち越さないようにしなければなりません。

高リスクを意識するカテゴリには次のようなものがあります。

- 業務処理機能（異常処理、例外処理）
- ユーザインタフェース（画面遷移、項目の並び、操作性、エラー表示等）
- 他システムとのインタフェース
- 処理能力・性能（高負荷時処理件数、処理時間、応答時間など）
- セキュリティ（機密性、完全性、可用性）

これらを結合テストで解決せずに、次の総合テストに持ち越すと、重大故障となって表れ、作り直す羽目になったり、多発するトラブルが収束できずに頓挫してしまうことにもなります。

Point テスト前にテスト仕様書レビューを行うスケジュールか？

設計者が設計した内容がプログラムに正確に伝達できなければ、誤ったプログラムが作成され、誤りに気づいたとしても、修正という手戻りが発生し、気づかなければバグとして残存します。

これを避けるには、「設計書から読み取った仕様を反映した『テスト仕様書』を、テスト開始前に、設計者とプログラマでレビューする」ことが有効です。

この「テスト仕様書レビュー」は次の効果があります。

- 設計書の誤りが検出できる
- プログラマの設計書の誤認が検出できる
- プログラマが設計仕様をよく理解できる
- プログラマが設計書の不具合を検出することもできる

テスト仕様書レビューで、「設計書・プログラム・テスト仕様書」を正しく修正してからテストを行うことで、手戻りを軽減できます。

> (事例) テスト専門チームがテストする
> ミッションクリティカルな大型システム開発で、テストを、設計者でなく、テスト専門チームが行いました。テスト仕様書はテスト専門チームが作成し、設計者やプログラム作成者とレビューして、効率良く、高品質を達成しました。
> オフショア委託で、ソースコード流出防止のために、「テスト」のみ委託したケースでも、テスト専門チームを組みました。

Point テストケースにイレギュラーケース（異常系）も含めているか？

実サービスでは、サーバ障害やネットワーク障害による中断・誤動作、想定外の使用、想定外の負荷などのイレギュラーが起きます。その時も、サービスを継続するか、データを保護しなければなりません。このイレギュラーケースを洗い出して、結合テストで数多くテストすればするほど、実サービスでの安定性が増します。

「業務のイレギュラー」、「システムのイレギュラー」について、できるだけ数多くのテストケースを設定しているか？を確認します。

Point 高スキル者とその他の要員の混成へのフォロー体制があるか？

開発プロジェクトは、スキルも立場も異なる多数の要員の混成となるので、これを有効に機能させるためのフォロー体制や仕組みがあるかを確認します。

(例)・レビュー　　：高スキル者がレビューアーとなりスキルや仕様を伝授する
- 教育　　　　：業務スキルを教育する
- チューター　：スキル不足の担当を支える
- 標準手順　　：標準手順で作業品質を一定のレベル以上に保つ
- 目的の理解　：目的達成のマインドを醸成し、指示待ちではなく、自主的に適切に行動できるようにする
- 情報共有　　：専用サイトやツールで情報と知識を共有する
- ルール　　　：進捗／課題／品質の管理、報告のルールを徹底する

Point 再委託先の評価選定・管理に問題はないか？

再委託を許可する場合、再委託先選定基準、再委託先の妥当性、再委託先管理方法を確認します。

（例）過去の実績、品質保証（CMMI3 以上、ISO9001 認証等）、情報セキュリティ（ISMS・P マーク認証等）

オフショアへの再委託については、過去の実績、情報セキュリティ、ブリッジSE の力量等を確認します。なお、ブリッジ SE の力量とは、設計仕様の伝達、現地担当者の掌握、マネジメント、品質管理等の力です。

Point 必要に応じて専門家の支援を受けるようになっているか？

プロジェクト要員だけでは対処できないことがあります。

（例）• サービス開始後の性能を正しく予測する性能評価
　　　• セキュリティ評価
　　　• サービス開始できる品質か否かの品質評価

このため、高度なスキルや資格を持った専門家の支援を計画する必要があります。例えば、システム監査人、性能評価の専門家、品質評価の専門家等の支援です。専門家の支援を受け、トラブルを未然に防ぐ計画か？を確認します。

4.2 工程進行中の外部委託管理

工程進行中は、「受注者が"進捗・課題・品質・成果物"を適切に管理し、コントロールしているか？」「計画通り進んでいるか？」「着地見込みはいつ？」を確認します。確認の結果、不十分な点があれば、受注者に早めの対処を促します。留意すべきポイントを以下に示します。

Point 受注者には納得いくまで説明してもらう

受注者からの報告書だけで状況把握するのでなく、納得いくまで説明してもらうことで、報告書に記載がない重要な懸念事項が浮き彫りになります。例えば、クリティカルパス上の作業遅延などです。的確に説明できる受注者は、内部でも適切に管理できているものです。

必要以上に詳細な報告書を求めると、その作成が、受注者にとって過度な負荷となり、プロジェクトの本来の作業に悪影響がでます。工数増、進捗遅延にも繋がります。そこで、発注者は、求める報告の質・精度・様式について、予め受注者と合意しておく必要があります。

（進捗報告で重視すべき事項）

- 進捗管理：遅れている場合は原因と今後の対策、着地見込み。
- 変更管理：変更の影響分析結果、変更によるデグレード防止措置、変更の合意の証跡、未決着項目の見通し。
- 品質管理：バグ傾向分析、類似バグ摘出等の対策、品質の見通し。
- 課題管理：調整中の課題、重要トラブル等の課題、期限、見通し。

なお、状況把握には、作業現場の視察も有効ですが、請負契約の場合、受注者が難色を示すことも多いので、受注者との合意が必要です。

Point 不具合の傾向分析を行っているか確認する

「特定箇所へのバグ集中、バグ原因やバグ発生箇所の偏り、作成者の偏り」等の不具合の傾向を分析し、バグ比率が高いプログラムや設計書を再検証し、新たな不具合を未然に防止する策を講じているか？を確認します。「不具合の傾向分析で先を読む」ことが大切です。

また、「類似バグを洗い出し、芋づる式に不具合を是正しているか」の確認も必要です。

V字モデルの上流の不具合が多発しているなら、上流の設計内容の再検証や、全体計画の見直しが必要です。その検証をしているか？の確認も必要です。

Point リスクの再評価をしているかを確認する

「プロジェクト管理はリスク管理に尽きる」と言えるほど、プロジェクトを成功させるには、さまざまなリスクを乗り切らなければなりません。

「リスクの洗い出し・評価・対応」は、工程開始から工程終了まで、定期的に行う必要があります。一般に工程開始時にはリスク評価しますが、その後のリスク再評価は疎かです。プロジェクトの進行に応じて、リスクを再評価し、関係者と共有し、リスクコントロールしているか？を確認します。

Point リスクの兆候の早期発見の仕組みを確認する

リスクの兆候は現場に現れます。PMやリーダが現場を注意深く見て、リスクの兆候をつかんでいるか？「悪い事はすぐに報告」が徹底されているか？を確認します。「待ちの姿勢」では、リスクの兆候の早期発見はできません。現場の担当に「問題視される前に密かに解決したい」、「報告するとその後も繰り返し報告を迫られて大変」との心理が働き、報告をためらうからです。「悪いことはすぐ報告、そうすれば周りが助けてくれる」との意識が定着しているか？オープンで

迅速な報告体制を整えているか？　を確認します。

4.3 工程終了時の外部委託管理

　工程終了時、発注者は、受注者から提出された報告を受け、障害・課題の解決を検証し、工程完了の判断を下します。そのポイントを以下に示します。

Point 工程終了報告は、納得のいくまで説明を受ける

　報告書の記載だけで判断するのでなく、納得いくまで説明してもらうことで、記載しきれていなかった状況まで詳しく把握します。

Point 契約で合意した成果物が揃っているかを確認する

　工程終了時に納入との契約なら、"設計書、プログラム、オブジェクトモジュール、テスト仕様書、テスト報告書" など、契約で定めた成果物が揃っているか？　品質等の定められた条件を満足しているか？　を確認し、検収します。

Point 検出した障害は全て改修済みかを確認する

　プログラムだけでなく、設計書等のドキュメント、テストデータ等も全て訂正し、最新版か？　を確認します。

Point 積み残し課題を確認する

　積み残し課題の有無、内容、解決見通しを確認します。

4.4 受注者との事前合意

　提出や報告を求める事項は、契約時に定め事前合意しておく必要があります。例えば次の事項です。

①　作業毎の詳細な「実施計画書」の事前提示

　　　品質計画、作業終了条件、工程終了条件等の記載。

②　「テスト仕様書」の事前提示

　　　テスト種別、環境、前提条件、手順、項目、正解値（想定結果）等

③　進捗状況、品質状況の週次報告

　　　定量データ報告、状況分析、進捗遅れや品質問題の着地見込みの報告。

　　着地点を明確にせずに放置しておくと破たんをきたす恐れがあります。

④　作業毎の「作業終了報告書」の提出

⑤　工程終了時の「工程終了報告書」「品質報告書」の提出

5. 発注者のマネジメント「Ⓑ対外調整、総合テストの準備等」

　対外調整は発注者が責任を持って行うべき事項です。納期遅延やデグレードの要因となる仕様追加変更要求に決着をつけます。他に、「総合テストの準備」、「結合テストの終了判定」なども行います。

（1）対外調整

　対外調整には、「外部仕様の追加変更調整」、「実装設計で判明した詳細仕様調整」、「接続先システムとのインタフェース調整」、「システム移行の調整」等があります。

　プログラミング開始後の仕様追加変更は、手戻りによる品質劣化、バグ多発、工程遅延などを引き起こすので止めるべきです。

　しかし、追加変更要求が上がるのは、業務部門等の要求元に切実な理由があるからなので、その要求内容を詳しく点検します。

（点検事項（例））・変更理由　・必然性　　　　・効果　　　　　・変更箇所
　　　　　　　　　・影響範囲　・所要コスト　・スケジュール　・リスク、等

　手戻りの範囲なども厳しく検証し、真に止む得ない要求だけに絞り込みます。

　変更の影響範囲が、複数のプログラムやサブシステムにまたがる場合は、全体スケジュールの見直しも必要となります。

　変更要求の項目1件毎に、期限を定めて調整します。期限を守らないと、開発作業に影響が及び、全体スケジュールが遅延することになります。

（2）総合テストの準備

　総合テストを受注者が請負っているなら、その準備は受注者が行いますが、もし、発注者が総合テストを行うのであれば、その準備を早い段階から開始しなければなりません（9章参照）。

（3）結合テスト終了判定

　結合テスト終了報告と品質報告書を受け、結合テスト終了の可否を判定します。積み残し課題がある場合は、その影響と見通しを検証し、「実施計画書」で定めた「工程終了判定条件」に基づいて、工程終了可否を判断します（詳細は、9章2節参照）。また、結合テスト終了時に納品という契約なら納品物の受入検収を行います。

第9章 総合テスト、受入試験・検収、業務運用試験、移行、サービス開始判定
～サービス開始に向けた最終検証～

本章では、「総合テスト」、「受入試験・検収」、「業務運用試験」、「移行」の各工程における作業とマネジメントのポイント、および「サービス開始判定」、投資効果等を検証する「プロジェクトの振り返り」について述べます。

1. 総合テスト
1.1 総合テストの位置づけ、目的

総合テストは、開発者側が行う最終段階のテストで、その目的は、利用者の視点で「実サービスできる」ことを確認することです。

開発者側にとってはシステムを完成させる「最後の砦」です。しかし、総合テストを「バグ潰しの最終工程」と考えてはいけ

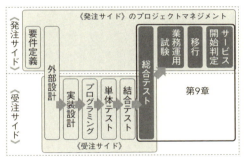

図 9.1　本章の範囲

ません。「設計通りでないバグ」は結合テストまでに潰しておかなければなりません。さもなければ、総合テストで「実サービスできる」の確認はできません。「総合テストで品質を上げれば間に合う」と考えていると、「重大バグが出てサービス開始できない」といった最悪の事態になります。

「実サービスできる」は、機能、操作性、性能、セキュリティ等のあらゆる面から、円滑な業務遂行に耐え得るかで確認します。

1.2 総合テストの実施パターン

総合テストには、大別すると「発注者が実施するパターン」と「受注者が実施するパターン」の2つがあり、これはさらに、受入試験と総合テストを兼ねるパターン等のバリエーションを生みます。

> **パターン①-1：発注者が実施（受入試験と総合テストを分けて実施）**

受注者からの結合テスト完了での納入を受け、発注者は、受入試験で合否判定した後、総合テストを行います。発注者が準委任契約で総合テスト支援作業を外部委託する場合も、テスト計画やテスト仕様書の作成、テストの実施責任は発注者が負います。

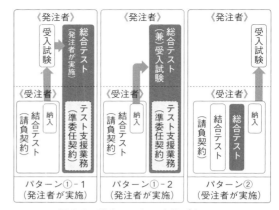

図9.2　総合テストの実施パターン

> **パターン①-2：発注者が実施（総合テストを受入試験と兼ねて実施）**

受注者からの結合テスト完了の納入を受け、発注者が受入試験を兼ねて総合テストを実施するパターンです。納入の合否は、総合テスト結果で判定します。

> **パターン②：受注者が実施**

受注者が総合テストまでを請負うケースで、総合テスト完了の納入を受け、発注者は受入試験を行って、合否判定します。発注者は、業務部門等のエンドユーザに対して「実サービスできる」ことを保証する責任があるので、受注者が行う総合テストについて、テスト実施計画、実施項目、実施内容、結果報告、品質報告の全てを詳しく点検する必要があります。

1.3 総合テスト実施計画

総合テストは、「実サービスできる」ことの確認が目的なので、その実施計画は、それまでのテストの計画とは異なります。

Point 「利用者の視点」で計画

利用者の視点で、業務処理フロー、業務マニュアル等の業務に関わるドキュメントや要件定義書をベースに試験項目を作成するように計画します。結合テストまでは「設計書通りか？」という「開発者の視点」でしたが、総合テストは「利用者の視点」となります。

表 9.1　総合テスト実施計画の主な記載項目（例）

	区分	主な記載事項
1	方針・施策	総合テスト方針、必ず達成すべき目標、重点施策
2	体制・コスト	責任者、総合テスト実施体制、チーム編成、コスト
3	中日程線表	開始日、終了予定日、週次線表、マイルストーン
4	試験ケース	業務シナリオ試験、高負荷性能試験などの試験ケース
5	試験項目、テスト仕様	試験ケース毎の試験項目（利用者視点の試験項目、実サービスできることの検証項目、など）、テスト仕様書
6	試験毎の詳細計画	試験目的・完了条件・実施チーム・WBS・日次線表 マイルストーン・クリティカルパス・試験環境など
7	リスク評価	総合テスト実施上のリスク、対策
8	マネジメント規定	総合テスト実施上の運営規定（会議体、報告、その他）
9	品質計画	総合テストの品質計画書（10章参照）
10	成果物	総合テストの成果物一覧
11	終了条件	総合テスト終了の条件、終了品質条件、終了判定者

Point 実施計画作成は外部設計後の早い段階で始める

「実サービスできる」をどうやって確認するか？　実サービスに近い試験環境やデータをどう作るか？　などの検討には時間がかかります。そこで、「総合テスト実施計画」の作成は、外部設計終了後の早い段階から始めます。

Point 実施計画は、具体的に詳細に作る

「総合テスト実施計画」の記載項目例を表9.1に示します。ここでは、「利用者視点の試験項目」とか「実サービスできることの検証項目」といった、これまでのテストとは異なる項目の設定が求められます。このため、その実施計画はこれまで以上に具体的に詳細に検討して作る必要があります。

1.4 総合テストのテストケースとテスト項目のレビュー

的外れなテスト仕様（テストケース、テスト項目等）では、総合テストの目的を達成できず、「サービス開始」できなくなるので、テスト仕様のレビューは早い段階から繰り返し行います。

Point テスト項目やテスト仕様書のレビューに必ず参加する

「実サービスできる」かの確認は、利用者の視点で行うので、テスト仕様のレビューには必ず発注者が参加します。レビュー観点の例を下記に示します。

- 現場で業務処理できるか？

- 提供するサービスは網羅されているか？
- 処理能力、性能の確認に漏れはないか？
- サービス継続上の問題はないか？
- 端末の操作性は良いか？　誤操作しないか？
- マニュアル無しでも操作できるか？
- 試験の粒度は細かいか？

1.5 総合テストで行う試験

「実サービスできる」かの確認には、次のようなテストが必要です。

表9.2 総合テストで行う試験（例）

1	業務シナリオ試験	業務処理フローに沿ったシナリオ処理
2	操作性確認試験	使い勝手の検証
3	高負荷性能試験	高トラヒック、多端末接続、高負荷処理能力、応答性能
4	他システム接続試験	高負荷接続時の処理性能、異常発生時の処理
5	運用・保守試験、NW試験	異常事態発生時のサービス継続、多重障害発生等
6	長時間連続運転試験	数日〜1週間程度の連続運転
7	セキュリティ試験	外部アタックからの防御、内部アタックの防御等

(1) 業務シナリオ試験

業務処理フローに沿って、実サービス同様に業務処理する試験で、総合テストの代表的な試験です。

試験項目は、業務処理フロー、要件定義書、業務マニュアル等の業務のドキュメントから「利用者の視点」で作成します。

「業務処理フロー」は特に必要です。これは、新システムで新しくなる業務の流れとシステムの関係を表すもので、総合テストだけでなく、業務部門での業務運用試験・習熟教育でも必要となります。

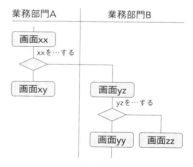

図9.3　業務処理フロー

> **Point** 「業務処理フロー」の作成に早く着手する

「業務処理フロー」は必須なのに作成されない例が多々あります。業務とシステ

ムの両面の理解が必要で、作成工数がかかるのが原因ですが、そういったプロジェクトは大トラブルになっています。確実に作成するため、作成に早く着手するように計画します。

Point 「月末・年度末」などの締め処理もシナリオ試験する

月末締め、四半期締め、年度末締め処理は、高負荷、時間制限、他システム連動等、通常より厳しい条件下で行うものなので、トラブルが起きやすい処理です。このため、シナリオ試験に必ず組み込む必要があります。

Point 「思いがけない使われ方」の検証

利用者は、「設計者が想定していなかった使い方」を平気でします。しかしそのような場合も、処理とデータの信頼性を失ってはいけないので、「思いがけない使われ方」での検証も必要です。例えば、次のような使い方です。

（例1）超多数ユーザによる「強制切断／再接続」の一斉操作

　　　　朝の業務開始時にシステムの応答が遅い時によく起こる事象。

（例2）特殊操作の短時間での繰り返し

　　　　処理途中の強制切断、切断後の再開、処理のキャンセル、割り込み処理
　　　　等、多忙な業務担当がしばしば行う特殊操作の繰り返し。

（2）操作性確認試験

操作性の良し悪しは、利用者にとって重要です。使いにくい画面は、「誤操作」を頻発させ、業務効率を落とします。操作性試験は、結合テストでも行いますが、それは「設計通りか？」という開発者の視点です。これに対し、総合テストは、「利用者の視点」で行います。実サービスでは端末を使う人は海外にいるかもしれない、子供や老人かもしれない。また、ベテランの業務担当でも思い込みで誤操作するかもしれない。あらゆる利用者の視点で操作性を確認します。

（操作性試験の観点（例））

- 誤操作しがちなところは？
- 誤操作したらどうなるか？
- マニュアルがなくても使えるか？
- 誤操作の取り消しは可能か？
- ガイドの文言はわかりやすいか？
- 直観的に使えるか？
- 操作ボタンはわかりやすいか？
- ヘルプ画面があるか？
- 画面遷移に違和感はないか？
- 次へ進む操作はわかりやすいか？
- 画面スクロールは縦／横どちらが良いか？
- 不要画面は自動消去か？

107

(3) 高負荷性能試験

高負荷性能試験は専門家の支援等の体制を整え、綿密に計画して行います。

Point 性能試験結果を鵜呑みにするのは危険

性能試験すれば何らかの値が出ますが、それを鵜呑みにするのは危険です。「高負荷試験で超高性能を確認したのに、実サービスで性能が出ない」ということがよくあるからです。原因は、「負荷シミュレータによる試験環境が単純で、実サービス環境と大きくかけ離れている」こと等が挙げられます。

Point 実サービスに近い測定環境を作る

信頼できる性能測定結果を得るには、「実サービスに近い環境・データ・トラヒック」を設定しなければなりません。しかし、試験環境と実サービス環境では、装置数、装置容量、トラヒック量、同時接続セッション数など、全てが大きく違うので、それは不可能です。そこで、実測したい対象と目的を絞り込んで、環境設定を工夫します。

Point 突発的な超過負荷時の処理確認

現実のサービスでは、「数秒間での突発的なアクセス集中」が起きます。例えば、「人気商品の発売直後のアクセス集中」などです。このような場合、数秒で限界を超える負荷がかかり、制御できなくなる事態がよく起きます。

このような処理能力限界値を超えた事態での動作確認、データ保証確認も行う必要があります。

Point 性能評価の専門家の支援

性能試験は、「負荷シミュレータで過負荷をかけ性能を実測すれば良い」というような単純なものではありません。どの環境で、何を、どのように実測するかを綿密に計画し、準備に時間をかけ、測定結果が信頼できるか？　の検証も必要です。

そこで、性能評価の専門家の支援が必要で、プロジェクト計画にその体制とコストを組み込んでおく必要があります。

（事例）性能試験で超高性能を確認したのに、サービスを開始したら性能が全く出ない

　システム更改時に、「性能は大丈夫か？」と受注者に尋ねたら、「条件以上の超高負荷をかけて実測して、超高性能が出ているから絶対大丈夫！」との答えで安心しました。しかし、サービス開始したとたん、「応答が前より悪くなった！業務できないぞ！」とクレームの嵐です。

　「高性能サーバで、性能試験でも超高性能だったのになぜ？」と思いつつも、サーバ台数を倍に増やしてなんとか納めましたが、予定外の大幅なコスト超過となりました。

　性能試験で超高性能が出たのは、キャッシュヒット率が異常に高かったからでした。業務アプリが必要なデータがキャッシュ上にあって、Ｉ／Ｏせずに、ＣＰＵとキャッシュだけで超高速処理していたからで、疑似負荷環境の設定に問題がありました。また、更改前より応答が悪くなったのは、性能を出す処理方式をきちんと設計しなかったからでした。

（4）他システム接続試験

　総合テストでは、実サービス同様に「他システム接続」を試験します。結合テストでも他システム接続試験は行いますが、単一パスでの機能確認や、回線を介さない疑似接続試験だったりするので、それだけでは、サービス開始後にトラブルが起きる可能性があります。

　このため、総合テストでは、実サービスと同等の試験を行う必要があります。例えば、実システムでの接続、多パス、高トラヒック、通信途中の障害、相手システムのダウン・回復などです。

　しかし、実システム接続は、互いの実サービスへの悪影響が懸念され、簡単には実施できないので、早い段階から調整する必要があります。

（5）運用・保守試験、ネットワーク試験

　運用保守等について、「設計通りか？」の確認は結合テストで行っているので、総合テストでは、例えば、次の確認を行います。

　①業務マニュアル、保守マニュアルに沿った確認

　②切替／切り戻し等の時間測定、定めた時間内に終わるかの確認

　③遠隔監視、遠隔保守、オンライン中の保守の確認

　④異常発生時の監視運用担当の動作（通報、確認、対処等）

　⑤複数の障害の同時発生（複合異常）

（6）長時間連続運転試験

　実サービスで長期間連続運転をすると、思いもよらない不具合が出ることがあります。このため、総合テストでは、実施可能な長期間の連続運転試験を必ず行い、不具合の有無を確認します。

（確認項目（例））• メモリへのゴミ蓄積によるメモリ不足

• メモリ不足によるスワッピング多発、性能悪化

• OS やミドルソフト等の内部作業域不足による性能悪化

• 業務アプリの処理待ちキューの長大化、性能悪化

• 特定装置へのアクセス集中、I/O ネック

• ログ書出し先が満杯時の切替異常、処理停止

なお、これらは、システムダウンしない限り障害に見えないので、不具合の有無の確認には、検証ログの埋込み等の工夫が必要です。

（7）セキュリティ試験

セキュリティは対処項目が多く、政府等の規定やガイドラインも種々あります。セキュリティ要件の妥当性検証には、セキュリティ専門家の支援や、専門機関への依頼も必要なので、その体制とコストをプロジェクト計画に入れておく必要があります。

（対処項目（例））• ネットワークを介した外部からのアタック

• 内部からの情報漏えい

• 居室やデータセンターへの不法立ち入り

• 故障修理物品からの情報抜き取り

1.6 バグへの徹底対処

総合テストは「実サービスできる」かの確認が目的ですから、バグが多発すれば、総合テストの本来の目的を達成できず、「実サービスは開始できない」となります。「バグは改修すればよい」では済まされません。

Point 総合テストでバグが出たら徹底的に品質強化

バグは「氷山の一角」で、「まだたくさん隠れているはず」、「サービス開始後に、それらが出てきたら大問題！」と考え、バグ1件毎に類似バグも含め徹底的に叩き出します。

総合テストを請負契約で外部委託している場合は、バグ対処を受注者に任せっきりにせず、「バグ1件1件が重大問題」と指摘し、1件毎に、類似バグ対処、品質強化等の詳細報告を受け、確認します。

110 | 第9章 総合テスト、受入試験・検収、業務運用試験、移行、サービス開始判定

1.7 総合テストの品質管理

　総合テストは開発側が行う最終段階のテストですので、今後引き継ぐ業務部門等の利害関係者に対して、開発したシステムの品質が確保できていることの説明責任を果たせるようにしなければいけません。

　そのため、本工程開始前の品質計画、工程進行中の品質管理、工程終了時の品質評価を確実に実施する必要があり、例えば次のように行います（詳細は10章）。

（1）総合テストの品質計画の作成

　外部設計完了後、早い段階で総合テストの実施計画と品質計画の検討に着手します。

（2）総合テストでの品質管理

　バグ1件1件が重大問題と考えて、「バグ1件毎の分析」「類似バグ水平展開」「品質強化」を行います。

（3）総合テスト終了時の「品質評価報告」

　「実サービスできる」ことを、開発側として評価する報告です。例えば、次のような評価報告です。

　①バグ1件毎の詳細分析からの品質傾向

　②バグのマクロ分析による品質傾向

　③工程別の品質分析、過去データとの比較、サービス開始の品質予測

　特に③は重要で、工程毎にどのように品質を上げてきたかを分析し、類似開発案件の過去のデータを参考に、サービス開始後の品質を予測します。

1.8 総合テスト終了報告

　「総合テスト終了報告、品質評価報告」は、開発側としての最終報告です。例えば、表9.3の内容で報告します。

表 9.3　総合テスト終了報告の内容（例）

	報告項目	内容等
1	総合テスト工程の実施結果	実施計画や完了条件と対比しての結果報告
2	品質の最終評価	品質計画や品質条件と対比しての最終品質報告
3	開発全工程を通した最終分析	試験項目数、品質分析、課題等
4	リスク評価	当初懸念したリスクにどう対処し、結果はどうか？ 残存リスクは何か？　今後、どう対処するか？
5	サービス開始に向けた手順	• 業務部門による「業務運用試験」 • 実サービス環境への移行 • サービス開始判定 • 開発部隊から運用保守組織へのシステム移管
6	サービス開始の品質予測	• サービス開始時の品質見通し • 初期トラブルに対する支援体制

1.9 総合テスト終了判定、品質判定

　「総合テスト終了報告、品質評価報告」を審議し、合／否を判定し、プロジェクトオーナー（発注側の責任者）が、総合テスト終了を承認します。

　これで、システム部門としての開発は終了し、システムを業務部門に渡します。業務部門は「業務運用試験」を開始し、「業務処理できるか？」を業務部門として最終確認するとともに、業務担当者に習熟教育し、実サービス開始に備えます。

　「総合テスト終了判定チェック表（例）」を表 9.4 に紹介します。プロジェクトとして、判定チェック表を予め用意することで、「実サービスできる」ことを開発部門として責任を持って判定することができます。

2. 受入試験・検収
2.1 受入試験とは

　受注者から納入されたプログラムの合／否を判定するために発注者が行う試験が「受入試験」です。「合格」なら納入物を検収します。「不合格」なら納入不可とし、再納入を指示するなど、契約に従って処置します。なお、検収後に判明した不具合は「瑕疵」として、1 年以内なら受注者は無償で改修しなければなりません[1]。

---

1 民法での規定。2019 年施行予定の改正民法では「瑕疵担保」でなく「契約不適合」とし、「引き渡しから 5 年以内、不具合の事実を知ってから 1 年間」に変更となる。

表9.4　総合テスト終了判定チェック表（例）

項目		点検内容
全般	目的	ST（総合テスト）の目的は達成したか？
	期間	計画期間内に完了したか？ →Noの場合、理由は？
	コスト	計画コスト内で完了したか？ →Noの場合、理由は？
	線表	計画と対比して実施線表を説明
	品質	「品質報告」の詳細分析（→別項） ・ST（総合テスト）の品質は良好か？
	性能	「性能報告」について ・高負荷時の応答時間は良好か？ ・高負荷時の処理能力は目標値以上か？ ・バッチ処理時間は目標値以内か？
	成果物	総合テスト成果物は全て有るか？
	見通し	サービスの供せるか？（開発主管として）
	リスク	サービス開始に向け懸念するリスクは？ リスク対策は具体的で実行可能か？
	終了条件	予め定めたST終了条件を満たしたか？

項目		点検内容
全般	ST（総合テスト）実施試験の分析	STで下記全ての試験を実施したか？ ①シナリオ試験 ②操作性確認試験 ③高負荷性能試験 ④他システム接続試験 ⑤障害試験、運用保守試験 ⑥長時間連続運転試験 ⑦セキュリティ試験 ⑧その他の試験 実施しなかった試験の理由は？大丈夫か？ 実施した①～⑧の各々についての分析 ・試験項目数は十分か？　何故か？ ・摘出バグ数は多いか？　多くないか？ ・試験項目数とバグ数の相関分析したか？ ・分析結果から課題が見えたか？　何か？ ・追加試験が必要だったのでは？ ・分析結果からST品質は良好か？

品質分析

(1) 工程別バグ分析

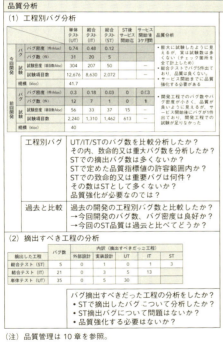

(2) 摘出すべき工程の分析

(3) 時系列分析　(a) バグ累積曲線は収束傾向にあるか？

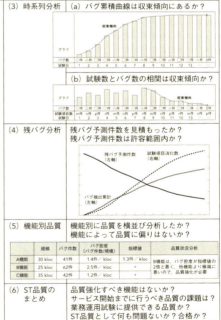

(b) 試験数とバグ数の相関は収束傾向か？

(4) 残バグ分析
　残バグ予測件数を見積もったか？
　残バグ予測件数は許容範囲内か？

(5) 機能別品質
　機能別に品質を横並び分析したか？
　機能によって品質に偏りはないか？

(6) ST品質のまとめ
　品質強化すべき機能はないか？
　サービス開始までに行うべき品質の課題は？
　業務運用試験に提供できる品質か？
　ST品質として何も問題ないか？合格か？

（注）品質管理は10章を参照。

2.2 受入試験パターンと試験項目

受入試験は、受注者からの納入に対する検収の試験です。実施時期は契約の納入日で決まり、例えば次のパターンとなり、試験項目は表9.5のように設定します。

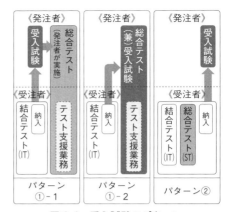

図 9.4　受入試験のパターン

パターン①-1

結合テスト完了での納入に対する受入試験。合格なら、「総合テスト」を開始します。

パターン①-2

結合テスト完了での納入に対して、受入試験を兼ねて、「総合テスト」を行います。

パターン②

総合テスト完了での納入に対する受入試験です。

表 9.5　受入試験項目設定の考え方

	パターン①	パターン②
納入	結合テスト（IT）完了後	総合テスト（ST）完了後
試験項目設定の考え方	設計通りであり、結合テスト終了に相応しい品質であることを確認するため、外部設計書等の設計書を基に試験項目を作成する	実サービスできる機能・品質で、総合テスト終了に相応しいことを確認するため、要件定義書や業務部門の業務マニュアル等を基に、利用者視点で試験項目を作成する

2.3 受入試験の試験体制、試験計画

（1）試験体制

受入試験は、検収合否判定の試験なので、被判定者（受注者）を含まない体制とします。試験作業の外部委託では、被判定者と異なる第三者に委託します。

（2）受入試験計画の作成

発注者は、事前に受入試験計画を作成します。試験期間・工数・コスト・体制などの概要を定め、次に、試験項目、試験仕様、試験環境などの詳細計画を定め、試験を準備します。この検討・準備にはそれなりの時間が必要なので、かなり早い段階（例：外部設計完了後、速やかに検討開始）で検討を開始します。

表 9.6　検収時のチェック項目（例）

項目		点検内容
【1】 納品物確認		
(1)契約書との対比		契約書で定めた条件を守っているか？
(2)開発報告書		
	開発報告	漏れなく全て開発済みか？　報告は具体的か？
	品質報告書	→（別表）
	性能報告書	→【4】
	非機能報告	性能以外の非機能要件を満たしているか？
(3)社内検査成績書		綿密に社内検査して納入しているか？
(4)納品物		
	納品リスト	納入品を全て網羅し、漏れはないか？
	プログラム	プログラムリストどおり全て揃っているか？ 全てのモジュールが最新版か？ 作成規模（母体／改造／新規）の記載はあるか？
	設計書等	ドキュメントに漏れが無く、全て最新版か？ 目次と内容に齟齬が無く、記述漏れも無い？
	その他	納品条件を満たし、漏れはないか？

(別表) 品質保証書（様式はST品質チェック表と同等）	
(1)工程別バグ分析	工程毎の品質履歴、前回開発との比較
(2)摘出すべき工程	工程毎に適切にバグ摘出したか？
(3)時系列分析	バグ累積曲線、試験数とバグ数の相関
(4)残バグ分析	残バグ数見積り値は許容範囲内か
(5)機能別品質比較	横並び比較、品質の偏りの有無
(6)品質見解	納入社としての納品物の品質見解

【2】 開発内容の充足性確認[*1]	
(1)要件の充足性	要件全項目と対比し、漏れが無いか？
(2)開発の充足性	開発すべき機能すべてを開発済みか？（外部設計書の機能一覧と対比）
(3)開発報告の検証	開発報告と受入試験結果で齟齬は無いか？
(4)充足性の見解	受入試験結果から充足性の合/否の見解

項目		点検内容
【3】 品質（「品質報告書」と受入試験結果で判断）		
(1)「品質報告書」		納入社からの品質報告を【1】別表で点検
(2)受入試験での品質		
	バグ数	受入試験で出たバグの総数
	バグ内訳	Ⓢ致命的エラー／Ⓐ重要エラー／Ⓑ軽微エラー
	バグ改修	バグ改修後の再検証結果
	品質強化	品質強化の要／不要、品質強化の結果
	(1)の検証	(1)と(2)で齟齬はないか？
	品質の見解	受入試験結果からの品質の合／否の見解

【4】 性能（「性能報告書」と受入試験結果で判断）		
(1)「性能報告書」（納入社からの報告内容の点検）		
	処理能力	ピーク負荷時の処理能力は十分か？
	バッチ処理	バッチ処理は規定時間内に終わるか？
	応答性能	端末画面応答時間は性能条件を満たすか？
	性能目標	予め定められた性能目標を満たしているか？
	性能見解	納入社としての性能の見解は？
	試験環境	測定環境に問題は無く、結果を信頼できるか？
(2)受入試験での性能評価		
	評価結果	性能条件を満たしているか？
	(1)の検証	(1)と(2)で齟齬は無いか？
	性能の見解	受入試験結果からの性能の合/否の見解

【5】 アプリ保守性[*2]（「開発報告」と受入試験結果で判断）	
(1)保守用ドキュメント	アプリ保守用の設計書[*3]が揃っているか？
(2)プログラムとの整合	設計書とプログラムは全て整合[*4]しているか？
(3)保守性の見解	アプリ保守出来る状況か？[*5]

[*1] 「開発報告書」と受入試験結果で確認
[*2] 納入されたアプリが保守出来る状態
[*3] 内部設計、プログラム構造設計、DB 設計等
[*4] 設計書作成後に変更追加された分の反映など
[*5] 開発報告と受入試験結果から (1)(2) を点検し判断

(3) 受入試験の実施項目数

受入試験実施項目の抽出には、2案あり、試験項目数や工数が違ってきます。

①予め定めた項目数をランダム抽出して実施

多数の試験項目から、予め定めた件数をランダム抽出して試験します。試験期間・工数が少なく低コストですが、品質不良を見逃す恐れもあります。このため、不具合が1件でも出れば「不合格」とします。

②全数実施

予め準備した試験項目を全て実施して合否判定します。納入者が実施済のものと同じ試験項目とならぬように、試験項目を工夫します。

2.4 受入試験と検収の合／否判定基準

検収時のチェック項目（例）を表9.6に示します。合否は、次の観点で判定します。

①納品物　　　：品物が全て揃っており、契約条件を満たしている
②開発内容　　：要件を全て満たし、開発すべき内容が全て開発されている
③品質　　　　：定められた品質を満足している
④性能　　　　：定められた性能条件を満たしている
⑤アプリ保守性：プログラムと設計書が整合し、プログラムを保守できる

このうち、②〜⑤は受入試験結果で判定します。受入試験期間が短期の場合は、「③品質」に重点を置き、②④⑤は納品報告の内容点検で済ます場合もあります。なお、「③品質」については、「受入試験でのバグの扱い」を予め定めておきます。これは、下記のようにさまざまな異なった考え方があるためです。

（考え方（例））

- バグが1件でも出たら、「氷山の一角」と見て「不合格」とする。
- バグが出ても改修版を再提出すれば「合格」とする。
- バグ改修版提出だけでなく、類似バグ徹底検証の証跡を見て判断する。
- バグ内容を見て判断する。例えば、表示位置ズレ等の「Ⓑ軽微なエラー」なら改修版再提出で良いが、「Ⓢ致命的エラー。Ⓐ重要エラー」が1件でも出たら不合格とする。
- 「不合格」とされた後の再納品時は、類似バグ徹底検証の証跡だけでなく、品質強化策とその実施の証跡の添付を義務づける。

3. 業務運用試験 (OT：Operational Test)
3.1 業務運用試験の位置づけ

業務運用試験は、システム部門の開発終了を受けて、業務部門が行う最終確認と教育・習熟です。

3.2 業務運用試験の実施パターン

プロジェクトの事情で、「業務運用試験」を「総合テスト」や「受入試験」を兼ねて行うパターン等、さまざまな実施パターンがあります（図9.6）。

図9.5 業務運用試験の位置づけ

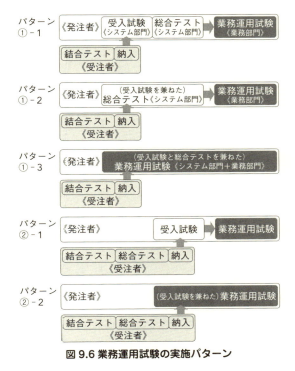

図9.6 業務運用試験の実施パターン

3.3 業務運用試験の目的

業務運用試験には3つの目的があります。

①最終確認

新システムで業務処理ができることを、業務部門として最終確認する。

②教育・習熟

新システムによる業務処理を、現場の担当者全員へ教育する。

③現場導入準備の確認

新システム導入に対応した業務体制、役割分担か？　新たな業務処理フローなどが整備されているか？　を確認する。

3.4 新システムによる新たな業務処理の整備

新システム導入で業務処理のやり方も新たになるので、業務運用試験を開始するまでに、これを整備します。例えば、業務体制、役割分担、業務フロー、業務マニュアル、ヘルプデスクマニュアル、帳票、連絡系統図等を整備します。

表 9.7　新たな業務処理の整備

項目		内容概略
体制	業務体制	新システム導入による新体制の編制、連絡系統図
	役割分担・権限	新体制の役割分担・権限の設定
フロー	日次・月次処理フロー	新システムでの日次・月次・バッチの処理フロー
	業務処理フロー	業務の現場での新たな業務処理フロー
	ワークフローのルート設定	システムのワークフローの処理ルートと権限の設定
	〃　　　　入出力機器設定	ワークフロー上の入出力機器の配置と設定
マニュアル	日次・月次処理マニュアル	新システムでの日次・月次・バッチの処理マニュアル
	業務マニュアル	業務の現場での新たな業務処理マニュアル
	ヘルプデスクマニュアル	ヘルプデスクでの新しい対応マニュアル
	顧客対応マニュアル	エンドユーザである顧客への対応マニュアル
	教育テキスト	新システムによる業務処理の教育テキスト
帳票等	帳票、伝票、パンフレット等	新たな業務処理対応の帳票・伝票・パンフレット等
切替計画	新システムへの業務切替計画	現場への導入・切替えの詳細計画（切替体制、責任者）（地域毎の順次切替／全国一斉切替、線表、タイムチャート）
	切替判定基準	切替え「合／否」判定基準・条件、判定者

3.5 業務運用試験の準備

「新たな業務処理の整備」と並行して、業務運用試験の準備を行います。

表 9.8　業務運用試験の準備

<table>
<tr><th colspan="2">項目</th><th>内容概略</th></tr>
<tr><td>体制</td><td>試験体制</td><td>業務部門の試験統括責任者・リーダ・チーム編成
サポートするシステム部門の体制</td></tr>
<tr><td rowspan="4">試験項目等</td><td>試験分類、試験一覧</td><td>業務処理の正常系／異常系／操作性などの試験分類
と試験の一覧</td></tr>
<tr><td>試験項目</td><td>試験毎に試験項目一覧、試験項目詳細</td></tr>
<tr><td>試験仕様書、試験データ</td><td>試験項目毎の仕様、手順、試験データ、試験環境</td></tr>
<tr><td>正解値</td><td>試験項目毎の正解値</td></tr>
<tr><td>判定基準</td><td>業務運用試験の合否判定基準</td><td>業務部門としての合／否判定基準、判定者</td></tr>
<tr><td rowspan="5">試験作業
計画</td><td>試験スケジュール等</td><td>業務運用試験の実施スケジュール、タイムチャート</td></tr>
<tr><td>教育・習熟スケジュール</td><td>業務の現場の担当者への教育・習熟スケジュール</td></tr>
<tr><td>〃　　サポート体制</td><td>教育・習熟のコーチ、サポート体制</td></tr>
<tr><td>マネジメントルール</td><td>業務運用試験と教育・習熟のマネジメントルール
（進捗管理、課題管理、品質管理など）</td></tr>
<tr><td>会議体</td><td>〃　　　　　〃　　会議体</td></tr>
<tr><td rowspan="2">試験環境</td><td>環境の設定</td><td>実サービス環境で試験する場合の環境設定手順</td></tr>
<tr><td>〃　　回復</td><td>試験後、実サービス環境の現状回復手順</td></tr>
<tr><td>リスク評価</td><td>リスク分析と対策</td><td>業務運用試験での確認可／不可分析、対策など</td></tr>
</table>

3.6 業務運用試験の実施

目的①、②、③を達成するため、業務部門は業務運用試験を行います。

業務の担当者には、マニュアル類で、新システムでの業務処理方法を教え、実際に、日次・週次・月次・年度末等の処理を習熟してもらいます。これを通して、いつでも新システムで業務処理できるようにします。システム部門は、環境設定やシステムの運転等で支援します。目的①、②、③を達成できたと判定したら、この試験を終了します。

4. 移行
4.1 移行

業務運用試験で現場導入の見通しを得たら、図9.7の流れで、現システムから新システムへ「移行」し、サービス開始します。なお、全く新しいシステムであって、現システムがない場合は、「移行」は不要です。

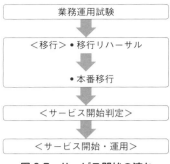

図 9.7　サービス開始の流れ

4.2 移行のポイント

新システムでは、機能の追加・変更・削除、業務処理や役割の変更、関連システムの巻取りなど、さまざまな変化があるので、現→新システムへの移行は単純ではありません。以下に移行のポイントについて述べます。

Point 「移行方式設計」は外部設計で行う

新システムへの移行で、データ変換などのプログラム開発が必要な場合もあるので、「移行方式」は、外部設計時に綿密に検討する必要があります。

Point 「移行シナリオ」を考え、課題を洗い出す

移行を「現システムからデータ抽出して、新システムに再設定すること」と単純に考えていると、実際の移行作業で、重大な課題に直面し、頓挫するので、事前に「移行シナリオ」を考え、課題を洗い出しておくことが肝要です。

(例) ・現/新システムの機能、DBテーブル構造、データ構造、コード
- 移行対象データの絞り込み
- 移行データの「クリーニング[2]」の要/否、クリーニング方法
- 移行対象データの変換ルール、プログラムでの自動変換方法
- 手作業で設定すべきテーブル、データ

Point サービス切替えを具体的に考える

移行を、「サービス切替え」として具体的に考え、課題を洗い出します。

(例) ・現→新サービスへの一括切替/段階切替/拠点毎の順次切替
- 接続先の関連システムへの影響、移行手順

---

2 クリーニングとは、「古いデータ」「矛盾するデータ」「削除すべきデータ」などを、事前に取り除く作業で、多大な工数とコストが必要です。

Point 「移行ステップ」毎に段階的に移行判定する

　移行ステップを細かく分けて、ステップを1段上る毎に移行判定します。こうすることで、移行を着実に進めます。

Point 「移行リハーサル」を必ず数回行う

　本番の移行を行う前に、必ず、「移行リハーサル」を数回行い、完璧に準備します。移行手順を習熟し、移行時のトラブルに対処し、制限時間内に移行が完了するようにします。

5. サービス開始判定

　全ての移行作業を完了したら、「サービス開始判定」を行います。

　これは、最も重大な判定なので、最高責任者のオーナーが判定します。なお、システムのオーナーは、開発企画の決裁時に予め定めます。一般的には、業務部門トップの役員がオーナーとなる例が多いようです。

表 9.9　サービス開始判定時のチェック項目（例）

	項目	チェック例
1	移行	移行の全ての段階が完了し、移行判定「合格」か？
2	業務の体制	業務の現場の体制は整っているか？
3	新サービス開始手順	全サービス一斉開始か？／段階的開始か？…整理済か？
4	切戻し準備	トラブル時の現システムへの切戻し手順はOKか？
5	システム運用保守体制	システムの運用保守体制は整っているか？
6	システム支援体制	トラブル時のシステム開発側の即応体制はOKか？
7	緊急連絡系統	トラブル時の緊急連絡系統が明記され、整っているか？
8	お客様対応体制	トラブル時のお客様対応体制は整っているか？
9	関連システム	接続先のシステムは全て正常で、問題ないか？
10	現システム停止準備	現システムサービス停止の準備はOKか？

6. 開発プロジェクトの終結

　新システムがサービス開始したら、開発プロジェクトを終結し、システムを運用保守担当に移管します。なお、サービス開始からしばらくは初期不良が出たりして対処が必要なので、これらが落ち着き次第、プロジェクトを終結します。また、終結時には、開発や品質に関するあらゆるデータを整理し、今後の保守などで参照できるようにします。

7. 「振り返り会」と効果検証

　新システムは、「効果を出すこと」が目的です。そこで、「プロジェクト振り返り会」を開催し、狙った効果を出しているかを検証します。一般には、サービス開始から半年〜1年後等、システムが落ち着いた時期に検証します。効果が出ていなければ、業務プロセス改善などの対策を行います。

表 9.10　「振り返り会」での点検項目（例）

	項目		点検項目例
1	投資効果	投資額	今回開発の投資計画額、実績額、その差額
2		効果額	企画した効果見込み額、実績額、その差額
3		投資対効果	企画した投資対効果額、実績額、その差額
4		考察	企画と実績の差が出た理由、直ぐに行う対策
5		今後	抜本策（事業部門（業務標準化等）、開発部門）
6	開発生産性	開発コスト	計画額、実績額
7		開発規模	機能毎の分計・総規模、新規/改造/母体で分計
8		開発生産性	規模当たりのコスト、過去開発値との比較
9		開発工数	外部設計〜総合テストの総工数、工程毎の分計
10		開発期間	〃　　　　　　〃　　　の総期間、〃　の分計
11		工程別コスト	工程別コスト、工程別の月間コスト
12		考察	開発生産性改善の考察
13	品質	バグ数（最終）	サービス開始後に出たバグ数、重大/軽微内訳
14		バグ数（開発時）	総数、工程別、機能別、重大バグ/軽微バグ内訳
15		試験項目数	〃　　　　〃　　　　〃
16		工程別品質	工程別のバグ数・試験項目数
17		機能別品質	機能別の　〃　　　　〃
18		考察	最終品質の考察、開発時の品質管理の考察
19	リスク	リスク（想定）	当初想定したリスクは？
20		〃　（発生）	実際に出たリスク
21		対策　（計画）	当初計画したリスク対策
22		〃　（実施）	実際に実施した対策
23		考察	リスク評価の考察、今後の改善策
24	プロジェクトマネジメント		プロジェクトマネジメントの考察、改善策
25	開発標準、管理標準		規程類、チェックリスト、テンプレート等の改善　ナレッジDBの拡充

第10章 実践的品質管理

　システムの高品質化は、設計段階から計画的に取り組む必要があります。本章では、設計からテストまでの実践的な品質管理について説明します。

1. 品質管理総論

1.1 品質管理の種類と概要

　業務アプリ開発における品質管理は、大きく2つに分類されます。

(1) 「設計品質」の管理

　外部設計および実装設計の品質管理です。

　「バグがいつまでも枯れない」「バグを潰すより、設計をやり直した方が早い」という例があります。設計品質が悪いとこうなります。

　設計品質計画を立て、設計レビューを繰り返して、高品質設計をします。

(2) 「製造品質」の管理

　プログラミング後の品質管理です。

　事前に品質計画を立て、バグを作り込まないプログラミングをします。

　また、作り込んだバグは早い段階で徹底的に洗い出し、品質を高めます。

表10.1　業務アプリ開発における品質管理

区分		工程	高品質化のポイント	参照
① 設計品質	外部設計の設計品質	外部設計	• 外部仕様の明確な定義 • 外部仕様レビューの徹底 • 外部仕様凍結宣言 • 追加変更要求の抑止	6章
	実装設計の設計品質	実装設計	• 緻密な内部設計、プログラム設計 • 設計レビューの徹底 • 業務スキルが高い設計者 • 方式設計、性能設計の実施	7章
② 製造品質		プログラミング 単体テスト 結合テスト 総合テスト	• 部品化・プログラミング規約 • プログラムレビューの繰り返し • 試験項目レビューの徹底 • 1件毎のバグ分析の徹底 • 類似バグレビューの徹底 • 定期的な品質評価	8章 9章

(注)　業務アプリの品質以外に、下記があるが、本章では省略する。
　　　・基盤品質（ハード／ソフト等の基盤製品の品質）
　　　・運用保守品質、サービス品質：利用者から見た品質

1.2 品質管理プロセス

　業務アプリ開発における品質管理のプロセスは、表10.2の通りで、これは、全ての開発工程に共通です。

　例えば、「品質判定」は、多くのプロジェクトが、総合テスト終了時に行います。しかし、それだけでなく、外部設計終了時、実装設計終了時、単体テスト終了時、結合テスト終了時も「品質判定」する必要があります。工程毎に品質判定することで、高品質システムを確実に構築することができます。

表10.2　業務アプリ開発における品質管理プロセス

	時期	品質管理プロセス	
1	工程開始前	品質計画書審議	受／発注両者合同で審議し合意する
2	工程作業途中	レビュー	あらゆるものをレビュー対象とする 繰り返しレビューして、品質を高める
		品質分析	定期的に品質を分析する
3	工程終了時	品質判定	「品質報告書」を基に発注者が判定する

1.3 品質計画

　工程開始前に、必ず「品質計画」を立て、受／発注の両者でレビューし、合意して、作業開始します。また、これをプロジェクト全員に周知し、品質を意識した作業を徹底して、良好な品質を達成します。

　品質計画の作成は、発注者がユーザ企業の場合は、一般に、表10.3のように行います。

表10.3　品質計画の作成分担（例）

	分類		作成分担		記事
			発注者	受注者	
1	設計品質計画	外部設計品質計画	発注者分担分	受注者分担分	外部設計の品質の定義、目標設定 高品質設計の施策、品質分析方法
		実装設計品質計画	承認	作成	実装設計の品質の定義、目標設定 高品質設計の施策、品質分析方法
2	品質計画	製造・単体テスト編	承認	作成	品質目標、高品質製造の計画 試験仕様、品質管理の計画
		結合テスト編	承認	作成	
		総合テスト編　請負契約で委託	承認	作成	受注者が総合テストを行う
		発注者側で実施	作成	作成支援	発注者が総合テストを行う

（注）本表は、発注者がユーザ企業の場合である。システム開発会社が発注者の場合は、全て発注者側で作成する。

1.4 品質管理における受／発注者の役割

品質管理は、ユーザ企業が発注者の場合、一般に表 10.4 のように受／発注で分担します。

表 10.4　品質管理における受／発注者の役割

項番	区分	項目	役割（主に責任を持つ側の役割）発注者	役割（主に責任を持つ側の役割）受注者
1	外部設計	（外部設計開始前）「設計品質計画」事前作成	外部設計品質計画の発注側記述分を作成	外部設計品質計画の受注者記述分を作成
		外部仕様設計	業務部門と要件詳細化、外部仕様調整	外部設計書作成
		外部設計レビュー	業務部門と設計書レビュー	内部レビュー、外部レビュー、修正、再レビュー
		外部設計の終了判定外部仕様の確定	設計品質報告書で品質判定仕様凍結を宣言	―――
2	実装設計	（実装設計開始前）「設計品質計画」事前作成	－（計画点検）－	実装設計品質計画を作成
		内部仕様の設計プログラム仕様の設計	－（状況把握）－	内部設計の実施プログラム設計の実施
		レビュー実装設計終了判定	－（設計品質報告点検）－－（終了判定）－	内部レビュー、設計品質分析実装設計報告、設計品質報告
3	プログラミング単体テスト結合テスト	（各工程の開始前）「品質計画」事前作成	－（計画点検）－	品質計画（製造／単体テスト、結合テスト）の提示
		プログラミング等	－（状況把握）－	プログラミング、テーブル定義等
		レビュー単体テスト結合テスト	－（品質状況把握）－	レビュー実施テスト実施・品質状況報告
		単体テスト品質評価報告結合テスト品質評価報告結合テスト終了判定	（品質評価報告の点検）（品質評価報告の点検）－（終了判定）－	単体テスト品質評価報告書提出結合テスト品質評価報告書提出結合テスト終了報告
		納品　（結合テスト完で納品する契約の場合）	受入試験・検収、合否判定	納入、社内検査成績書提出
4	総合テスト	総合テスト（ベンダに請負契約で委託する場合）	－（計画点検）－	品質計画（総合テスト編）提出
			－（状況点検）－（品質評価報告の点検）	テスト実施・品質状況報告総合テスト終了報告総合テスト品質評価報告書提出
			受入試験・検収、合否判定	納品、社内検査成績書提出
		総合テスト（発注側で実施する場合）	品質計画（総合テスト）作成総合テスト実施、品質管理総合テスト終了報告、品質評価報告書、終了判定	総合テスト作業支援
5	業務運用試験	業務部門での業務フロー試験、業務担当の習熟	（業務部門作業支援）	（作業支援）
6	移行・リリース	商用環境への移行商用サービス開始	移行作業サービス開始判定	（作業支援）

（注）本表の発注者はユーザ企業である。システム開発会社が発注者の場合は全項目を発注者が統括する。
　　　網掛け部：主な作業主体

2. 設計の品質管理

外部設計・実装設計における品質管理について説明します。

2.1 設計工程の品質計画

品質管理プロセス（1.2節）に従い、外部設計、実装設計のそれぞれで、「品質計画」を立て、受／発注両者で合意して、設計作業を開始します。

表10.5　設計品質計画の項目（例）

	項目	内容例
1	方針・目標	• 高品質設計の取組方針　　• 品質指標と目標
2	高品質設計施策	• 高品質設計の施策項目
3	スケジュール	• レビュー日程、再レビュー日程　　• 仕様凍結日、品質判定日
4	体制	• 品質管理者　　• 設計チームリーダ（チーム毎の品質管理者） • システム監査者（プロジェクト内、または社内外の第3者）
5	評価法	• 設計品質の定義　　• 設計品質の評価法
6	報告規定	• 週次報告　　• 月次または品質会議報告 • 設計工程終了時の品質評価報告
7	判定規定条件	• 設計工程終了時の品質判定条件
8	外部仕様確定規定	• 外部仕様凍結規定　　• 外部仕様凍結後の追加変更管理規定
別紙	高品質設計施策詳細	• 高品質設計施策の詳細内容

2.2 高品質設計施策

「設計品質計画」には、「高品質設計施策」を必ず記します（表10.6参照）。

高品質設計をどのように行うかの施策を具体化し、受／発注両者で審議・合意して、設計を開始します。また、設計開始後も、これらの施策が確実に実施され、効果を上げているかを点検し、問題に対処します。

Point ①：設計レビューの徹底

試験で設計バグが多発し、設計やり直し…とのトラブルはよくあります。これを防止するため、設計レビューを繰り返して、設計品質を上げます。また、レビューアがレビュー観点を明確にして、レビュー効果を上げます。

Point ②：外部仕様凍結宣言、追加変更要求の抑止

外部仕様の確定と追加変更の抑止は、高品質達成のために必ず行うべきことです。

表 10.6　高品質設計施策（例）

高品質設計の施策（例）		解説	分担 *1	
			Ⓐ	Ⓑ
1 外部設計	要件対応表	・「要件対応表」を作り、「要件を漏れなく設計」する	発注者＋受注者	発注者＋受注者
	シンプルな設計	・「業務標準化」を業務部門が進め、外部仕様をシンプル化し、高品質で柔軟な外部設計とする		
	業務フロー	・業務フローに沿って設計し、業務とシステムを整合させる（業務フロー作成は、業務部門に依頼する）		
	現システム設計書	・システム更改では、現システム設計書を参考にする ・正しくメンテナンスされてなければ、まず現行化する		
	パッケージ適用分析	・ERP等の適用可否を詳細にFit／Gap分析する		
	構造化設計	・大項目／中項目／小項目と構造的に緻密に設計する		
	設計レビューの徹底〈Point①〉	・業務部門とのレビューを徹底し、設計不具合を排除 ・第一人者をレビューアとする		
	設計品質の分析評価	・設計品質を定期的に分析し、品質不良要因に対処		
	外部仕様凍結宣言〈Point②〉	・凍結日を予め業務部門と合意し、凍結日までに外部設計を完了し、仕様凍結宣言する（仕様凍結遅延を防止）		
	追加変更の抑止〈Point②〉	・追加変更ルールを業務部門と定め、厳格に運用し、不要不急な要望を抑止する（品質劣化を防止）		
2 実装設計	部品化	・共通部品を先行設計する。共通部品を使うことで、全体の設計量を削減する（高品質化）		受注者
	UMLで記述	・UML（統一モデリング言語）で設計記述し、曖昧でない、明解で緻密な設計をする（高品質化）		
	設計支援ツール	・高機能な設計支援ツールを使って高品質化		
	設計粒度の設定	・設計書1ページ当たりの設計粒度を定め、粗雑な設計を防ぐ。プログラム開発規模も予測する		
	処理方式設計	・高性能な処理方式を設計する ・異常時にデータや処理を回復できる処理方式とする		
	現システムの実装設計書の参照	・システム更改時は現システム実装設計書を参照。 ・設計書がメンテナンスされてない場合は、現プログラムからフローチャート等をリバース出力し、解読する		
	設計レビューの徹底〈Point①〉	・第一人者がレビューアとなる ・実装設計レビューを繰り返し、設計不具合を根絶		
	設計品質の分析評価	・設計品質を定期的に分析し、品質不良要因に対処		
3 要員・教育	業務熟知者の投入	・業務熟知者による高品質設計		
	業務スキル教育	・設計担当者に対象業務を集中教育		
	専門家の投入	・DB設計、方式設計、性能設計、品質評価等の専門家		
4 体制	業務部門との共同設計	・業務部門との共同設計体制を組み、同席する ・業務部門と毎日意識合わせし、頻繁にレビューする		
	「外部仕様管理者」設置	・外部設計仕様の一元管理 ・設計書の版管理、変更管理		
	「設計品質管理者」設置	・設計品質の分析評価・管理		
	複数人設計体制	・どの機能、どのモジュールも複数人で設計することで、高品質を担保し、ブラックボックス化を防ぐ		
5 計画	品質計画審議（工程毎）	・品質計画を工程開始前に、受／発注両者で合意する	発注者＋受注者	
6 判定	品質判定（工程毎）	・工程終了時、「品質評価報告」で、目標品質を達成したかを、発注側PMが判定し、責任者が承認する		
7 監査	システム監査	・発注側責任者の要請により、内部監査人または外部監査人が、品質保証プロセス等をシステム監査する		

*1　分担欄のⒶ、Ⓑは、本書の読み方で示した発注形態Ⓐ、Ⓑ（図序.1）に対応して2つのケースを示す。Ⓐ欄は発注者がユーザ企業のケース、Ⓑ欄は発注者がシステム開発会社のケースである。

2.3 設計品質

「設計品質がシステムの最終品質を決める」と言えるほど、業務アプリ開発では、設計品質が鍵となります。設計品質が悪いと、テスト工程で重大バグが多発し、大トラブルになります。

では、「設計品質」とは何か？　どう分析評価するか？　というと残念ながら、世の中に明確な定義がないので、プロジェクトとして考え、定める必要があります。その例を表 10.7、表 10.8 に示します。

表 10.7　外部設計の設計品質評価の観点（例）

1	要件満足	・網羅性　：要件を網羅し、抜け漏れがない ・充足性　：要件を正しく理解し、十分に満足している
2	業務との整合	・整合性　：業務処理に整合し、業務が円滑に流れる ・明確性　：画面等の仕様が明確、円滑に業務処理できる
3	正確・緻密な設計	・正確性　：設計内容が正確、誤記や曖昧記述がない ・緻密性　：深く考察し、緻密に設計されている ・無矛盾性：設計に矛盾がない、連携機能の鎖が切れない
4	構造化設計	・大項目／中項目／小項目と構造化設計されている ・上位⇒下位へのトレース、逆トレースが可能
5	性能設計	・性能条件と環境が明確に設計されている
6	セキュリティ設計	・セキュリティ条件、セキュリティ項目が明確 ・各種セキュリティ規定に準拠
7	操作性設計	・直観的に操作できる　　・ヘルプガイドが充実 ・誤操作されない　　　　・外国人や障がい者も操作可

表 10.8　実装設計の設計品質評価の観点（例）

1	外部設計仕様を満足	・網羅性：外部設計仕様を網羅、抜け漏れがない ・充足性：外部設計仕様を正しく理解し、十分に満足
2	外部設計仕様と整合	・整合性：外部設計仕様と実装設計内容が整合 ・明確性：実装設計内容が明確、誤解されない
3	正確・緻密な実装設計	・正確性：実装設計内容が正確、誤記や曖昧記述がない ・緻密性：深く考察し、緻密に実装設計されている ・無矛盾性：設計に矛盾がない、連鎖の鎖が切れない
4	構造化設計	・大項目／中項目／小項目と構造化設計されている ・上位⇒下位へのトレース、逆トレースが可能
5	部品化	・共通部品の種類が多い　　・使用頻度が高い
6	性能設計	・高性能が出る処理方式である
7	セキュリティ設計	・セキュリティ条件を満足した実装設計 ・セキュリティ規定への準拠を検証済
8	操作性設計	・直観的操作　・ヘルプガイド充実　・誤操作されない ・外国人や障がい者も操作可……を検証済

2.4 設計品質と発注者の役割

（1）外部設計

　発注者は、業務部門に対して、設計内容と設計品質について責任をもちます。設計実務を外部委託する場合も同じです。このため、受注者に対して、高品質な設計を行うよう要請し、その具体的な計画（設計品質計画）の提示を求めます。また、設計作業では、設計品質の分析報告や「品質評価報告」を求め、品質判定します。

（2）実装設計

①ユーザ企業が発注者の場合

　実装設計以降を請負契約で外部委託することが多く、この場合、実装設計の完成と設計品質の責任は受注者が負います。

　ところで、この実装設計品質は、プログラム品質に直結し、システムの最終品質を左右するので、その品質の良否は極めて重要な問題です。

　このため、受注者に、「高品質な実装設計」の達成を要請し、具体的な「設計品質計画」の提示や、「品質分析報告」、「品質評価報告」を求め、工程終了時に実装設計品質を判定します。

②システム開発会社が発注者の場合

　システム開発会社は、ユーザ企業に対して、全てについて責任を持つ必要があるので、設計作業の実務を外部に再委託したとしても、作業実態と品質状況を常にきめ細かく管理し、実装設計を完成させ、高品質を達成します。

2.5 設計品質の分析評価法

設計品質の客観的な評価法として、例えば、表10.9の方法があります。

表10.9　設計品質の分析評価法（例）

評価法1	「設計品質評価票」による評価	評価者が「評価票」で評価
評価法2	「設計書査読コメント票」の分析評価	重大エラー指摘数、軽微ミス指摘数で評価
評価法3	「レビュー記録」の分析評価	重大エラー指摘数、軽微ミス指摘数で評価

評価法1　「設計品質評価票」による評価

評価者が「設計品質評価票」で評価する方法です。

- 設計品質評価票（例）：表10.11
- 評価者：
  （例1）主なレビューアだけが評価者
  （例2）レビュー参加者全員が評価者
- 評価重み値：（例：表10.10）
  （例）リーダには重み8を付与
- 評価者評点×重み値を集計（表10.10）
- 評価結果の見える化（図10.2）
- 集計結果から設計品質を分析、検証

表10.10　評価票の集計・分析

評価項目	評価者A（重み8）	評価者B（重み2）	平均点（合計/50）
○○○	評点 5×8	評点 4×2	48
△△△	評点 4×8	評点 3×2	38
:	:	:	:
合計の平均点	3.8×8	3.5×2	37

図10.1　品質評価票での評価

図10.2　評価結果の見える化

表 10.11　設計品質評価票（例）

設計書名	○○○○○○○○○○○○		日付	20xx.xx.xx	評価者		氏名○○ （所属）

評価項目		評価内容	評価点					評価者メモ
要件 対応	網羅性	・要件を網羅し、抜け漏れがない	高5	4	3	2	低1	
	充足性	・要件を正しく理解し、十分に満足している	高5	4	3	2	低1	
	整合性	・要件と設計内容が整合している	高5	4	3	2	低1	
設計書	設計書体系 （網羅性）	・作成すべき設計書の体系が整理されている ・作成すべき設計書が漏れなく設計されている	高5	4	3	2	低1	
	構造化	・構造化設計されている（大項目⇒中項目⇒小項目） ・上位項目は下位項目に全て展開され漏れがない ・下位から上位へ逆上ることができる	高5	4	3	2	低1	
	設計書の体裁 （正確性）	・章／節／項に漏れがない ・章／節／項は全て記述されている ・目次と本文の章／節／項が対応している ・誤字、脱字、誤植がない	高5	4	3	2	低1	
業務 アプリ 設計	業務処理 （正確性・ 緻密性）	・設計内容が正確 ・　　〃　　　矛盾がない ・　　〃　　　深く考察され、緻密である ・記述が明解、曖昧な記述がない、誤解されない	高5	4	3	2	低1	
	インタフェー ス （正確性・ 緻密性）	・インタフェースを規定すべき箇所に漏れがない ・規定すべきインタフェース項目が明確 ・規定したインタフェース内容が正確、漏れがない ・飛び先が存在し、関係の鎖が切れない ・戻ってくるべきところに戻ってくる	高5	4	3	2	低1	
	テーブル （正確性・ 緻密性）	・設計すべきテーブルは全て設計し、漏れがない ・テーブル間の関係図が正確で、漏れがない ・個々のテーブル：設計すべき項目は全て設計済 　　　　〃　　　　　設計内容に不具合がない 　　　　〃　　　　　最大値、最小値が規定済	高5	4	3	2	低1	
非機能 設計	性能	・方式設計し、高性能が出る処理方式としている ・性能条件が明確に設定されている ・性能条件クリアの見通しが具体的に示されている	高5	4	3	2	低1	
	セキュリティ	・アプリ設計におけるセキュリティ条件が明確 ・遵守すべきセキュリティ規定を満足している	高5	4	3	2	低1	
	操作性	・直観的に操作できる ・ヘルプガイドが充実 ・誤操作されない ・外国人や障害者が操作できる	高5	4	3	2	低1	
	基盤設計 （正確性・ 緻密性）	・データセンタ／ハード／基盤ソフト／ネットワー ク／端末等の基盤の条件が明確に設定されている ・これらの基盤が漏れなく、緻密に設計されている	高5	4	3	2	低1	
	運用保守設計 （正確性・ 緻密性）	・運用保守条件が明確に設定されている ・条件に従って、漏れなく、緻密に設計されている	高5	4	3	2	低1	
	セキュリティ	・基盤、環境、運用保守のセキュリティ条件が明確 ・セキュリティ規定を満足して設計されている	高5	4	3	2	低1	

評価法2　「設計書査読コメント票」の分析評価

設計書の査読時に出された「コメント票」の指摘件数で評価する方法です。

- 査読者は、指摘区分Ｓ／Ｍ／Ｃ／Ｄを、コメント項目毎に記す（表10.12）
- 設計者は、指摘項目毎に回答を記述し返却
- 設計書毎にＳ／Ｍ／Ｃ／Ｄを集計し品質分析（表10.14）

　（例）Ｓ（重大エラー指摘）が多い：設計品質が著しく悪い
　　　　　　　　　　　　　　　　　　設計の見直し、再レビューが必要
　（例）Ｍ（軽微なミス）が多い：　　スキルが低く不注意な担当が設計
　　　　　　　　　　　　　　　　　　この設計者の設計はＳ件数も多いはず
　　　　　　　　　　　　　　　　　　もしＳ件数が少ないなら、査読が甘い
　（例）Ｃ（単純なコメント）が多い：設計不良ではないが、コメントが多い理由を分析
　　　　　　　　　　　　　　　　　　記述のわかりやすさ等を点検
　（例）Ｄ（要望）が多い：　　　　　新たな要望とし、要望元と調整して諾否を決定

表10.12　設計書査読コメント票（例）

箇所	指摘内容	区分	回答
p.16	○○○○○…	Ｓ	△△△……
p.19	□□□□□…	Ｍ	□□□……
：	：		

【区分】　Ｓ：重大エラー指摘（Serious error）
　　　　　Ｍ：軽微なミス（careless Mistake）
　　　　　Ｃ：単純なコメント（Comment）
　　　　　Ｄ：要望（Demand）

表10.13　コメント指摘区分

Ｓ	重大エラー指摘 Serious error	重大な設計エラー（下記M/C/D以外は全てS）
Ｍ	軽微なミス careless Mistake	軽微な設計エラー（誤記、記述不統一、記述ルール違反などのケアレスミス）
Ｃ	単純なコメント Comment	単なるコメント、質問（設計エラーではない）
Ｄ	要望 Demand	追加変更要望（諾／否は、別途調整して決める）

表：10.14　指摘件数で品質分析

設計書名	件数 S	件数 M	件数 C	件数 D	設計品質評価
○○○○	45	12	98	5	重大指摘が多く…
□□□□	3	4	25	1	指摘が少なく……
：					

図10.3　コメント票での指摘

(評価法3　「レビュー記録」の分析評価)

レビュー指摘を分析して設計品質を評価する方法です。

- レビュー時に出されたコメント票の項目に指摘区分Ｓ／Ｍ／Ｃ／Ｄを記す
- Ｓ／Ｍ／Ｃ／Ｄを集計し、設計品質を評価（評価法２と同じ）
- Ｓ／Ｍは、表10.15でさらに分析、類似エラーを摘出し品質分析（表10.16）

表10.15　レビュー指摘分類と原因分析表

<table>
<tr><th colspan="3">指摘の分類、原因</th><th>解説</th></tr>
<tr><td colspan="4">Ⓢ　(Serious error)</td></tr>
<tr><td rowspan="6">Ⓢ
重
大
エ
ラ
ー</td><td rowspan="3">指摘</td><td>Ⓢ-1　設計が曖昧</td><td>不明確、曖昧記述、誤解されかねない記述</td></tr>
<tr><td>Ⓢ-2　設計誤り</td><td>設計に誤り、矛盾。要件に沿ってない</td></tr>
<tr><td>Ⓢ-3　設計漏れ</td><td>設計漏れ〈要件が設計されてない〉</td></tr>
<tr><td rowspan="3">原因</td><td>ヒアリング不足　　（Hearing）</td><td>（原因）要件詳細のヒアリングが不足</td></tr>
<tr><td>スキル不足　　　（Skill）</td><td>（原因）設計者の業務スキル不足、テクニカルスキル不足</td></tr>
<tr><td>検討不足　　（Consideration）</td><td>（原因）仕様詳細の検討不足、処理とテーブルの不一致等</td></tr>
<tr><td colspan="3">Ⓜ　(careless Mistake)</td></tr>
<tr><td rowspan="4">Ⓜ
軽
微
な
ミ
ス</td><td rowspan="4">原因</td><td>誤記　　　　　　（Slip1）</td><td>用語誤り、項番誤り、単なる誤記</td></tr>
<tr><td>記述不統一など　（Slip2）</td><td>記述の不統一、その他 軽微なミス</td></tr>
<tr><td>記述ルール違反　（Rule）</td><td>（原因）"用語・記述ルール"がない、徹底されてない</td></tr>
<tr><td>ケアレスミス　（Careless）</td><td>（原因）ケアレスミス。自己点検で発見できたはず</td></tr>
<tr><td colspan="3">Ⓒ単なる質問、コメント　（Comment）</td><td>単なる質問やコメント。</td></tr>
<tr><td colspan="3">Ⓓ新たな要望　　　　　（Demand）</td><td>追加・変更の要望（→諾/否 は、別途、ユーザ調整）</td></tr>
</table>

表10.16　設計品質分析（例）

例	エラー指摘状況	品質見解	対策
例1	重大エラーあり、類似エラーも発見	×：品質不良	再レビュー実施
例2	指摘数が多い、重大エラーあり	×：品質不良	第一人者が設計再点検、再設計
例3	指摘数は多いが、軽微なミスが殆ど	品質不明 （重大エラー見過ごしの可能性をさらに点検要す）	第一人者が再レビュー
例4	指摘が少なく、軽微なミスだけ ・レビュー量が少ない場合⇒（1） ・　〃　　　多い　〃　⇒（2）	(1)：「品質不明」 (2)：○「品質良い」	(1) ⇒再レビュー
例5	指摘が、ある機能に集中	×：その機能だけ設計不良	第一人者が設計再点検、再設計
例6	指摘が、ある担当者設計部分に集中	×：その担当分が設計不良	第一人者が設計再点検、再設計
例7	指摘が少なく類似エラーなし	○：品質"良"	

2.6 品質指標と目標

設計品質の品質指標と目標値をプロジェクトとして定めます。

もし前回開発で同様な品質評価をしていれば、（例1）（例2）のように定めます。そのようにできない場合は、例えば（例3）のように定めます。

（例1）「設計品質評価票」での総合評価値が前回評価値以上

（例2）「設計書査読コメント票」と「レビュー記録」の分析評価で「S（重大エラー指摘）件数」が前回評価値以下

（例3）「設計品質評価票」の総合評価で35点以上（50点満点）を目標とし、設計レビュー内容で最終品質を判定

2.7 設計品質判定

外部設計工程、実装設計工程のそれぞれの終了時に、発注者は、「設計品質報告書」で、工程終了に相応しい設計品質に仕上がったか？　を判定します。

「設計品質報告書」記載事項：・機能毎の設計品質評価結果と根拠データ

　　　　　　　　　　　　　　・設計書毎　　　　　　〃

　　　　　　　　　　　　　　・品質計画で設定した品質目標と実績の対応

　　　　　　　　　　　　　　・設計品質課題の有／無、対策

2.8 レビューの「十分性」評価

「レビューを十分に実施」したことを前提に設計品質を評価するので、「レビューの十分性」を評価する必要があります。

(1)「レビューの十分性」定性的評価

- 参加者：必要な参加者、特に業務部門の要件担当者が出席した
- 理解度：参加者、特に業務部門が、設計内容をよく理解した
- カバー：関係する設計書を全てカバーした。例えば、A機能について、機能設計書、画面設計書、テーブル設計書など、関係する設計書を全てカバーしてレビューした
- 深　さ：深く広く、突っ込んでレビューした
　　　　　1回で終わらぬ時は、繰り返し、全て終わるまで行った
- 網羅性：隅々までレビューし、漏れがない
- レビューア：第一人者や専門家がレビューアである

(2)「レビューの十分性」定量評価

「何度も繰り返しレビューし、レビュー回数も時間も多い、参加者も多い」といった数値で、十分性を評価します。これらの数値は、レビュー記録から抽出し、整理します。

表 10.17　レビュー十分性評価の数値

	レビューの数値	内容
1	レビュー回数	・レビューを繰り返した回数
2	レビュー時間	・延べ時間、　1回当たりの時間
3	レビュー参加者数	・延べ参加者数、1回当たりの参加者数
4	レビュー工数	・レビュー時間×人数
5	レビュー対象量	・設計書ページ数　　　・画面数　　　・DBテーブル数
6	レビュー指摘数	・S指摘数（重大エラー指摘）　・M指摘数（軽微なミス） ・Cの数（単純なコメント）　　・Dの数（要望）
7	ルートカバー率	（プログラム設計レビュー）・レビューでカバーしたルート率
8	ポイント通過回数	（プログラム設計レビュー）・主要ポイントの通過回数

(3)「レビュー密度」による十分性評価

レビューの実施密度で「十分性」を定量評価する方法です。

実施密度が高いほど、「深く突っ込んだ濃いレビュー」を行ったと評価します。

表 10.18　レビュー密度

	項目	内容
1	時間密度	「たくさんの時間をかけた」 ・レビュー時間／ページ数　　　・レビュー時間／画面数
2	工数密度	「たくさんの工数をかけた」 ・レビュー工数／ページ数　　　・レビュー工数／画面数
3	指摘密度	「たくさん指摘した」 ・指摘件数／レビュー時間　・指摘件数／レビュー工数 ・指摘件数／ページ数　　（付記）指摘件数：S+M+C+Dの総数
4	S指摘密度	「S指摘に時間、工数をかけた」 ・レビュー時間／S件数　　　・レビュー工数／S件数

（注）(2) (3) で、一応、定量評価はできるが、「突っ込んだ、効果的なレビューを十分に行ったか？」は、数値だけで測れるものではないので、詳しいレビュー記録や、設計バグ数などで、総合的に判断する必要がある。

3. 製造・テストの品質管理

業務アプリ開発における製造・テスト工程の品質管理について説明します。

3.1 品質計画

品質管理プロセス（1.2節）に従って、それぞれの工程で、事前に「品質計画」を立て、受／発注両者で協議し、合意して、作業を開始します。

表10.19　製造・テストの品質計画の記載項目（例）

	項目	内容例	
1	方針・目標	• 高品質達成に向けた取組み方針 • 品質指標、工程別の目標値 　（参考値）目標値の妥当性を裏付ける前回開発時の値、標準値など	
2	高品質化施策	• 高品質化施策の項目	
3	体制	• 品質一元管理体制……品質管理者、チームリーダ • 品質検査体制…………納品側社内検査体制、発注側受入れ検査体制 • システム監査体制……社内／外の第三者によるシステム監査	
4	管理ルール	（1）不具合処理フロー （2）不具合申告と一元管理 （3）不具合の緊急度、切り分け分類	
5	品質報告	• 週次　・品質会議　・工程終了時	
6	品質判定条件	• 工程終了時の品質判定者、判定条件	
7	品質分析法詳細	1件毎の分析	バグ原因、摘出すべき工程などから品質傾向分析
		全体の品質分析	時系列分析、機能別横並び比較分析など
8	高品質化施策 詳細（製造編）	追加要員への教育	追加要員への業務スキル教育など
		開発手法	開発言語、オブジェクト思考、ペアプログラミング
		開発ツール	バグ作り込みを防ぐ高機能ツール
		開発標準、規約	開発標準、プログラミング規約、一元管理事項等
		部品化	共通部品の定義、一覧、先行開発スケジュール
		その他	バグ作り込みを防止するための、その他の施策
9	高品質化施策 詳細（試験編）	残バグ管理	高品質を確実に達成する管理法
		類似バグ有無の点検	類似バグを芋づる式に出す手法
		レビュー徹底	第一人者をレビューアーとし、繰り返し実施
		設計バグに重点対処	設計バグを潰さないとトラブルは終息しない
		試験自動化ツール	リグレッションテスト自動化など

（注）「発注者」がユーザ企業の場合は、「品質計画」は受注者が作成、発注者が承認。
　　　「発注者」がシステム開発会社の場合は、「品質計画」はシステム開発会社自身が作成。

3.2 高品質化施策

製造・テストの品質がシステムの最終品質となるので、高品質化施策は重要です。プロジェクトの実情に合わせて最適な施策を立案し、実施します。

表10.20　製造・テストの高品質化施策（例）

	高品質化施策		解説	分担
1	バグを作り込まない〈Point（1）〉	高品質な実装設計に基づく製造	・細部まで緻密に漏れなく定められた実装設計に基づいたプログラミング	受注者
		開発標準、プログラミング規定	・開発標準やプログラミング規定を遵守し、品質レベルを高める	
		高機能ツール	・高機能ツールを使い、プログラミングでのバグ作り込みを防止	
		部品化	・部品化率が高ければ品質も上がる ・実装設計で部品化を計画する	
		ペアプログラミング、テスト駆動型	・アジャイルの技法でウォータフォールでも高品質化にも有効な技法	
2	バグ摘出の徹底	机上やトレースでバグ摘出〈Point（2）〉	・机上レビューやトレースでバグ摘出。（低コスト、高効率）	
		試験項目などのレビュー徹底〈Point（3）〉	・設計レビュー、プログラムレビューを徹底的に繰り返して、バグを早期摘出 ・業務熟知者や専門家によるレビュー	
		類似バグの水平展開〈Point（4）〉	・摘出バグの根本原因をレビュー観点として類似バグを一斉に摘出	
3	品質管理	品質管理の徹底〈Point（5）〉	・品質管理担当を設置し、一元管理 ・バグ1件毎に根本原因分析を徹底 ・品質評価と早期対処	
		残バグ管理〈Point（6）〉	・高品質を確実に達成する管理法（品質管理の一手法）	
		定量データで週次報告	・毎週の試験進捗報告時に、バグと品質について定量データで報告	
		品質会議に定期的に品質報告	・1～2週間毎に定例開催し、機能毎に品質分析報告、懸念箇所に早期対策	
4	要員・教育	業務熟知者の投入	・業務熟知者による高品質な製造・試験	
		業務スキル教育	・プロジェクト途中参加者への業務スキル集中教育	
		専門家の投入	・高スキルの専門家　（例：DB専門家、性能評価の専門家、品質の専門家）	
5	品質計画	品質計画の審議（工程毎）	・工程開始前に品質計画を事前審議、受／発注両者で合意	発注者&受注者
6	品質判定	品質判定（工程毎）	・「品質評価報告」で、目標品質を達成したかを、発注側PMが判定。発注側責任者が承認。	
7	監査	プロジェクト監査	・内部監査人または外部監査人によるプロジェクト監査	

(注) 本表は、ユーザ企業が発注者の場合である。システム開発会社が発注者なら、全項目を統括する。

Point（1）バグを作り込まない、「品質を作り込む」

「バグはテスト工程でとればよい」と油断すると、「いくらとってもバグが枯れない」という品質トラブルになります。「バグを作り込まない」が基本です。

これは、設計の品質が高くないとできないので、実装設計品質を高めます。また、開発標準やプログラミング規定の順守、高機能ツール利用、部品化、ペアプログラミング、テスト駆動型開発などの、高品質化手法を取り入れます。これらの「バグを作り込まない」計画の立案・実行を発注者は受注者に求めます。

Point（2）机上やトレースでバグ摘出

机上レビューやトレースでバグを摘出するコストは、試験での摘出に比べて格段に安価です。そのため、プログラミング直後からこれを行い、低コストで早く品質を安定化します。

摘出時期（手段）	摘出費	品質安定
下流（試験で摘出）	高価	遅い
↕	↕	↕
上流（レビューで摘出）	超安価	早期安定

図10.4　バグ摘出コスト

Point（3）レビューの徹底

レビューを徹底して高品質化します。

- 製造・テスト工程でのプログラムトレース、試験準備と結果のレビュー
- レビュー計画を立て、観点を変え、繰り返し実施
- レビュー記録を取り、次回に反映（観点、レビューア、レビュー結果）
- 第一人者をレビューアとする（業務熟知者、経験者）
- 自動トレース機能等の高機能ツールを活用：効率アップ、網羅性アップ

Point（4）類似バグ水平展開の徹底

1件のバグから、類似バグを芋づる式に摘出し、短期間にバグを枯らします。

- バグの根本原因を分析し、類似バグ摘出レビューの観点を抽出
- 関連モジュール全てを網羅的にレビューし、類似バグを全て摘出
- 発注者は、「水平展開したか？」と問い、類似バグ摘出を促す

Point（5）品質管理の徹底

品質の一元管理、バグ根本原因分析、品質向上策の早期実施など、品質管理を徹底すれば、品質は驚くほど向上します。

Point（6）残バグ管理で 高品質を確実に達成

「残バグ管理」とは、バグの予／実管理を徹底する手法で、高品質を確実に達成できます。詳細は3.11節（2）で説明します。

3.3 工程毎の品質判定

製造・テストの各工程終了時に、必ず品質判定します。

(1) 品質判定手順

工程終了時、受注者からの「品質評価報告書」で品質を判定し、オーナーの承認を得ます。

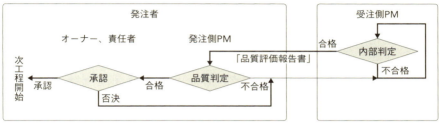

図 10.5　品質判定手順

(2) 品質合/否判定条件（例）

- 工程の品質目標、品質指標値を達成
- バグ1件毎に根本原因分析済
- 設計バグが少ない
- 機能別で品質の偏りがない
- 全てのバグを改修済
- 類似バグ水平展開実施済
- 設計バグは全て再レビュー済
- 品質のボトルネックがない

(3) 品質判定「不合格」時

受注者に「品質強化計画」の提出を求め、その計画を実行してもらいます。

「品質強化計画」には、実施施策、体制、スケジュール、目標品質を明記し、「設計バグ」が多い場合は、"再設計" などの抜本対策を盛り込みます。

3.4 品質管理体制

表 10.21 のような品質一元管理体制で、品質を厳しく管理します。

表 10.21　品質管理体制（例）

体制（例）		役割
発注者	発注側PM	発注側の統括、品質判定
受注者	受注側PM	受注側の、開発と品質の統括、品質内部判定
	品質管理担当	不具合一元管理、バグ改修管理、品質分析、品質報告
	PMO	品質管理支援、品質分析評価支援
	試験担当	試験実施、不具合摘出、切り分け
	プログラミング担当	バグ原因分析、バグ改修、類似バグ調査

（注）「発注者」が「システム開発会社」の場合は、これらの体制を発注側に作る。

3.5 不具合管理ルール

不具合管理ルールを定め、その運用を徹底します（表 10.22）。

表 10.22　不具合管理ルール（例）

ルール1	不具合処理フロー
ルール2	不具合申告と一元管理管理
ルール3	不具合の緊急度、切り分け分類
ルール4	バグ1件毎の詳細分析 （バグとは、不具合のうち「仕様通りでない」もの）
ルール5	バグ1件毎の詳細分析をベースにした品質傾向分析
ルール6	品質傾向のマクロ分析
ルール7	品質報告

3.6 節以降で、ルール 1 〜 7 の詳細を説明します。

3.6 ルール 1：不具合処理フロー

不具合を、図 10.6、図 10.7 の処理フロー、処理手順で処理します。

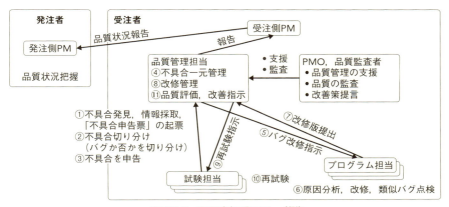

図 10.6　不具合処理フロー（例）

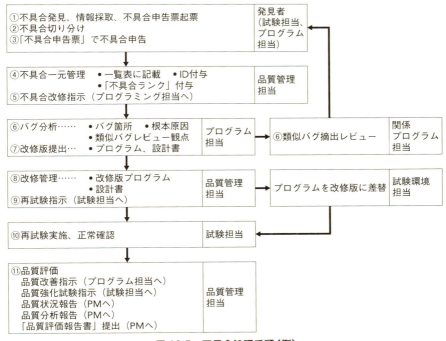

図 10.7　不具合処理手順（例）

3.7 ルール2：不具合申告と一元管理の規定

不具合は、1件ずつ、次のように処理し、品質管理担当が一元管理します。

表10.23　不具合管理項目（例）

	項目	内容	図・表
バグ記録 （1件毎に記録） （バグとは、 「仕様通りで ない」不具 合のこと）	不具合情報	発生情報（日時、申告者、摘出試験ID）	
		緊急度ランク	表10.24
		切り分け結果（バグ／バグでない）	表10.25
	バグ詳細分析情報	バグ箇所、影響の波及箇所	表10.26
		バグ詳細分析　（直接の原因、根本原因など）	表10.27
	バグ改修情報	プログラム改修版番号、改修日、設計書訂正箇所 確認（試験日、試験ID、確認者）	
	根本原因等	バグ作り込み工程、作り込み原因、摘出すべき工程、 摘出できなかった原因、根本原因（なぜなぜ分析結果）	
類似バグの 水平展開記録	類似バグ摘出の観点	レビューの観点	
	水平展開の対象	機能名、モジュール名	
	水平展開の結果	実施日、実施モジュール、摘出バグ数、申告票ID	

（1）ルール2-1：不具合申告（申告者：不具合発見者）

- 情報採取（画面、ログ、メモリダンプ等）。情報不足時は再現試験を実施
- 不具合切り分け
- 1件1葉の「不具合申告票」に起票し、採取情報を添付する

  （「バグ票」「故障管理票」「インシデント票」とも言う。情報量が多いので1件1葉とする）
- 品質管理担当へ「不具合申告票」を送付し、不具合を申告する

（2）ルール2-2：不具合の一元管理（担当：品質管理担当）

- 品質管理担当は、不具合を一元管理する。
- 品質管理は不具合受付時、その緊急度をランク付けし、「不具合申告票」に明記し、緊急度に応じて処理する
- 品質管理担当は、バグが正しく改修されるまで管理する

3.8 ルール3：不具合の緊急度、切り分け分類

不具合申告受付時、「緊急度」を定め（表10.24）、切り分けます（表10.25）。

表10.24　不具合緊急度ランク（例）

緊急度ランク		内容	対処、等
⑤ランク	致命的エラー critical error	1件でもあったら大問題 • 「致命的」はPMが決定 • リリース遅延の懸念 • 試験続行困難 • サービスに甚大な影響	• PM、オーナーに直ちに報告 • 最優先で緊急対処 　要員集中して緊急対処 　抜本対策の実施 　スケジュール見直し
Ⓐランク	重要エラー important error	迅速に対処すべきエラー • 処理ロジック誤り • 処理結果値の誤り • 飛び先誤り • 性能が悪い、など	• 原因切り分け、改修 • 根本原因分析、類似バグレビュー • 不具合集中機能の品質強化 • 性能問題：専門家投入し性能改善
Ⓑランク	軽微なエラー minor error	業務に深刻な影響がない形式的エラー • 画面表示位置ずれ • 印字位置ずれ、など	• 原因分析、改修 • 類似バグ摘出

表10.25　不具合切り分け　分類表（例）

不具合分類			ID	内容	解説	対処（例）
バグ	仕様バグ（外部設計仕様誤り）		①	仕様誤り	• 仕様誤り、矛盾	• 誤り訂正、影響波及先の訂正 • 類似バグ摘出
				仕様漏れ、考慮不足	• 仕様漏れ • 細かな仕様が未定義 • 考慮不足、曖昧記述、誤解されやすい表現	• 指摘箇所の追加設計 • 影響波及先の点検 • 漏れ／考慮不足が他にないか？　緊急再レビュー
	実装バグ	実装設計バグ	②	実装設計誤り	• 実装設計誤り、矛盾 • 方式設計誤り	• 誤り訂正、影響波及先の訂正 • 類似バグ摘出
				実装設計漏れ考慮不足	• 設計漏れ、考慮不足、曖昧記述 • 方式設計不足	• 指摘箇所の追加設計 • 影響波及先の点検 • 他にないか?の点検
		製造バグ	③	プログラミング誤り	• 処理ロジック誤り • 処理結果値誤り • パラメータ誤り	• 誤り訂正 • 類似バグ摘出
				漏れ、考慮不足	• 製造漏れ • 考慮不足 • 実装設計内容の誤解	• 指摘箇所の追加製造 • 漏れ／考慮不足が他にないか?再レビュー
				ケアレスミス	• 単純ミス	• 単純ミスが多い担当者が製造した部分を集中レビュー
				規定違反	• プログラミング規約、セキュリティ規定等に違反	• 規定違反が多い担当者が製造した部分を集中レビュー
	潜在バグ		④	元の母体のバグ	• 母体プログラムのバグ	• 誤り訂正、影響波及先の点検
	性能問題		⑤	性能が出ない	• 処理能力が低い • 応答が遅い	• 方式設計内容を再点検 • 実装設計、製造を再点検

143

不具合分類			ID	内容	解説	対処（例）
バグでない	設計通りだが不都合	操作性問題	⑥	操作性が悪い	使いにくい 誤操作しがち	改修要否を発注者側が判断。バグでないため改修コストは計画外。予算措置が必要。
		その他の不具合	⑦	仕様通りだが不具合	設計書通りだが、業務処理には不都合	
	正常		⑧	誤操作、誤解	使う側の誤り、誤解	誤操作例を周知し、再発防止。誤操作しないように改修。
基盤等の問題	基盤の不具合	製品の問題	⑨	ハード製品、OS、ミドルソフト製品	製品の不具合	製品提供メーカに連絡改修パッチ施行
		環境の問題	⑩	システム環境	データセンタ環境、ネットワーク環境、端末環境の不具合	環境を正しく再設定、容量不足へ対処
		人為ミス	⑪	運用保守作業等の人為ミス	運用／保守作業など、基盤作業の人為ミス	作業マニュアルの見直し等人為ミス防止策を実施
	他システムの不具合		⑫	接続先システムの不具合	接続プロトコル誤り、高トラヒック処理誤り等	相手システムに改修要請
原因不明			⑬	情報不足再現せず	不具合申告事象を再現できず、解析不能	再現待ち、事象発生時の情報収集ツールを作成し埋込み

表 10.26　バグ箇所分類表（例）

バグ箇所分類			箇所記録事項
区分	外部設計書	設計書名、記載箇所	・バグ原因の設計書と具体的な箇所 ・関連して訂正すべき設計書と箇所
	実装設計書	〃　　　　〃	
	プログラム	機能名、モジュール名	・バグ原因プログラムと箇所 ・関連して訂正すべきプログラム箇所
	基盤設計書	設計書名、記載箇所	・基盤設計誤りの訂正箇所
	基盤	ハード／OS／ミドルソフト／NW／端末	・故障製品名、バージョン ・パラメータ設定誤り箇所
詳細区分	a	画面	・パソコン／スマホ／タブレット端末の画面箇所 ・端末OS／ブラウザのバージョン
	b	帳票	・帳票誤り箇所、帳票ソフトの版
	c	テーブル	・DBテーブル定義誤り箇所
	d	データ	・データの誤り内容（桁数、最少値／最大値誤り等）
	e	処理ロジック	・ロジック誤り箇所、誤り結果値
	f	インタフェース	・外部／内部インタフェース誤り（上記a～d以外）
	g	他システムインタフェース	・他システム接続インタフェースの違反箇所
	h	非機能（性能）	・処理能力（処理件数、処理時間）の問題箇所 ・応答性能の問題箇所
	i	非機能（性能以外）	・運用／保守の問題箇所
	j	基盤、環境、その他	・ハード／OS／ミドルソフト／端末等の問題箇所 ・開発プログラム統合／インストールの問題箇所

3.9 ルール4：バグ1件毎の詳細分析

（1）ルール4-1：1件毎の詳細分析

バグは1件毎に詳しく分析し、根本原因に対処します。

例えば、バグ原因が設計不具合であれば、次のように分析を進めます。

- なぜ設計工程でのレビューで摘出できなかったのか？
- 設計レビューが不十分だったのなら、設計バグが他にもあるのでは？
- 設計レビューが不十分だった箇所の再レビューが必要では？
- その設計バグの波及先は何処と何処か？
- 波及先に未発見のバグが潜んでないか？

このようなバグ1件毎の詳細分析は、品質を向上させる基本です。これをベースに、システム全体の品質傾向を分析します。

ところが、バグ1件毎の分析は手間がかかるので、敬遠されがちで、バグ件数だけカウントしたりします。しかし、それでは、プログラム品質の良し悪しの判断は困難です。

（2）ルール4-2：1件毎の詳細分析項目（例）

表 10.27　バグ1件毎の詳細分析項目（例）

1	不具合緊急度ランク	表10.24
2	不具合切り分け結果	表10.25
3	バグ箇所	表10.26
4	バグ内容	
5	バグ作り込み工程	
6	バグ作り込みの原因	
7	摘出すべき工程	表10.32
8	そこで摘出できなかった原因	
9	根本原因	なぜなぜなぜ分析結果
10	バグの波及先	影響を与える先
11	類似バグ潜在の可能性	
12	類似バグ摘出レビューの範囲	
13	類似バグ摘出レビューの観点	

3.10 ルール5：1件毎のバグ詳細分析をベースにした品質傾向分析

バグ1件毎の詳細分析結果を基に、全体の品質傾向を分析します。

表 10.28　バグ詳細分析をベースにした品質傾向分析（例）

	傾向	分析と対策
1	〈不具合緊急度ランク〉 致命的バグ、重大バグが多い	それが特定機能に偏っている ⇒ 再設計が必要 その数の減少傾向が見えない ⇒ 抜本対策が必須
2	〈バグ作り込み工程〉 「設計工程」のものが多い	外部設計工程起因が多い ⇒ 外部設計再レビュー 実装設計工程起因が多い ⇒ 実装設計再レビュー
3	〈摘出すべき工程〉 単体テストで摘出すべきバグが、結合 テスト以降でたくさん出ている	単体テスト試験不足 ⇒ 結合テストを中止、 ⇒試験項目追加し単体テストを再実施 　プログラムトレース・レビューを集中実施
4	〈根本原因〉 設計担当が業務を理解していない	業務を理解していない設計担当 ⇒その担当が設計した箇所をベテランが再設計
5	〈不具合切り分け〉 「規定違反」が多い	「プログラミング規約」等の規定違反が多い ⇒類似バグ水平展開を徹底、同様の規定違反を摘出
6	〈不具合切り分け〉 「ケアレスミス」が多い	ケアレスミスが多い担当がいる ⇒その担当が作成したモジュールを全て再点検
7	〈不具合切り分け〉 性能問題が多い	性能問題が多発 ⇒処理方式の設計内容を再点検、再設計 　データベーステーブルの最適化、正規化

3.11 ルール6：品質傾向のマクロ分析

バグ件数の傾向で品質をマクロに分析します。

表 10.29　品質傾向のマクロ分析（例）

	品質分析種別	内容
ルール6-1	時系列分析	時系列のバグ摘出分析、試験項目消化との相関分析
ルール6-2	残バグ分析	残バグ数分析（時系列、機能別横並び比較）
ルール6-3	品質カルテによる分析	機能毎の時系列・試験項目との相関分析、品質分析
ルール6-4	機能別横並び比較分析	機能別のバグ数、バグ率などの横並び比較
ルール6-5	開発担当別横並び比較	残バグ数分析（時系列、機能別横並び比較）
ルール6-6	バグ摘出工程分析	摘出すべき工程で摘出しているか?の分析
ルール6-7	着地点分析	工程終了時の品質見通し、残バグ数見通し
ルール6-8	工程別品質分析	工程別の品質分析、過去データとの比較

(1) ルール6-1：時系列分析

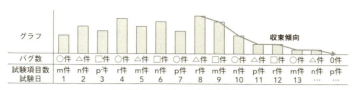

図10.8　日々のバグ摘出数

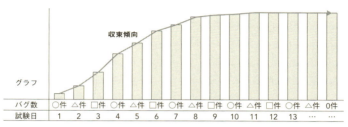

図10.9　バグ累積数

　これは、日毎の試験項目数とバグ摘出数をグラフ化し分析する方法です。

　試験進捗とともに、バグ摘出数が減少し、収束傾向が見られます。試験項目消化数との相関を見ることが大事です。

> （事例）試験数が減れば、バグは出ない　〈試験消化数との相関分析〉
> 　計画した試験をほぼ終えて、毎日出るバグ数も減ったので、「バグ収束」のように見えました。しかし、バグ内容を見ると品質に不安があります。
> 　そこで、試験項目を追加して試験すると、再びバグがたくさん出ました。
> 　「試験数が減れば、バグは出ない」というだけで、品質が安定したのではなかったのです。バグがいつまでも出るのは、設計が悪いせいでした。
> 　結局、その機能の設計をやり直さざるをえず、リリースは1年遅れました。

(2) ルール6-2：残バグ分析（高品質を確実に達成）

　「残バグ分析」とは、バグを予／実管理する方法です（図10.10）。

　「あと何件」と目標管理し、バグを徹底的に洗い出す方法で、これをやれば高品質を確実に達成できます。その方法は次の通りです。

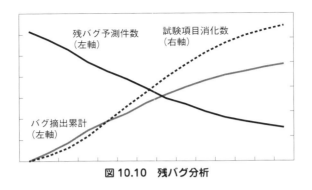

図 10.10　残バグ分析

①総バグ数を予測

　　モジュール毎にバグ数を予測し、目標設定します。バグ数は、本当のところはわかりませんが、開発規模とバグ数の過去の値を参考に予測します。

②残バグ数を予実管理

　　「総バグ予測値－摘出バグ数」を「残バグ数」とし、モジュール毎に予実管理します。

③バグ1件毎に分析

　　数値管理だけでは、品質の実態が下記（a）（b）（c）のどれか？　わからないので、バグ1件1件を分析します。

　　（a）設計やプログラムが悪く、バグがいくらでも出る。再設計が必要

　　（b）バグが出ているが、そろそろ安定化し、近いうちに枯れる

　　（c）設計やプログラムの出来が格段に良いので、バグが出ない

④横並び比較

　　規模、残バグ数を横並び比較し、品質が悪い部分を洗い出します。

⑤バグ叩き出し

　　「残り〇件　バグ叩き出し」と号令をかけ、バグを急速に枯らします。

⑥残バグ目標値変更

　　バグが枯れたなら、工程の切れ目で、残バグ数の目標値を見直します。

⑦効果

　　（a）　早く、確実に、バグが枯れる

　　（b）　品質の予実管理状況を「見える化」できる

（事例）「残バグ管理」で大成功（低コストで超高品質を実現）

　大規模開発でしたが、「残バグ管理」で、超高品質を低コストで実現しました。

　モジュール毎に「摘出すべきバグ数」の目標値を定め、「必ず叩き出すこと」とノルマを課したところ、皆、知恵を絞ってバグを摘出し、早々と高品質を達成しました。

　ほとんどのバグは、レビューを繰り返して取りました。試験でバグを取るのは効率が悪いからです。試験項目毎に試験データと環境を整え、狙った試験ルートを通らなければ、再試験……そのような手間をかけるくらいなら、レビューした方が早い……ということです。こうして、レビューを観点を変えて、繰り返し行い、結合テスト開始前にバグを枯らしました。試験してもバグが出ず、「試験は、バグがないことを確認するもの」という理想的な状態となり、試験コストも最少となりました。

（3）ルール6-3：「品質カルテ」による分析（品質の見える化）

　「品質カルテ」の様式を定め（図10.11）、業務アプリの機能毎にカルテを作って、品質を"見える化"します。すると、各チームは、競って品質向上に励み、品質は、確実に早く向上します。

　この「品質カルテ」を用いて、機能別の品質を、受／発注合同開催の「品質会議」で審議し、素早くアクションすれば、全体の品質を早く安定化できます。

　これを実践したビッグプロジェクトは、際立って良い品質を達成しました。急速にバグが枯れ、「結合テストしてもバグが出ない」「総合テストのバグは0」となったのです。

（4）ルール6-4：機能別横並び比較分析

　規模、バグ数、バグ密度、品質指標値、品質状況分析などを、機能別に横並び比較すると、偏りが明らかになり、品質の問題が見えて来ます（表10.30）。

　例えば、「機能Bだけ、値が極端に悪い、設計に問題があるのでは？」と見えて来ると、早めに抜本対策することができます。

表10.30　機能別の品質の横並び比較（例）

	規模	バグ件数	バグ密度 （バグ件数/規模）	指標値	品質状況分析
A機能	30 kloc	41件	1.4件／kloc	1.3件／kloc	B機能は、バグ密度が指標値の2倍と悪く、他機能より極端に悪いので、品質強化が必要
B機能	25 kloc	62件	2.5件／kloc	〃	
C機能	35 kloc	42件	1.2件／kloc	〃	

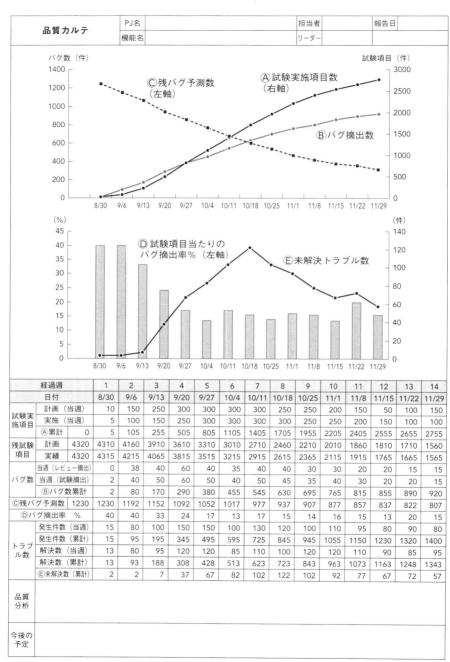

図 10.11　品質カルテ（例）

(5) ルール6-5：開発担当別の品質横並び比較分析

　開発担当者による品質のバラツキの分析です（表10.31）。

　担当者Bの開発部分が、他者の開発部分に比べて、品質が極端に悪ければ、担当者Bが開発した全モジュールを再点検し、品質強化や作り直しを行います。また、品質が悪い原因を分析し、対処します。

　例えば「対象業務への理解不足」が原因なら、理解度が同程度の他の担当者の開発部分についても再点検するとともに、業務スキル教育を行います。

　なお、比較表では、担当者名は、A、Bなどの仮名でもかまいません。

表10.31　開発担当別の品質の横並び比較（例）

開発担当者	開発モジュール	規模KLOC	バグ総数	バグ数の内訳			バグ密度件/kloc	品質分析
				Ⓢランクバグ数	Ⓐランクバグ数	Ⓑランクバグ数		
A	aaaaa	3.2	4	0	2	2	1.3	
B	bbbbb	4.5	12	2	6	4	2.7	バグ密度が他者の倍、Ⓢ・Ⓐの数も多く、品質が悪い。品質強化が急務
C	ccccc	2.9	4	0	1	3	1.4	

(6) ルール6-6：バグ摘出すべき工程の分析

　「バグが埋め込まれた工程」、「摘出した工程」、「摘出すべき工程」、「摘出すべき工程で摘出できなかった理由」について分析します（表10.32）。

　その結果から、さらに、「摘出すべき工程での摘出数が少ない、その工程の試験が足りない、プログラムトレースやレビューも足りない、品質強化要」といった品質分析を行い、対策を行います。

表10.32　「摘出すべき工程の分析」様式例

摘出した工程	バグ数	内訳（摘出すべきだった工程）				
		外部設計	実装設計	UT	IT	ST
総合テスト（ST）	5	0	1	0	1	3
結合テスト（IT）	21	0	3	5	13	
単体テスト（UT）	35	0	5	30		

（分析例）• 設計工程で摘出すべきバグが多い→設計再レビュー、品質強化

• 製造工程で摘出すべきバグが多い→UT（単体試験）不足。品質強化

• IT工程で出すべきバグが、ST工程で多く出る→IT（結合試験）不足

• STで出すべきバグをSTで出しているが、件数が多い

→「要求仕様」を「外部設計書」に盛り込めてない

「外部設計の漏れ、誤り、曖昧」の懸念有り。

「要求仕様」との検証や、ユーザ再確認の実施要。

(7) ルール6-7：着地点分析

「工程終了時の品質見通し」「サービス開始時の品質見通し」といった、着地点の品質見通しを分析し、素早くアクションします。

着地点分析をいつもすることで、品質対策が素早くなります。

(8) ルール6-8：工程別の品質分析（過去データとの比較）

工程別の品質データを、過去の開発データと比較し、今回開発の品質の良し悪しを評価します（表10.33）。

①工程別の品質分析

「バグ数・バグ率」と「試験項目数・試験密度」を工程別に整理します。

②過去の開発データとの比較分析

この工程別分析は、「総合テスト終了判定」や「サービス開始判定」の「品質評価報告」に必ず入れ、システム全体の品質を大所高所から俯瞰し、判断します。

表10.33 工程別品質分析様式（例）

			単体テスト (UT)	結合テスト (IT)	総合テスト (ST)	ST後サービス開始迄	サービス開始後3ケ月間	品質分析
今回開発	バグ	バグ密度 （件/kloc）	0.74	0.48	0.12			・膨大に試験したように見えるが、実は試験数は多くない（チェック箇所を全て計上したため） ・総合テストでバグ5件出ており、品質は良くない。 ・サービス開始までに品質強化する必要がある
		バグ数 （件）	31	20	5			
	試験	試験密度 （項目数/kloc）	304	207	50		—	
		試験項目数	12,676	8,630	2,072		—	
	規模 （kloc）		41.7					
前回開発	バグ	バグ密度 （件/kloc）	0.3	0.18	0.03	0	0.03	・開発工程でのバグ数やバグ密度が小さく、品質が良いように見えるが、サービス開始後にバグが1件出ており、開発工程での試験が足りなかった
		バグ数 （件）	12	7	1	0	1	
	試験	試験密度 （項目数/kloc）	56	33	37	15	—	
		試験項目数	2,240	1,310	1,462	613	—	
	規模 （kloc）		40					
前々回開発	バグ	バグ密度 （件/kloc）	0.92	0.79	0.27	0.3	0.16	・サービス開始後にバグが6件も出ており、品質が悪い ・一見、膨大な試験をしたように見えるが、実は試験数は少ない（1つ画面のチェック箇所を全て計上しているため
		バグ数 （件）	34	29	10	11	6	
	試験	試験密度 （項目数/kloc）	260	253	27	38		
		試験項目数	9,594	9,325	1,000	1,406	—	
	規模 （kloc）		36.9					

3.12 ルール7：品質報告

　毎週または隔週、定期的に品質状況が報告されるよう、受／発注間で合意し、「品質計画」に「品質報告ルール」を明記しておきます。

表10.34 品質報告規定（例）

	報告時期	品質報告	内容　（注）必ず定量データで報告する
1	週次	品質状況報告	週次進捗報告時に、品質状況を定量データで報告 （例）試験項目消化とバグ摘出の関係、バグ数、残バグ数等
2	（定例）品質会議	品質分析報告	品質の特別会議。品質分析結果と見通し、対策を審議 （例）・バグ詳細分析による品質傾向、最終見通し 　　　・機能別の品質横並び分析、最終見通し 　　　・品質の課題、対策
3	工程終了	「品質評価報告書」	工程終了時の品質評価報告書 （例）・工程別、機能別の品質の推移、過去との対比 　　　・バグ詳細分析による現時点の品質 　　　・リリース時の品質見通し　・品質見解、課題・対策

第11章 〈発注者視点〉のプロジェクトマネジメントの基本

本章は、発注者視点のプロジェクトマネジメントの基本について述べます。第4章から第10章までは、実際のシステム構築における実践的なプロジェクトマネジメントについて述べてきましたが、本章ではプロジェクトマネジメントの国際的なデファクトスタンダードであるPMBOK® ガイドを参照した場合、上記の範囲について、プロジェクトマネジメントにどのように取り組むべきかの考え方と重要なポイントを述べます。本章では、PMBOK® ガイドの用語を用います。

1. ITシステム構築のプロジェクトマネジメント
1.1 プロジェクトマネジメントの動向

"プロジェクト"という形態は、IT システム構築のみならず、多くの産業で見られます。最近のプロジェクトは、自社内だけに留まらず、複数のベンダによる開発や、複数の国にまたがるプロジェクトも珍しくありません。このため、プロジェクトマネジメントの世界では、1990年頃からプロジェクトマネジメント業

表11.1 プロジェクトマネジメントの知識エリア（PMBOK® ガイド）

1	統合マネジメント
2	スコープ・マネジメント
3	タイム・マネジメント
4	コスト・マネジメント
5	品質マネジメント
6	人的資源マネジメント
7	コミュニケーション・マネジメント
8	リスク・マネジメント
9	調達マネジメント
10	ステークホルダー・マネジメント

図11.1 ITシステム構築におけるプロジェクトマネジメント

務の標準化が活発化し、1996 年に PMBOK® ガイドが発刊されました。さらに、2012 年には世界標準も定められています。

　IT システム構築を、複数のベンダや複数の国にまたがる環境で行う場合は、世界で普及しているプロジェクトマネジメント標準を考慮して、プロジェクトを効率的に進めることが大切です。

1.2 プロジェクトの 2 つの "プロセス"

　プロジェクトを成功させるには、適切な行動と活動が必要です。これを "プロセス" と呼びます。IT システム構築は、2 つのカテゴリーの "プロセス" で実施されます。

(1) 1 つ目のカテゴリー："プロダクト指向プロセス"

　"プロダクト指向プロセス" とは、成果物を生み出すための工程を言います。

　具体的には、要件定義、設計、製造、テスト等のように、プロジェクトが目的とする成果物を生み出すためのエンジニアリングに基づく工程を言います。

(2) 2 つ目のカテゴリー："プロジェクトマネジメント・プロセス"

　"プロジェクトマネジメント・プロセス" は、プロジェクトの開始から終了まで、効果的に進行することを確実にするためのプロジェクトマネジメントの観点の活動です。

　プロジェクトマネジメントは、時系列には、"立ち上げ" "計画" "実行" "監視・コントロール" "終結" という順序をとります。PMBOK® ガイドは、これを 5 つの "プロセス群" と称し、具体的に 47 のプロセスを体系化しています。

　"プロジェクトマネジメント・プロセス" は、プロジェクトマネジメントにおける注目すべき側面からも体系化されています。PMBOK® ガイドは、これを「知識エリア」と称します。この知識エリアを表 11.1 に示します。

　つまり、"プロジェクトマネジメント・プロセス" は、時系列的な "プロセス群" と、注目すべき側面の "知識エリア" の視点から体系化されています。

　また、"プロジェクトマネジメント・プロセス" と、"プロダクト指向プロセス" は、プロジェクトの期間中、重なり合い、相互に影響しあいます。

　IT システム構築プロジェクトでは、発注側 PM（プロジェクトマネージャ）が、これら 2 つのプロセスを遂行することが極めて重要です。

　本書の第 4 章〜第 10 章は、主に "プロダクト指向プロセス" のカテゴリーの

視点から述べていますが、この11章は、"プロジェクトマネジメント・プロセス"のカテゴリーを中心に述べます。

2. 発注者のプロジェクトマネジメントの基本スタンス

発注者は、ITシステム開発のプロジェクトの開始から終了まで、一貫したプロジェクトマネジメントを実施する必要があります。

実際のITシステム開発プロジェクトでは、設計開発工程をベンダに委託することがよくありますが、委託期間は、発注者からベンダの作業状況が把握し難くなります。これでは、プロジェクトマネジメントしているとは言えません。

発注者は、委託期間中も、ベンダの作業状況を収集し、課題に対応し、プロジェクトを円滑に遂行していく必要があります。

発注者は、委託期間中、どのようにプロジェクトマネジメントするかを考え、ベンダとの契約に、ベンダが実施すべき事項等を盛り込むことが大切です。ベンダに求めるマネジメント事項を契約に盛り込まず、委託作業開始後に求めると、応じてもらえない場合もあります。

3. プロジェクトマネジメント計画
3.1 プロジェクト憲章

プロジェクト憲章は、プロジェクト開始に当たり、プロジェクトの方針や概要を定めた文書で、プロジェクト発足時に作成します。

プロジェクト憲章には、通常、下記の項目を記載します。

(1) プロジェクトの目的
(2) プロジェクト目標と成功基準
(3) 初期の要求事項
(4) 概略マイルストーンスケジュール
(5) 概略予算
(6) 任命されたPM（プロジェクトマネジャー）

プロジェクト憲章は、通常、プロジェクト・オーナーまたは指示された者が作成します。プロジェクト憲章をプロジェクト・オーナー等が承認することで、プロジェクトは正式に発足します。

3.2 「プロジェクトマネジメント計画書」

プロジェクトを遂行するには、「詳細な計画」を作成する必要があります。具体的にはプロジェクトの実行、監視・コントロール、終結の方法を記します。これを記述した文書を「プロジェクトマネジメント計画書」と言います。

「プロジェクトマネジメント計画書」は、プロジェクト遂行のバイブルとなります。プロジェクト遂行の方針や、プロジェクト実行の指標を規定し、プロジェクトの全期間を通して維持することが重要です。

3.3 「プロジェクトマネジメント計画書」の作成

3.3.1 作成のタイミング

プロジェクト憲章で任命された PM は、プロジェクト計画時、プロジェクト憲章を受けてプロジェクトの具体的な運営方針を定めた「プロジェクトマネジメント計画書」を作成します。

なお、システム構築を受注したベンダも、プロジェクトを立上げ、独自のプロジェクト憲章や「プロジェクトマネジメント計画書」を作成します。

3.3.2 作成方法

「プロジェクトマネジメント計画書」は、プロジェクト憲章や過去の「プロジェクトマネジメント計画書」を基に作成します。その主な構成要素は、プロジェクトマネジメント方法と、ベースラインです。

(1) プロジェクトマネジメント方法

それぞれの知識エリアに関して、どのような方法でマネジメントするかを定めます。例えば、進捗管理方法、品質管理方法、予算管理方法について記します。これらを補助計画書と言います。

(2) ベースライン

ベースラインは、プロジェクトで承認された成果の基準を示すものです。

プロジェクトの実績は、ベースラインを基準に比較します。ベースラインの変更には、公式な変更管理手順が必要です。

ベースラインは、通常次の3つがあります。

①スコープ・ベースライン：プロジェクトで実施する全ての成果物と作業を記す。スコープ記述書、WBS、WBS辞書から構成される。

②スケジュール・ベースライン：プロジェクトを遂行するための正式なスケ
　　　　　　　　　　　　　　ジュール。マスター日程や詳細日程等で、ガ
　　　　　　　　　　　　　　ントチャートやネットワーク図で表示する。

③コスト・ベースライン：期（月や四半期など）毎のプロジェクト予算の承認
　　　　　　　　　　　　版。

3.3.3 「プロジェクトマネジメント計画書」の構成

この具体的な構成例を表11.2に示します。

この例では、プロジェクトマネジメント方法は、統合マネジメント以外の9つ
の知識エリアのマネジメント方法と、統合変更管理から構成しています。

表11.2　「プロジェクトマネジメント計画書」構成例

1.　プロジェクト名 2.　プロジェクト期間 3.　プロジェクトの目的、成功条件 4.　プロジェクトマネジメント方法 　①スコープ・マネジメント 　②スケジュール・マネジメント 　③コスト・マネジメント 　④品質マネジメント 　⑤人的資源マネジメント 　⑥コミュニケーション・マネジメント	⑦リスク・マネジメント ⑧調達マネジメント ⑨ステークホルダー・マネジメント ⑩統合変更管理 5.　ベースライン 　①スコープ・ベースライン 　　　・スコープ記述書 　　　・WBS　　・WBS辞書書 　②スケジュール・ベースライン 　③コスト・ベースライン

3.3.4 「プロジェクトマネジメント計画書」作成のポイント

Point　プロジェクト全工程を含めてマネジメント計画書を作成する

「プロジェクトマネジメント計画書」は、プロジェクトの遂行方針を定義する指
針として、全工程を含む1つの計画書としてまとめる必要があります。

Point　ベンダの作業もWBSとして記述する

プロジェクト期間中にベンダ作業を含む場合も、発注者はプロジェクト全体の
遂行をマネジメントする必要があります。

このため、ベンダ作業もWBSとして記述します。

Point　ベンダに依頼するマネジメントを定める

下流工程がベンダ主体の作業となる場合、その進捗・品質・コスト・リスクの
状況把握が、発注者には難しく、ベンダに報告を求めます。報告事項は、契約時
に決めておきます。また、ベンダに依頼するマネジメント事項は、「プロジェクト
マネジメント計画書」で定めておきます。

3.3.5 「プロジェクトマネジメント計画書」の発行

PMは、関係者（オーナー、ステークホルダー）の合意をとり、「プロジェクト

マネジメント計画書」を発行します。これ以降、プロジェクトマネジメントは、「プロジェクトマネジメント計画書」に基づいて行います。

3.4 「プロジェクトマネジメント計画書」の維持
3.4.1 「プロジェクトマネジメント計画書」のライフサイクル

「プロジェクトマネジメント計画書」を発行したら、プロジェクトの実行に移ります。「プロジェクトマネジメント計画書」に沿って、プロジェクトを進めますが、計画通りに遂行できないことが発生します。その時は状況を判断し、「プロジェクトマネジメント計画書」を、公式な変更管理手順で更新します。こうして、「プロジェクトマネジメント計画書」とプロジェクト状況を整合させます。

図11.2 「プロジェクトマネジメント計画書」のライフサイクル

3.4.2 「プロジェクトマネジメント計画書」の更新
(1) 更新のタイミング

PMは「プロジェクトマネジメント計画書」に沿ってプロジェクトを運営します。プロジェクト遂行状況を把握し、タイム・品質・コスト等がベースラインの計画と差異が出ていないことを確認することが重要です。差異が発生した場合は、原因を突き止め、対策を打ちます。

こうして回復を図りますが、回復ができず、計画と実績の乖離が大きいときは、公式な変更管理手順でベースラインを変更し、目標を更新します。

(2) 更新手続き

「プロジェクトマネジメント計画書」の更新は、プロジェクトで定めた正式な手続きで行います。

ベースラインの変更は、プロジェクト目標の変更を意味しますので、「変更管理委員会」等で審議し、プロジェクト・オーナーの承認を得ます。ベースラインの変更は、スコープ、コスト、契約額、納期の変更が発生しますので、それらに対

応できる意思決定機関が必要です。

変更した「プロジェクトマネジメント計画書」は、直ちにプロジェクト内に通知し、改めて、プロジェクトの目標や運営方針を徹底します。

4. プロジェクトマネジメント・プロセスの重要ポイント（10の知識エリア）

プロジェクトマネジメントのデファクトスタンダードのPMBOK® ガイドでは、"プロジェクトマネジメント・プロセス"について、注目すべき側面として、10の知識エリアを定義しています（表11.1参照）。

プロジェクトのライフサイクルにおける、これらの知識エリアの重要なポイントについて、4.1以降で説明します。

なお、どれも重要ですが、中でも、次の3つは、プロジェクトを失敗しないようにするために、特に留意する必要があります。

1 統合マネジメント
8 リスク・マネジメント
10 ステークホルダー・マネジメント

4.1 1 統合マネジメント

4.1.1 統合マネジメントの目的

統合マネジメントは、他の9つの知識エリア全般を統合する活動で、次のようなプロセスがあります

- プロジェクト憲章作成
- 「プロジェクトマネジメント計画書」作成（本章3節参照）
- 統合変更管理
- プロジェクト作業の指揮、マネジメント　など

このうち重要な「プロジェクトマネジメント計画書」は3節で説明済なので、もう1つ重要な"統合変更管理"について、次項で説明します。

4.1.2 統合変更管理

これは、プロジェクトの変更を一元的に管理するプロセスです。

これで、プロジェクトの変更を統一した視点で判断し、漏れなく対象とすることができます。具体的な統合変更管理の仕組みは、プロジェクト開始時の早い時点で構築する必要があります。

統合変更管理は、発注者、ベンダを含めてプロジェクトで1つ定めます。
変更の意思決定は、変更管理委員会（CCB：Change Control Board）等が行います。
統合変更管理のフローを図11.3に示します。

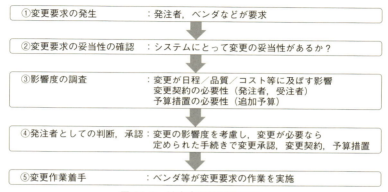

図11.3　統合変更管理のフロー

4.1.3 統合変更管理の対象

実際に統合変更管理の対象となるのは次のような事態が発生した場合です。
① スコープの変更：組織の戦略変更や法律の改正などで発生する。
また、「スコープ・クリープ[1]」という要求仕様の増大もある。これは要求仕様特定時の検討漏れが原因である。
② 設計誤り：主要機能について設計誤りが発見され、その影響が広い範囲に及ぶケース（関連機能の設計、入出力設計、DB設計等）。
③ ベースラインの乖離：Q（品質）C（コスト）D（期限）等の実績がベースラインの目標と乖離するケース。乖離の原因はさまざまである。

①～③は関連して一挙に出ることがよくあります。例えば、①や②が引き金で③が発生します。このため、種々の要因による変更要求は、統合変更管理として一元的に管理します。

1　スコープ・クリープ：スコープがコントロールされないまま、ズルズルと変更し拡大する現象。

4.1.4 発注者のマネジメント「統合変更管理」のポイント

発注者は、以下の点に留意します。

Point 統合変更管理ルールの徹底

統合変更管理の仕組みが、プロジェクト期間を通して機能するよう、プロジェクト全体にそのルールを徹底することが重要です。

Point 変更費用の計上、オーナーの承認

発注者の都合で変更する場合は、変更費用は発注者負担となります。

変更管理で発生が見込まれる費用は事前に予備費として予算化します。

Point 変更事象は別契約とするか契約変更する

変更を本契約の作業で行うと、遅延や品質悪化を招くリスクがあります。

これが懸念される場合は、本契約と分離し、別契約・別線表で行います。

4.2 ② スコープ・マネジメント

4.2.1 スコープ・マネジメントの目的

プロジェクトを成功させるには、必要な全ての作業を明確にする必要があります。PMBOK® ガイドでは、これをスコープといいます。スコープには、プロダクトに関する作業とプロジェクトマネジメントに関する作業を含みます。

プロジェクト計画段階で、要求事項等を基に「スコープ・ベースライン」を作成します。プロジェクトが完了するまでこれを維持しながらプロジェクトを進め、最終的に、成果物が要求事項に見合っているかを検査します。

4.2.2 「スコープ・ベースライン」

プロジェクトでは、ステークホルダーからの要求を文書化します。一般には「要求事項文書」と呼ばれます。要求事項文書やステークホルダーからのヒアリングを基に、プロジェクトとしての成果物、成果物作成に関する作業、プロジェクトマネジメントに関する作業を明確に定めます。

これをまとめ、ステークホルダーの承認を受けたものが、「スコープ・ベースライン」です。「プロジェクトマネジメント計画書」の一部となります。

「スコープ・ベースライン」は下記で構成します。承認済みなので、変更は必ず公式の変更管理手順を経る必要があります。

- プロジェクト・スコープ記述書：プロジェクトの成果物と、その成果物を生成するために必要な作業を詳述した文書

- WBS（Work Breakdown Structure：作業分解構成図）：プロジェクト
  の全作業を成果物主体に階層構成で記したもの。作業の管理単位となる。
プロジェクトマネジメント作業を含む。
- WBS辞書：WBSの構成要素についての詳細な説明文書

4.2.3 スコープ・コントロール

プロジェクトのスコープは計画段階で漏れなく定義することが重要です。
しかし次のような状況でスコープの変更がしばしば発生します。

- 競争や組織戦略の変更などの外部環境の変化
- 設計途中での業務要件の変更
- 設計段階で実現不可能となり業務要件変更

このような状況でスコープを管理しなければ、プロジェクト作業が明確でなく
なり、成果物の不備だけでなく、スケジュールやコストの不備にも陥ります。

4.2.4 プロジェクト・スコープのコントロール方法

プロジェクト・スコープを正しく維持するには、次のことが重要です。

- スコープ変更は、定められた変更管理手順で、必ず承認を受ける
- プロトタイプ作成等で、実現性を事前検証する
- 他システムインタフェースや関連システムとの連携を考慮する

4.3 ③ タイム・マネジメント

4.3.1 タイム・マネジメントの目的

プロジェクトは有期の業務です。必ず「始まり」と「終わり」があります。
タイム・マネジメントはプロジェクトを所定の時期に完了させる活動です。

4.3.2 スケジュール・ベースライン

スケジュール・ベースラインは、プロジェクトの基準となるスケジュールで、
プロジェクトで承認されたものです。「プロジェクトマネジメント計画書」ととも
にプロジェクト計画時に作成し、承認を受け、その変更も、承認が必要です。

発注側PMは、プロジェクトがスケジュール・ベースラインに沿って進むよう
にマネジメントします。ベンダ委託作業も、同様に進捗管理します。

4.3.3 タイム・マネジメントの手順とポイント

Point 実行可能なスケジュールの定義

PMは、プロジェクト作業の実行可能なスケジュールを、図11.4で示す手順

で作成し、定義します。

PMは、作成した詳細スケジュールが、要求事項と整合がとれ、実行可能であること、マイルストーンやクリティカルパスが設定され、要員計画・要員スキルとも整合していることを確認します。

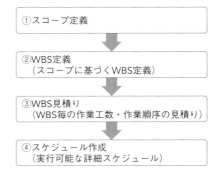

図11.4　スケジュール作成

Point 定期的な進捗実績データの収集

PMは毎週などの定期的に、進捗に関する実績データを収集します。ベンダは、進捗報告書、予定／実績が記入された日程表等を提示します。報告は定量的、具体的であり、開始タスク、進捗中のタスクの進捗率、終了タスクが明確であることが必要です。PMは収集した実績データををを基にヒアリングを行い、現状を認識します。

Point 予定と実績の差異分析

進捗報告書、日程表等で、予定／実績の差異を分析します。

遅れのあるタスクは、遅れの原因／対策／完了予定日の報告を求めます。

また、「遅延の原因に妥当性があるか？」「原因に本質的な問題はないか？」「遅延回復可能か？」も点検します。

Point 対策の検討と実施、ただし、容易ではない

差異分析で「対策実施が必要」と判断したら、PMは、サブリーダやベンダが提案する対策を点検し、有効なら実行します。

代表的なスケジュール回復方法と言われる2つの方法を紹介します。

①ファスト・トラッキング

　　後続作業の前倒しで遅延回復する方法。

②クラッシング

　　要員追加投入で期間短縮する方法。対策では、各タスクの優先順位の再考や、クリティカルパスの再点検、要員・コストの追加投入が必要です。

図11.5　遅延回復方法

ただし、上手く行くとは限りません。後続作業が前倒し可能なら、当初計画でも早く開始したはずで、前倒しできない理由があると思われます。追加要員も、まず教育しなければならず、教育期間と教師役が必要で、効果が出るまでに時間がかかります。

このように遅延回復は容易でないので、遅延させないタイム・マネジメントこそが、最も大切です。

4.3.4 スケジュール作成上の予備日程の考慮

プロジェクトでは予期しない作業の発生や遅延がしばしば起こります。

全く余裕のない計画は、失敗に陥る確率が高いので、リスク対策として、予備日の確保が必要です。しかし、これは、プロジェクトの事情によります。

4.3.5 フェーズ終了レビュー

大規模プロジェクトは、フェーズと呼ばれる複数の実行単位で構成されます。

フェーズの概念はプロジェクトによりさまざまです。フェーズの終了は、重要なステークホルダーが承認します。それで、事前に「フェーズ終了レビュー」を行い、フェーズ終了可否を判定します。

(1) 代表的なフェーズ終了タイミング (例)

• 要件定義終了	• 発注	• 基本設計終了
• 詳細設計終了	• 製造＆単体テスト終了	• 結合テスト終了
• 受入試験終了	• 総合テスト終了	• 業務運用試験終了

(2) レビューにおける確認項目 (例)

- スコープ：当初定義したスコープが維持されているか？
- 日程　　：遅延の有無、プロジェクト完了日の見込み
- コスト　：超過の有無、プロジェクト完了時のコスト見込み
- 品質　　：品質不良の有無、プロジェクト完了時の品質見込み
- リスク　：リスク対応状況

(3) 是正策の実施

プロジェクトでは上記を確認し、問題があれば是正策を実施します。この時、受注者、発注者で是正作業実施に関する合意が必要です。

レビュー結果についてステークホルダーの承認を得るとともに、「プロジェクトマネジメント計画書」を更新します。

4.4 ④ コスト・マネジメント

4.4.1 コスト・マネジメントの目的

　プロジェクトを承認済みの予算内で完了するために必要なコストの見積り、予算設定、コントロール等の活動を行います。

4.4.2 コスト・ベースライン

　プロジェクトの基準となる予算で、「プロジェクトマネジメント計画書」とともにプロジェクト開始時に設定します。PMは、コスト・ベースラインに沿って予算を管理します。コスト・ベースラインはプロジェクトで承認された正式の予算です。

4.4.3 コスト・マネジメントの手順とポイント

Point 実行可能な予算の定義

　予算費目は企業で異なりますが、大きく社内費用と社外費用があります。

- 社内費用；人件費、設備費、交通費など
- 社外費用；ベンダへの開発／作業費など

　ベンダの開発費は、プロジェクト開始時までにベンダと調達契約で定まった金額です。

　コスト見積もりには、種々の方法があります。最初は類似システムを参考にして概算見積りします。精度を高めるには、スケジュールと同様に、スコープから分解したWBS毎にコストを見積り、積算する方法が適切です。積算したコストから、スケジュールを考慮して支出計画を作成します。

　これをコスト・ベースラインとし、プロジェクトのスコープ、スケジュール、契約等に基づき実行可能性のあるものとします。

Point 定期的なコスト投入データの収集

　PMは、プロジェクト期間中、毎月等定期的にコストの投入状況を必ず認識しておく必要があります。プロジェクト予算は、通常は、企業の予算管理システムで管理され、予算執行状況は月次等で定期的に出力されます。

Point 予算と投入実績の差異分析

　予算執行状況は、人件費、外注費、材料費、経費などの費目毎に予算と実績が出力されます。コスト投入実績は予算と差異があるかを費目毎に確認し、差異があれば原因分析します。

Point 対策の検討と実施

コスト増加の原因を費目毎に分析し、原因を解決し、コスト増を防ぎます。また、総コスト抑制のため、コスト低減策を検討し、対策を実行に移します。

4.4.4 予算設定上の予備の考慮

コスト見積りには、不確実性に備えて2つの予算を計上することがあります。

① コンティンジェンシー予備

プロジェクトで発生が見込まれるリスクに備えるための予算です。この費用はコスト・ベースラインに含まれます。

② マネジメント予備

スコープやコストに対して、計画していない変更のために準備する予算で、PMの管理範囲外の予算です。

予算の取り扱いは、組織で異なりますが、可能なら、リスク対策として、予備の考慮が好ましいと言えます。

コンティンジェンシー予備は、プロジェクトのリスク分析が進むにつれ、使用されたり、削減されたりします。リスクが発生しない場合はこの予備費は消滅します。

マネジメント予備は、経営層やスポンサーが設定する予備費です。

4.4.5 コスト変動の要因

ITシステム構築のコストの多くは、人件費が占めます。コスト増の要因は、工数の増加です。これは、スコープの増加、日程遅延、品質不良などが原因で起こります。

ITシステム開発では、ベンダと、工程と成果物を確定した請負契約を結ぶことが多く、ベンダへの支払い額は、契約通りに作業が進めば変動ありません。しかし、次の場合は、コスト増となり、発注者側で対応が必要です。

- 契約書に定めたスコープの変更
- 契約書に定めた以外の作業の追加

4.4.6 コスト変動対策

（1）スコープの変更への対策

ITシステム開発で、スコープ・ベースラインで定めたスコープを変更することがありますが、不用意な変更はトラブルの原因になるので、できる限り避けなければなりません。

このため、当初のスコープ定義時によく掘り下げて点検して、確実にスコープ

167

を定めることが重要です。スコープを定義する業務部門と慎重にレビューし、不用意なスコープ変更をしないで済むように特に留意します。

　このためには、要件定義書で要件を確定し、これに沿ったスコープ・ベースラインの設定が必要です。

（2）品質マネジメントの徹底

　プロジェクト実行プロセスでは、品質マネジメントを確実に実施し、品質問題の発生を防ぎます。品質問題が発生すると、要員の追加投入などでコストが大幅に増加するので、品質マネジメントの徹底が重要です。

（3）タイム・マネジメントの徹底

　プロジェクト実行プロセスでは、タイム・マネジメントを徹底し、進捗遅延を防止します。進捗遅延は、要員追加投入などでコストが増加します。

（4）契約以外の作業の発生への対処

　契約外のことをベンダに委託すると、追加コストが必要となります。

　例えば、契約で定めた以外の、追加開発・試験・マネジメントなどです。

　ですから、予め、ベンダに委託することが見込まれる作業を洗い出し、それを契約に盛り込んでおくことが必要です。

4.5 ⑤ 品質マネジメント

4.5.1 品質マネジメントの目的

　プロジェクトの目的を達成するために、成果物の品質やプロジェクトマネジメントのプロセスを予め定めた品質基準に合わせる活動です。

4.5.2 品質マネジメントのポイント

Point 品質管理プロセスと品質目標の定義

　IT システム構築の品質管理プロセスと品質目標を定めます。

　品質管理プロセスとは、次のようなプロセスです。

①外部設計レビュー　　②内部設計レビュー　　③コードレビュー

④単体テスト　　　　　⑤結合テスト　　　　　⑥総合テスト

　ソフト開発では、品質メトリクスとして、例えば、次の指標が使われます。

　・品質プロセス毎の摘出バグ目標　　・テスト工程毎のテスト項目数

　品質目標は、過去の開発や世の中の値を参考に設定します。こうして、全ての工程の品質管理プロセスと品質目標を定めます。

Point 定期的な品質実績データの収集

　毎週のプロジェクト報告には、作業工程の品質指標の目標値と品質実績値を必ず記載してもらいます。例えば、設計工程では、設計品質を管理します。

　予め、設計品質をどう評価するかをプロジェクト内でよく議論し、品質メトリクスと目標値を定め、実績値を管理します。

　テスト工程では、テスト項目実施の目標値と実績数、摘出バグ数の目標値と摘出実績数等で管理します。

Point 品質目標と実績の差異分析

　設計レビューやコードレビューで、バグ摘出数などの品質目標値と実績値の差異分析を行います。テストでは、バグ摘出数や試験項目数などの品質目標値と実績値の差異を分析し、品質評価します。

　レビューやテストの品質目標値と実績が異なれば、品質課題があります。例えば、テストの最終段階になってもバグ実績値が目標値と乖離していれば、バグ未摘出状態や品質不良などの品質問題が出ています。

　PMは、成果物に関し、品質管理プロセス毎に品質の差異分析を行うことが重要です。

Point 対策の検討と実施

　品質の差異分析の結果、品質目標と実績に乖離があれば、品質問題があります。品質問題は、遅くなるほど処置に手間や時間がかかるので、早期に検出し、品質向上対策を検証し、効果の高い改善策を行うことが必要です。

Point 総合テストの検証への参加

　総合テストでは、「要件を満足し、『サービスイン』できる品質である」ことを検証します。そこで、業務フローに沿ったシナリオテストや、「本番環境」相当の環境下での高負荷処理能力試験、センタ障害時のサービス切替試験など、結合テストで行わなかった総合的なテストを実施します。このため、発注者も総合テストに参加したり、または発注側主管で行います。

4.6 ⑥ 人的資源マネジメント

4.6.1 人的資源マネジメントの目的

　PMは、プロジェクト・チームを組織し、プロジェクト・メンバーが最大の力を発揮できるようにマネジメントし、リードします。この活動を、人的資源マネジメントといいます。

4.6.2 人的資源マネジメントのポイント

Point 必要な要員の明確化

　プロジェクトを完成させるのに必要な知識、スキル、経験は何か。いつからどの期間必要かを明確にします。

Point 対象業務を熟知した要員の確保

　業務部門の協力を得て、業務担当者にプロジェクトに参画してもらうことが重要です。このとき、業務担当者が、自部門での業務にこだわらず、構築すべきシステムの目的に沿って活動するようにマネジメントすることが重要です。

Point チーム・メンバーの役割と責任の明確化

　プロジェクトを遂行するために、メンバーの役割と責任を文書化します。文書化の方法はさまざまです。

Point 要員教育の実施

　プロジェクトで必要な技術や知識を有する要員を確保できなかった場合や、必要なスキルが不足している場合は、不足している領域について、要員教育することが重要です。

4.6.3 役割と責任を定義する書式

　役割と責任を記述する書式として代表的なものは次のものです

（1）階層型

　一般的な組織図の書き方で、組織ブレークダウン・ストラクチャ（OBS）と言います。形式はWBSと同じです。

（2）マトリックス型

　WBSの作業について、プロジェクト・チームのグループやメンバーの役割と責任を明確にするために記述します。

　RACIチャートの例を表11.3に示します。

　RACIとは、実行責任（Responsibility）、

表11.3　RACIチャート

作業	山本	鈴木	本田	後藤
機能設計	A	R	I	I
画面設計	I	A	R	C
DB設計	I	A	R	C
設計レビュー	A	C	I	R

170 | 第11章　〈発注者視点〉のプロジェクトマネジメントの基本

説明責任（Accountability）、相談対応（Consult）、情報定常（Inform）の略です。このRACIチャートで、機能設計は山本さんが総責任者、鈴木さんが実行責任者であることがわかります。

4.7 ⑦ コミュニケーション・マネジメント

4.7.1 コミュニケーション・マネジメントの目的

プロジェクトを成功させるには、PMとステークホルダー間の密接な情報伝達やコミュニケーション関係の構築が重要です。

4.7.2 コミュニケーション・マネジメントのポイント

ステークホルダーによって、必要とする情報は異なります。誰が、いつ、どんな情報を必要とするかを把握し、情報を伝えることが重要です。

Point ステークホルダーのコミュニケーションニーズの把握

プロジェクトのステークホルダー毎に、どのような情報ニーズを必要としているかをヒアリングして把握します。

Point 最適なコミュニケーション方法の採用

ステークホルダーにとっての最適なコミュニケーション方法を選択します。

①相互型　　　：会議、電話などで、相互に情報を交わす
②プッシュ型：メールなどで、発信者が情報を送付する
③プル型　　　：ネット等で、受信者が自ら情報を引き出す

4.7.3 プロジェクト状況の共有

プロジェクト状況をステークホルダーに伝え、ステークホルダーの協力を得られるようにすることが大事です。このため、次のことをプロジェクト状況としてまとめ、ステークホルダーに伝えます。

- プロジェクト概要
- 成果物状況
- コスト状況、進捗状況
- リスク、課題の状況
- 今後の予定　など

4.8 ⑧ リスク・マネジメント

4.8.1 リスク・マネジメントの目的

リスク・マネジメントとは、プロジェクト期間を通してプロジェクトのリスクを特定し、分析し、最も望ましい対応策を取ることです。

リスク・マネジメントは、プロジェクトを成功させるために非常に重要なマネ

ジメントです。プロジェクト立ち上げ時からリスク・マネジメントを行うことが極めて重要です。

4.8.2 リスク・マネジメントのポイント

Point リスクの特定

リスクの特定とは、プロジェクトに影響を与えるリスク事象を摘出することです。プロジェクトで起こりそうなリスク事象をメンバー全員で摘出します。このとき、「プロジェクトマネジメント計画書」、プロジェクトを取り巻く組織環境、組織の過去の教訓なども参考にします。摘出したリスクはリスク登録簿で管理します。

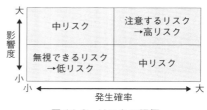

図 11.6　リスクの評価

Point リスクの評価

特定したリスクは、リスクの発生確率と影響度等で分析します。

Point 対策の検討

リスクの評価に応じて、高リスクのものから優先的に対策を検討します。また、プロジェクトを取り巻く環境（組織の戦略・予算、技術レベル等）や、組織やプロジェクトのリスク許容度を考慮して対策を検討する必要があります。

- 回避：　　　リスクの脅威を取り除く
- 転嫁（移転）：　責任とともに第三者に移管（移転）する
- 軽減：　　　リスクの影響を受容可能なレベルに下げる
- 受容：　　　特別な事前対応は行わず、リスクを受け入れる

Point リスクのコントロール

新たなリスクの特定、既知のリスクの再評価、放置されたリスクの終結を行います。リスク・マネジメントはプロジェクトの期間中、継続して行います。

4.8.3 リスクの原因

リスク事象は、プロジェクトによりさまざまに異なります。リスクが発生する原因には次のようなものがあります

- システム化の目的が明確でない
- 現行業務／機能の調査・確認が不足している
- 現行システムとドキュメントが不整合

- 要件を獲得すべきステークホルダーが網羅されていない
- 性能／運用要件の検討が不十分
- 仕様の変更管理ができていない
- ユーザによる仕様の確認が十分でない
- 業務要件の網羅性が検証できていない
- 設計と実業務の整合性が検証できていない
- 経営層によるプロジェクト運営への関与が十分でない
- 高次の調整・決定機関が機能していない
- ステークホルダー間のコミュニケーションが十分でない
- 業務知識が不足している
- 外部要因の発生

このような状況がある場合は、リスク事象が発生するので、リスク事象を明確にし、早期に対策を取ることが必要です。

4.8.4 リスクのトリガー

リスクが顕在化する前には、リスクのトリガーとなる事象が見られます。

例えば、次の事象が見られます。

- 要件定義書が日程通りにまとまらない
- 非機能要件をまとめることができない
- 概要設計レビューで発注者から多くの問題点の指摘が出る
- 定例会議の結論がまとまらない
- ベンダからのテストの報告書の提出が遅れる
- テスト結果のバグ摘出数が斬増する
- バグ原因を確認しても適切な回答が返らない
- テストに費やす時間が増加する

PM は、そのようなリスクのトリガーを見逃さず、迅速に対処します。

4.8.5 リスクに関するベンダ・マネジメントのポイント

Point プロジェクトのリスクを、自ら認識し、対応策を検討する

システムが複数ベンダにまたがる場合、ベンダ各社は自社のリスク事象しか認識できません。発注者は、ベンダにまたがるリスクの認識を含め、プロジェクト全体のリスクを管理する必要があります。

プロジェクト全体のリスクとは、例えば、複数ベンダがインタフェース結合し

ていれば、あるベンダの品質リスクが他ベンダの品質や進捗に波及し、ひいては
システム全体に影響を及ぼすリスクです。

Point **リスク事象は具体的であるかを評価する**

リスク事象は、起こり得る事象を具体的に記述できているかを評価します。

また、リスク対策も実現可能性があるかを検証します。これらが抽象的だと、
リスク分析としては実効性が十分ではありません。

4.8.6 課題管理

顕在化したリスクや、発生した問題を課題と言います。課題管理のポイントは
次の通りです。

Point **課題管理表による管理**

プロジェクトマネジメントや開発の課題は、課題一覧表で管理します。

(管理項目（例)) ・課題項目　・発生日　・原因　・解決策　・解決担当者
　　　　　　　　・解決期限　・想定影響範囲　　・優先度　・ステータス

課題一覧表を進捗会議で報告してもらい、発注者は、提示された課題が適切に
コントロールされているかを点検します。

Point **課題の認識**

課題が、計画に沿って実施したことで発生したものかを評価します。

Point **対策の検討と実施**

発注者は、課題の解決策、解決期限が適切であるかを判断します。

適切と判断した場合は、ステークホルダーと合意の上、対策を実施します。

Point **解決策のフォロー**

発注者は、定例の進捗会議で課題管理表を確認し、解決期限までに課題解決し
たことを確認します。未解決なら、解決しない理由を確認し、対処します。

プロジェクトマネジメントの課題は、発注側 PM は、ステークホルダーと連携
して解決します。

4.9 ⑨ 調達マネジメント

4.9.1 調達マネジメントの目的

プロジェクトの成果物を得るために、外部からサービスや物品を適切に取得す
るための活動です。

4.9.2 調達マネジメントの業務

ITシステム構築における調達パターンはいろいろで、通常は上流工程の要件定義や基本設計工程開始時に行います。ITシステム構築では、請負契約を結び、成果物は、ITシステム一式となります。この場合、受注者は、内部でシステム検査を実施後に成果物を納品します。

PMBOK® ガイドでは、調達マネジメントの業務を次の4つの業務から構成しています。4つの業務とその内容を以下に示します。

(1) 調達マネジメント計画

- プロジェクトの調達実行、調達コントロール、調達終結の方法を文書化する
- 個々の調達品目の調達作業範囲を定めた調達作業範囲記述書を作成する
- 納入候補から提案書を募集するための調達文書を作成する。情報提供依頼書、提案依頼書などがある

(2) 調達実行

- 調達マネジメント計画に基づき、納入業者の選定をする。入札説明会を実施し、提案書を受理する。発注者は、提案書評価法、独自見積り、専門家の判断を用いて提案書を評価する
- 契約書の構成、要求事項、購入条件等を明確にする
- 納入業者と契約書を定める

(3) 調達コントロール

- 納入業者が契約書で定めた合意条件を満たすよう、スコープ、進捗、品質などを定期的、定量的に評価する
- その状況によって、是正処置や契約の変更を行う

(4) 調達終結

- プロジェクトの個々の調達を完結する
- 発注者の調達責任者は、受注者に契約完了を公式な書面で通知する
- 公式に調達を終結するための要求事項は、通常、契約書の条項として定める

4.10 ⑩ ステークホルダー・マネジメント

4.10.1 ステークホルダー・マネジメントの目的

ステークホルダーとは、プロジェクトに積極的に関与したり、プロジェクトによって影響を受ける組織や個人のことです。プロジェクトは、ステークホルダー

の期待とプロジェクトへの影響力を分析し、ステークホルダーがプロジェクトの意思決定や実行に効果的に関与できるように適切にマネジメントします。

4.10.2 ステークホルダーの特定と分析

プロジェクト初期段階で、ステークホルダーを特定し、それぞれのステークホルダーの関心、期待、重要度、影響の度合いを分析します。例えば、ステークホルダーの「権力」の強さと「関心度」の高さのマトリックスで分析

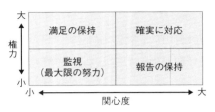

図11.7　ステークホルダーの分析

します。プロジェクトへの関心度が高く、重要度、権力が大きいステークホルダーの期待には確実に対応することが重要です。

発注側プロジェクトにとって重要なステークホルダーは、経営者、プロジェクト・スポンサー、仕様制定部門、システム開発部門、システム運用部門、ベンダなどです。

4.10.3 ステークホルダーの期待のマネジメント

ステークホルダーのニーズや期待を満足させるために、プロジェクトのライフサイクルを通してコミュニケーションし、ともに働き、課題の発生に対処し、プロジェクトの活動についてステークホルダーの適切な関与を強化します。

プロジェクトにとって重要なステークホルダーについて、活動の戦略を立てて対応をします。コスト、スケジュール、リスクの変更情報は適切なステークホルダーに確実に連絡します。また、中立なステークホルダーには、プロジェクトの味方になっていただくよう、コミュニケーションをとります。

表11.4　ステークホルダー期待のマネジメントの例

ステークホルダー	期待	活動（アクション）
A氏（スポンサー）〈応援者〉	成功により、利益の拡大	常に報告、相談をすることで、プロジェクト遂行の関与を強める
B氏（運用部門）〈無関心〉	運用負荷の拡大を懸念	運用が改善されることを理解してもらい、協力が得られるよう関係を改善する

5. PMBOK® ガイドのプロジェクトへの適用

PMBOK® ガイドには、プロジェクトを成功に導く有効な実務慣習が多く記述されています。実際のプロジェクトには、プロジェクト規模、マネジメントスキル、成果物のプロセス等さまざまな状況があります。PM は、自プロジェクトの状況を認識し、PMBOK® ガイドの記述から、自プロジェクトに適合できる部分を選択し、自プロジェクトが実施しやすいように考慮して適用します。

このように、PMBOK® ガイドを基に、自プロジェクトへの適用範囲を実際に考慮することを "テーラリング" と言います。

すなわち、PMBOK® ガイドのプロジェクトへの適用とは、PMBOK® ガイドに記述された事項を全て実施することではありません。

6. 11章の記述と10章までの記述の関係

11 章は、PMBOK® ガイドに記述してある事項から、IT システム構築時のプロジェクトマネジメントの重要事項を要約して記述したものです。

10 章までは、実際のシステム構築におけるプロジェクトマネジメント状況をベースに記述しています。このため、その状況により、用語等は PMBOK® ガイドとは異なっています。PMBOK® ガイドベースの 11 章と 10 章までの表現の主な対比を表 11.5 に示します。

表 11.5　PMBOK® ガイドベースの 11 章と 10 章までの表現の主な対比

事項	11章の記述 （PMBOK®ガイドベース）	10章以前 （実務ベース）
プロジェクト計画の成果物	「プロジェクトマネジメント計画書」と記述	「プロジェクト計画書」と記述。 実際の実施状況では、「プロジェクトマネジメント計画書」、「プロジェクト計画書」双方が見られる。 記述内容はプロジェクトにより"テーラリング"が行われる
プロジェクトで実現すべき要求事項を記述した文書	「プロジェクト・スコープ記述書」と記述	「要件定義書」と記述

第12章 トラブルを未然防止するプロジェクト監査 〜なぜプロジェクト監査が必要か? 〜

12章から15章では、トラブルを未然防止するプロジェクト監査について、次のような構成で説明します。

(1) なぜプロジェクト監査が必要か？ プロジェクト監査とは？

　　プロジェクト監査のフェーズ分け ……………………………………… 12章

(2) 各フェーズでのプロジェクト監査の監査項目と監査の観点

　　①企画フェーズ ………………………………………………………… 13章

　　②設計・開発フェーズ ………………………………………………… 14章

　　③サービス開始フェーズと効果検証フェーズ ……………………… 15章

これを参考に、プロジェクト監査すれば、トラブルを未然防止し、プロジェクトを成功に導くことができます。それが、システム監査人の役割と言えます。

1. プロジェクト監査が必要な理由

1.1 トラブルの被害を防ぐ

システム開発でなぜプロジェクト監査が必要か？それは、トラブルによる甚大な被害の発生を防ぐためです。サービスや業務ができない、巨額な赤字……といった事態にせず、プロジェクトを成功に導くためです。

1.2 自分のことはわからないが第三者には見える

「自分のことはわからない」とよく言われます。システム開発でも同じです。プロジェクトの当事者に見えないことも、第三者のシステム監査人には、はっきり見えます。例えば………

「工期が1年では短い。少なくとも1年半はかかる」

「業務改革を目的に挙げながら、現状業務のまま要件定義が進んでいる」

「3ヶ月後に外部設計完了は無理、あと半年はかかる」

「計画線表通りの試験開始は無理、無理に試験開始すると、設計バグ多発で却って大トラブルになる」

という具合に、システム監査人には、危ういところがはっきり見えます。

178 第12章 トラブルを未然防止するプロジェクト監査

1.3 なぜ当事者には見えないか？

プロジェクトマネジャーは、よく、次のように言います。
「この問題には今、対策を打っているので、大丈夫です！」
「□□までに改修版を出すので、乗り切れるはずです！」
確かに、プロジェクトの当事者は問題が起きていることはわかっています。しかし、当事者ゆえに主観的判断や希望的観測が入って、冷静に見えなくなっていることが多いようです。

1.4 なぜシステム監査人には見えるか？

システム監査人は、これまで、成功例も失敗例もたくさん見て来ているので、「このまま進むとこうなる」ということがよくわかります。また、システム監査を実施するための客観的な監査基準、管理基準に従って監査するので、検証するポイントも把握できており、確認することもできます。さらに、判断する上での確証類も残します。また、「○○ができてない」と指摘するだけではなく、その原因追及と「～だからどうしたらよい…」という助言も行います。

> (事例) プロジェクト監査例：基幹業務システム開発
>
> 計画書の工期は12ヶ月でしたが、システム監査人は「開発規模が大きく18ヶ月必要。外部設計には½年必要。業務を知る設計者の投入が必須」と助言しました。しかし、プロジェクトは、「サービス開始に間に合わない」との理由で、計画変更せずに実施しました。しかし、結局、外部設計が進まず、期限を2度延伸した末に、中断、計画見直し、プロジェクト再開…等々とトラブルが続き、結局、全体工期は2倍以上の28ヶ月となりました。「業務を知る設計者の投入」「全体計画の適正化」等のシステム監査人の助言に対応していれば、大トラブルにせずに済みました。
>
>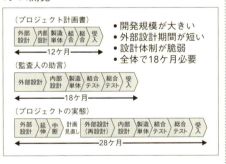

（事例）プロジェクト監査例：計画通り進捗?!

毎週、「計画通り順調です」とのプロジェクト報告が上がり、試験項目数やバグ数のグラフも計画通りでした。しかし、試験工程のプロジェクト監査をしたシステム監査人は、「計画とあまりに一致過ぎる、おかしい」と思い、現場（受注者）の実態を確認してみると、

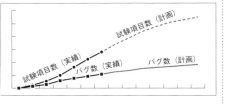

試験項目実績もバグ数も全て事実と異なることが判明しました。設計製造が遅れ、試験を開始してない状態でした。現場は「進捗遅れは取り戻せる」と考えて、事実と異なる報告をしていたのです。

プロジェクト監査を行うことで事実が明らかになり、このプロジェクトは、PMやリーダを入れ替えて、計画を見直し、リスタートしました。

2. プロジェクト監査に向き合う

システム監査人によるプロジェクト監査を受診し、これに真摯に向き合えば、トラブルを未然防止し、問題を最小限にできます。ところが、プロジェクト監査に対して、逆の行動をとると、せっかくの監査を台無しにすることになります。

- 「今は忙しいから、後にしてくれ」 …………………ヒアリング拒否
- 「（事実の点検は）止めてくれ、邪魔になる」………現場の点検拒否
- 「ベンダまで行くのは止めてくれ」（発注者）…… 〃
- 「契約にないので監査は受けない」（受注者）…… 〃
- 「問題は知っている。対処するから、大丈夫」……アクションしない
- 「知らないだろうが、実は……なので大丈夫」…… 〃
- 「その件は○○○に任せている」……………………… 〃
- 「対策に金と時間がかかる、様子を見たい」……… 〃

これらは、「不都合な監査報告を出されたくない」「もう少しで事態は好転するはずだから何とかなる」との思いからの行動のようですが、事実を隠しアクションが遅れることで却って事態は悪化し、大トラブルに近づいていきます。プロジェクトを成功させるには、不都合なことにも正面から向き合って、できる限り早く対処し、プロジェクト監査に真摯に向き合うことが大切です。

3. 情報システム開発におけるプロジェクト監査とは

3.1 監査の基本

世の中の会計監査や業務監査について「監査」の基本を整理してみると、次の通りです。

- 監査人は、被監査者と利害関係のない独立の第三者で、高度な専門家
- 法令や規程等の遵守について、証拠を収集し有効性を合理的に保証する
- 監査対象の活動や結果の妥当性について、監査人として意見を表明する

これらの監査の基本は、「情報システム開発におけるプロジェクト監査」でも同じです。

3.2 「情報システム開発におけるプロジェクト監査」とは

本書では、情報システム開発におけるプロジェクト監査を次のように定義します。

「情報システム開発プロジェクトに対して、独立的かつ専門的な第三者の立場から、監査証拠を通してプロジェクト管理の妥当性について監査意見を述べること」

なお、「プロジェクト管理の妥当性」は、次の2つの観点で監査します。

(1) 「マネジメントのやり方、体制」の妥当性の監査

プロジェクトのマネジメントのやり方や体制が妥当かどうかを監査します。例えば、次のような監査です。

- プロジェクト計画書（またはプロジェクトマネジメント計画書等）で、プロジェクトの方針、運営ルール、開発内容など、必要なことがメンバー全員に周知されているか？
- PDCAがきちんと回るマネジメントになっているか？
- 外部委託会社を含め、必要な報告がきちんとなされ、指示が明確か？
- プロジェクト全体で「報・連・相」が活発になされているか？
- 計画に基づいて、作業が進んでおり計画対比で実績管理をしているか？
- 生産物の良し悪しを検査する仕組みがあり、機能しているか？
  品質管理、品質評価の担当が任命されていて機能しているか？
  性能評価チームを作っていて、機能しているか？
  社内の品質管理部門による社内検査を受診しているか？

納品物に、納品する会社から「社内検査成績書」が添付される契約であるか？

- 社内標準、管理標準、セキュリティ標準などの標準に準拠しているか？
- 社内ルールに基づいて、経営者やプロジェクトオーナーに適切に報告がなされ、承認を受けているか？

(2) プロダクトそのものの妥当性の監査

プロジェクトにおけるシステム開発の最終生産物や、開発途中の生産物が妥当であるかどうかの監査です。例えば、次のような監査です。

(2)-1：（品質管理担当などによる）プロダクト評価結果に対する監査

（a）「プロジェクト内の評価検査担当または品質管理部門の検査結果、評価結果」に対する監査

（b）「週報や月次報告に記載された品質報告・バグ報告、工程終了報告、工程終了時の品質報告」の内容に対する監査

- 計画と比べて品質実績値はどうか？　妥当か？
- 工程終了時または開発終了時に、サービス開始時の品質の見込みが記されていて、その値は妥当か？
- 品質分析方法は妥当か？　深く突っ込んだ評価分析がなされているか？
- 品質計画書を事前に作成しているか？
- 品質計画と比べて、実績値や着地見通しの値は妥当か？
- 設計品質の品質計画書を作っているか？
- 設計品質の評価結果は妥当か？　設計品質の定量評価をしているか？
- レビュー結果の記録があるか？　レビュー結果分析がなされているか？
- バグ１件毎に「類似バグ摘出」を行っているか？　結果は妥当か？
- バグ成長曲線などの分析結果は妥当か？
- バグが順調に叩き出されているように見えるが、「品質が悪く、試験すればするほどまだまだいくらでも出る」という恐れはないか？

(2)-2：抜き取り監査

プロダクトそのものの検査・品質評価は、十分な体制を編成して、工数と期間を十分にかけて行うものであり、プロジェクトの検査担当や品質管理部門の役割です。したがって、少人数で工数も限られたシステム監査人が行うことは、一般にはありませんが、もし行うとすれば、次のような、「抜き取り」形態による監査となります。

(a)「バグ管理簿・バグ票」の抜き取り監査

プログラムが適切な品質で仕上げられているか？　を、開発現場のバグ票とバグ管理簿を抜き取って監査する。

バグ1件1件を深く掘り下げて原因追及し、類似バグ摘出などの品質向上を日常的に行っているなら、前項（2）-1でのプロダクト評価結果も信頼できるとする。

- バグ1件毎に、バグ原因と、"なぜなぜ分析"による根本原因について、適切な記述レベルで記載されているか？
- 同様の誤りを他でも行ってないか？　と、「類似バグ摘出」作業を必ず行っているか？

(b)「レビュー記録・レビュー評価文書」の抜き取り監査

設計書等のプロダクトが、十分な品質で仕上げられているか？を、現場のレビュー記録を抜き取って監査する。

レビューが頻繁に実施され、記録が残され、レビュー結果分析が日常的に行われていれば、前項（2）-1での設計書等のプロダクトの評価結果も信頼できるとする。

- レビュー指摘事項が明確に記録されているか？
- 指摘事項と同様の問題が他に無いか？の点検を作業を行っているか？
- レビュー結果による品質評価を行っているか？

(c)「課題管理票・課題項目票」の抜き取り監査

現場の課題票を抜き取って、課題1件1件が、期限通り、適切に対処されているかを監査する。適切に対処されていれば、プロダクトの大きな問題や抜け漏れも無い、または解決されていると見なす。

- 課題毎に、期限を守り、適切に対処しているか？
- 期限超過項目が多くないか？　期限切れ項目への処置は適切か？

3.3 プロジェクト監査の目的、対象、監査人、依頼人、監査報告

プロジェクト監査の目的等は、つぎのとおりです。

(1) プロジェクト監査の目的

目的は2つです。

目的①：オーナー目線でのプロジェクトの妥当性の監査

システム開発の意義、妥当性を、経営者やプロジェクトオーナーの目線で監査する。

- システム企画時の監査：システム開発の目的や狙う効果は妥当か？
目的、狙う効果（定量的／定性的）、KPI／KGI、国際競争力、新規事業立上げ、セキュリティ強化等
- 開発完了時の監査
当初の目的を達成できたか？
当初の目的・狙う効果の達成度、対策、今後の施策と責任者

目的②：Q（品質）、C（コスト）、D（期限）の妥当性の監査

- QCD は妥当か？　本来あるべき姿か？
- 開発プロセスの実行とマネジメントは適切か？
- 予防的コントロール、発見／是正のコントロールは適切か？
- 予防、発見、是正、トラブル未然防止のコントロールは適切か？
- 要件とスコープは、定められたリソース（予算、体制）で可能か？

（2）監査対象

- プロダクト、成果物：プログラム等のプロダクト、設計書等の成果物
- マネジメント　　　：計画書・報告書等のマネジメント系の成果物、リスク管理、進捗管理、品質管理等のマネジメントの確証

（3）監査人：プロジェクトの当事者以外の第三者でシステム監査の専門家

- 社外の専門家：公認システム監査人などの専門家
- 社内の専門家：プロジェクト当事者以外の監査対象から独立した公認システム監査人などの専門家

（4）依頼人

- 経営者層、プロジェクトオーナーまたはそれに相当する人または組織

（5）監査報告

- 監査報告：確証に基づいた報告。監査人としての意見を表明。
- 報告先　：監査依頼人　（必要に応じて被監査者にも報告）

3.4 システム開発における「プロジェクト監査」のフェーズ分け

プロジェクト監査のフェーズを 4 つに区分し、各々にふさわしい監査を実施します。

①企画フェーズ　　　　　：企画から開発承認・プロジェクト発足まで

②設計開発フェーズ　　　：プロジェクト発足後、総合テスト完了まで

③サービス開始フェーズ：サービス開始直後、開発プロジェクト終結まで

④効果検証フェーズ　　　：サービス運用状態に入った後（半年〜１年程度）

3.5 フェーズ毎のプロジェクト監査テーマ

フェーズ毎のプロジェクト監査テーマの概要は下記の通りです。詳細は13章〜15章で説明します。

表12.1　フェーズ毎のプロジェクト監査テーマ（例）

	監査テーマ（概要）
①企画フェーズ	• 企画書の適切性：経営者目線で開発の狙い、妥当性、法令規程の遵守、目的と内容が整合、コスト・投資効果・リスク評価の妥当性、重要事項の漏れ無し等 • RFP、外部委託先選定の妥当性：企画手続きとマネジメントの適切性、審議／承認手続き、開発コスト見積り、外部委託先選定等
②設計開発フェーズ	• 工程毎の成果物の品質（設計書、プロダクト、プログラム等） • 工程毎、試験毎の計画書／報告書の適切性（工程計画／報告、試験計画／報告等） • 設計開発マネジメントの適切性（リスク管理、進捗管理、品質管理等）
③サービス開始フェーズ	• サービス開始諸作業の内容の適切性（業務運用試験、移行、サービス開始判定等） • サービス開始マネジメントの適切性（移行判定、サービス開始判定）
④効果検証フェーズ	• システム効果検証内容の適切性（企画段階で当初想定した効果の実績値、到達度） • 効果検証マネジメントの適切性（当初想定効果を達成させる施策、体制等）

（事例）トラブルになるプロジェクトの理由は？

トラブルに陥るプロジェクトには、それなりの理由があるようです。

例えば、「計画に無理がある、リスク評価がおざなり、設計者が業務を知らない、設計品質という視点が抜けている、WBS等の詳細な作業計画の具体化が遅い、実績管理だけ、予定と実績を対比した予／実管理をしていない……」等々です。

これらの問題について、プロジェクト当事者は、「いつもこのやり方」とか、「もっと急務の課題があるので後回し」と思って軽視したり、問題と気付いていないこともあります。ところが、独立した第三者であるシステム監査人には、問題や危うさがはっきりと見え、「このまま進むと、こうなる」…ということも予想できます。たくさんのプロジェクトを見て来てきたからです。だからプロジェクト監査は必要です。

第13章 プロジェクト監査（企画フェーズ）

13章では、企画フェーズにおける"トラブルを未然防止するプロジェクト監査"について説明します。

1. 企画フェーズでのプロジェクト監査
1.1 システム開発トラブルの防止

「システム開発トラブルの原因の4割が企画・計画にあり」と2章で説明しました。企画・計画は開発の成否を左右するので、企画フェーズでの監査が、開発トラブルの防止に必須で、非常に重要となります。

1.2 企画フェーズの主要イベント

システム開発の企画フェーズの主要イベントは、「開発企画審議」「外部委託先選定」「プロジェクト計画承認」の3つで、いずれも、経営者またはプロジェクトオーナーの判断が必要な事項です。

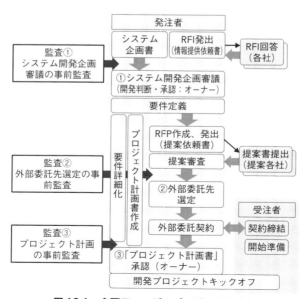

図13.1　企画フェーズのプロジェクト監査

① システム開発企画審議

　「システム開発企画書」の審議、開発判断、承認

② 外部委託先選定

　RFP 等の手段による設計開発の外部委託先の審査、選定、承認

③ プロジェクト計画承認・開発プロジェクト発足

　PM、開発体制、開発プロジェクト計画の承認、プロジェクトキックオフ

1.3 プロジェクト監査の実施

　上記はいずれも、経営者またはプロジェクトオーナーによる重要事項なので、それぞれについてプロジェクト監査（プロジェクト発足前ですが、便宜的に「プロジェクト監査」と称します）を実施することが大事です。プロジェクト監査のタイミングは下記のように、監査①から監査③まで 3 回あります。

　監査① システム開発企画審議の事前監査：企画内容と審議資料の事前監査

　監査② 外部委託先選定の事前監査　　　　：RFP 等による選定手段とその内容の
　　　　　　　　　　　　　　　　　　　　　　事前監査

　監査③ 開発プロジェクト発足前の事前監査：プロジェクト計画の事前監査

　このタイミングでの監査報告を受けることで、経営者またはプロジェクトオーナーにとっては、適切に判断するための助言になります。またプロジェクト企画の担当は、監査の助言に適切に対応することで、"開発を成功に導く企画・計画"とすることができます。

2. 企画フェーズのプロジェクト監査の要点

2.1 「① システム開発企画審議の事前監査」のポイント

　「企画内容は的確か？」「経営に必要か？　効果を見込めるか？」等について監査し、助言し、監査報告を受けた経営者やプロジェクトオーナーが、開発判断を適切に行えるようにします。

(1) 開発の目的、必要性の明瞭性

- システム開発の目的が明確
- 事業戦略・情報化戦略との整合、経営上の必要性

(2) コストの妥当性、効果の明瞭性

- コスト概算見積り方法、見積り額
- 投資対効果、KPI／KGI の明確な設定

(3) 開発計画の妥当性

- 開発期間、サービス開始時期、開発内容
- 方式／技術の比較と選択、等

(4) リスク評価の適確性

- リスクの分析と対策が適切

2.2「② 外部委託先選定の事前監査」のポイント

「選定方法が適切か？」「選定内容が妥当か？」等について監査し、助言し、経営者またはプロジェクトオーナーが委託先を適切に選定できるようにします。

(1) 選定手続きの公明性

- RFP またはこれに相当する選定手続き
- 比較評価法と選定基準の事前設定

(2) 提案内容の比較評価、選定の公正性

- 提案各社の内容の比較評価結果、選定（案）

2.3「③ プロジェクト計画の事前監査」のポイント

「プロジェクト計画が、システム開発を成功に導く計画としてよく練られているか？」「リスク評価は適切か？」「開発プロジェクト発足の準備が整っているか？」等について監査し、改善点を助言します。経営者またはプロジェクトオーナーは、これを参考に、プロジェクト発足の可否を判断します。またプロジェクト発足後の問題発生時にこの原点に立ち戻って考えることができます。

(1) 開発目的、必要性、方針の定義の明確性

- プロジェクト全員が明瞭に理解できる
- プロジェクトの全工程を貫く方針となる

(2) リソース計画 (人・もの・金) の妥当性

- 開発規模に見合ったリソース計画、リソースの月別計画
- 全体スケジュールとリソース計画の整合

188 | 第 13 章　プロジェクト監査（企画フェーズ）

(3) 開発内容（機能要件）の明確性

- 要件と開発項目の整合
- システム全体構造と開発項目の対応
- 開発項目毎の具体的内容、処理方式
- 開発項目毎の想定規模

(4) リスク評価と対応策の妥当性

- この開発案件で特に懸念されるリスクの分析
- 主要リスクへの具体的な対策（予防対策、早期発見策、早期対処策）
- 工程毎でのリスク再評価の計画が明確

(5) 大日程計画・中日程計画の妥当性

- 大日程線表の設定
- 工程分割、工程毎の開始／終了条件
- プロジェクト監査の受査計画
- サービス開始スケジュール
- 工程毎の中日程線表
- 外部仕様凍結日などの主要イベント、マイルストーンの設定
- 中日程でのクリティカルパスの設定、変動を吸収する余裕

(6) 非機能要件への対応計画の明確性

- 処理能力、応答性能等の性能要件
- セキュリティ要件、保守・運用要件
- 拡張性要件、信頼性要件等

(7) 基盤環境計画の妥当性

- ハード、OS／ミドルソフト、ネットワーク、端末等の基盤条件
- 基盤の調達、設定の計画
- 非機能要件をクリアする環境と方式の計画

(8) プロジェクトマネジメント計画の明確性

- マネジメント方針、ルールの設定
- マネジメントの様式、体制の設定（進捗予実管理、課題管理、品質管理、会議規定、報告規定など）

(9) プロジェクト開始準備の整備度

- 最初の工程（外部設計）の詳細な実施計画（チーム体制、WBS、レビュー計画、設計ツール等）
- 外部設計の成果物一覧
- 外部設計の終了判定条件
- 対象業務を熟知した設計者の確保、業務の教育計画
- 設計品質計画、品質管理計画
- 外部設計のマネジメント計画（進捗管理、課題管理、会議・報告等）

3. 企画フェーズのプロジェクト監査項目

情報システムの開発は、小規模／大規模、新規開発／追加開発、スクラッチ開発／パッケージ開発、国内／海外…等々、システムそれぞれに内容が異なるので、監査項目も同じとは言えませんが、ここでは一般的な例を示します。

3.1「① システム開発企画審議の事前監査」の監査項目

経営者またはプロジェクトオーナーによる開発判断のための事前監査なので、経営者の視点で監査し、助言します。情報システム開発の目的、必然性、コスト、効果、開発計画、リスク評価、法令順守等、今後の計画について、ドキュメントを具体的に確認しながら、関係者へのヒアリングも行い、確証等を得ながら監査を行います。

表 13.1 「① システム開発企画審議の事前監査」の監査項目と監査の観点（例）

監査項目	監査の観点 （例）
1. システム構築の目的	システム構築の目的は明確か？ 事業戦略に沿っているか？ 情報化戦略に沿っているか？ 経営の視点から開発の目的は妥当か？
2. システム構築の必然性	システム構築は本当に必要か？　何故か？ 今、開発しなければならないか？ 開発を将来に延ばすことは可能か？ 「開発しない」としたら何がまずいか？ 「開発しない」とした場合の代替策は？ 経営の視点から必ず開発しなければならないか？

190 ｜ 第13章 プロジェクト監査（企画フェーズ）

監査項目			監査の観点（例）
3. コスト	1	コスト概算見積り方法	開発コストの概算見積り方法は適切か？ 過去の開発の概算見積り方法と比べて適切か？ 運用保守コストの概算見積り方法は適切か？ 耐用年数を考慮した運用保守コストは適切か？
	2	開発コスト見積り額	見積り内訳項目と額 見積り漏れの有／無 （社内要員の人件費、超過勤務手当、フロア代など） 見積り額（総額）の妥当性 開発想定規模に照らして妥当か？ ハード／ソフト／ネットワーク等の基盤コストは？ 過去の開発コストと比較して妥当か？ 他の構築法と比較して最良の選択か？（スクラッチ開発／パッケージベース開発／クラウド上での構築等の比較）
	3	運用保守コスト見積り額	運用保守コスト見積り内訳の項目と額 運用保守コスト見積り額（総額）の妥当性 運用条件・体制、保守条件・体制とコストは妥当か？ 過去のシステムの運用保守コストと比較して妥当？ 他の運用保守法（専用センタ／共用センタ／クラウド等）と比較して最良の選択か？：
	4	開発と運用保守の総額	開発＋運用保守のコスト総額は妥当か？ 過去のシステムと比べて妥当か？
4. 効果	1	KPI、KG	KPI（Key Performance Indicator）、KGI（Key Goal Indicator）を明確に設定しているか？ その項目は適切か？ KPI、KGIについて、効果は十分に見込めるか？
	2	投資対効果	投資対効果（定量効果）は十分に見込めるか？ 定量効果は、見かけ上でなく、実効果か？ 定量効果が出る条件は？ その条件は、現実的か？ 投資回収に何年かかるか？
5. 開発計画	1	開発期間	開発期間は何ケ月か？ 開発想定規模と開発方法から見て妥当な期間か？ テスト終了からサービス開始までは何ケ月か？ その期間は十分な長さか？ 妥当か？
	2	サービス開始時期	サービス開始予定はいつか？ それは事業戦略上、最適か？ サービス開始は最悪、どこまで延伸可能か？ サービス開始が遅れた場合の影響は？
	3	開発内容	要件はどの組織（事業部）が定義するか？ 要件定義できるか？ 要件定義の力はあるか？ 要件対応に開発項目を設定できるか？ 開発規模総計は概算でどの程度か？ 過去の開発からその規模概算は妥当か？ 規模から見て、採用予定の開発方式は妥当か？（スクラッチ開発／パッケージベース開発／クラウド上での構築等） 適用技術、製品は世の中の動向から見て妥当か？
6. リスク評価	1	リスク分析	今回開発で特に懸念するリスクは何か？ 何故か？ そのリスクが顕在化したら影響はどう出るか？ 過去の開発と比べて、そのリスクは大きいか？
	2	リスク対策	具体的なリスク対策は何か？ リスクの顕在化防止の見通しは？ リスク対策コストの額は？ 見積りに計上済か？

監査項目			監査の観点（例）
7. 法令順守等	1	法令遵守	遵守すべき法令は？（国内／国外） 遵守できるか？　コスト計上済か？
	2	規定類	遵守すべき社内／外の規定は？ 遵守できるか？　コスト計上済か？
	3	CSR、その他	CSRへの取組は？ セキュリティなど、特に考慮すべき事項は？ それらへの対応のコストを計上済か？
8. 今後の計画			RFP、外部委託先選定等、プロジェクト発足までの予定は？ 想定される問題は？　対処策は？ プロジェクト発足の予定日は？ 経営者またはプロジェクトオーナー主催の会議は？

3.2「② 外部委託先選定の事前監査」の監査項目

　経営者またはプロジェクトオーナーによる外部委託先選定のための事前監査として、経営者の視点で監査し、助言します。このタイミングでの監査結果は、委託先選定や契約にも反映されます。

表 13.2　「② 外部委託先選定の事前監査」の監査項目と監査の観点（例）

監査項目			監査の観点（例）
1. 選定手続き	1	選定手続きの公正性	外部委託先選定の方針が明確 RFPまたはこれに相当する選定手続きが公正
	2	選定評価者の独立性	選定評価者の独立性
	3	比較評価法と選定基準の事前設定	RFPに対する回答（提案書）の比較評価方法と 選定基準を明確に、事前に設定している
2. RFP内容	1	RFP内容	RFPに要件等の条件が明確に記載されていたか？ 各社が提案する為の必要条件が明示されていたか？
	2	RFPへの質問の回答	RFPへの質問の回答が、質問社以外の社にも公正に周知されている
3. 提案内容比較	1	提案内容の整理	各社提案内容が整理され、横並び比較可能である 不明点に対するヒアリング結果が付記されている
	2	提案の比較評価	予め設定した比較評価法と選定基準に従い、公正に比較評価されている
4. 選定（案）	1	選定（案）	提案比較評価の結果の選定（案）が、公正で妥当
	2	契約（案）	契約条件と契約書（案）が妥当
	3	今後の予定	今後の手続き、スケジュールが明確

3.3 「③ 開発プロジェクト発足の事前監査」の監査項目

　プロジェクト発足前に「プロジェクト計画」について事前監査します。この「プロジェクト計画」の良し悪しが、開発の成否を大きく左右しますので、計画が具体的でよく練られているか？　リスク評価は適切か？　等について詳しく事前監査し、改善点を助言します。

表13.3　「③ 開発プロジェクト発足の事前監査」の監査項目と監査の観点（例）

監査項目			監査の観点（例）
1. システム構築の目的、必然性．方針			システム構築の目的、事業戦略・情報化戦略への対応、開発方針が、明瞭に記載されているか？ プロジェクト キックオフ時に周知徹底する、プロジェクトの全工程を貫くのにふさわしい記述か？
2. リソース計画			リソース計画は工程別、月別で具体的か？ 全体スケジュールと開発規模に合っているか？
3. 要件定義	1	要件の定義	要件は「要件定義書」で明確に定義されているか？
	2	要件の分析	要件は、事業戦略・情報化戦略に合致しているか？ 項目毎に要／不要を分析し、必須項目に絞られているか？
	3	要件の承認	要件の責任部署、実務責任者、承認者は明確か？ 要件は承認済か？　その証跡は？
4. システム構築内容	1	システム構築の全体	全体の機能構成図、機能間連携図を整理済か？ 開発項目一覧や、開発規模が整理済か？
	2	開発項目と要件の対応	開発項目と要件の対応は明確か？ 開発項目は具体的な業務処理に対応して整理済か？
	3	項目毎の開発の必然性	開発項目毎に、開発の必然性が検証されているか？ 「開発しない」場合の代替策を整理したか？ 開発要／不要を分析し必須項目だけに絞ったか？
	4	開発項目の内容	開発項目毎の内容は文書で明らかになっているか？ 従来機能との違いが明らかに整理されているか？
5. リスク評価	1	リスク分析	今回開発で特に懸念するリスクは何か？　何故か？ そのリスクが顕在化したら影響はどう出るか？ 過去の開発と比べて、そのリスクは大きいか？
	2	リスク対策	リスク対策とそのコストは具体的で実施可能か？（予防策、早期発見策、早期対策）
	3	リスク再評価	工程毎のリスク再評価の計画は？
6. 全体計画	1	大日程計画	大日程線表と工程は、開発規模に見合って適切か？ 外部仕様凍結日、工程終了判定日などの主要イベント、マイルストーンが設定されているか？ ステアリングコミッティの開催計画は？ 工程毎の開始、終了条件は明記されているか？
	2	プロジェクト監査計画	プロジェクト監査の受査計画が記されているか？

監査項目			監査の観点（例）
6. 全体計画	3	サービス開始スケジュール	サービス開始予定日が明記されているか？ 開発試験の終了後、サービス開始までのスケジュールが明記されているか？　その期間は必要十分か？
	4	工程毎の中日程計画	工程毎の中日程線表が設定されているか？ 週次レベルで設定されているか？ マイルストーン、クリティカルパスの明記は？
7. 性能	1	性能条件	処理能力条件、応答性能条件は明確か？ ピーク負荷条件（時間帯、ピーク日、業務） バッチ処理条件（制限時間、処理時刻、負荷） 現システムの性能値は？ 接続先システムに関係する性能条件は？
	2	性能設計、性能対策	性能条件を達成する処理方式設計の計画は？ （複数サーバ分散処理、超高性能DBマシン等） 性能条件達成施策のコストは計上済か？ 性能対策の専門家支援体制・支援コストは計画済？
8. 非機能要件	1	非機能要件（性能以外）	性能以外の非機能要件、セキュリティ条件は明確？
	2	非機能対策	非機能条件、セキュリティ条件への対策計画は？ 対策に必要な環境、方式、コストは計画済？
9. 基盤環境	1	基盤条件	ハード、OS／ミドルソフト、ネットワーク、端末等の基盤条件は明確か？
	2	基盤環境の設定	基盤環境の調達・設定計画は明確か？　コストは計上済か？
10. プロジェクトマネジメント計画	1	プロジェクトマネジメント	プロジェクトマネジメント方針、ルールが設定されているか？
	2	実施規定	マネジメントの実施規定、様式、体制が明確か？　（進捗管理、課題管理、品質管理、会議・報告等）
11. プロジェクト開始準備	1	外部設計工程実施計画	最初の工程（外部設計）の詳細実施計画が立案済か？ （チーム体制、WBS、レビュー計画、設計ツール等） 成果物一覧が整理済か？
	2	外部設計の終了判定条件	終了判定条件が設定済か？
	3	設計体制、教育計画	対象業務を熟知した設計者の確保の計画は？ 対象業務の教育計画は？
	4	設計品質計画	設計品質計画は立案済か？ 品質管理の具体的な実施計画が定められているか？
	5	外部設計工程のマネジメント詳細計画	外部設計工程のマネジメント詳細計画は？ （設計の進捗予実管理、レビュー管理、課題管理、会議・報告等）
	6	体制	設計チーム毎のリーダと体制は明確か？ 業務部門側の体制は明確か？ ステアリングコミッティの体制は明確か？ 関連システムや関連組織の連絡体制は？

監査項目			監査の観点（例）
12. 会議体	1	会議体	オーナー出席の重要会議と判断事項を定義済か？ 受／発注合同のステアリングコミッティの定義 　〃　　　の週次進捗会議の定義 　〃　　　の非定例会議の定義
	2	報告	定例報告・非定例報告の内容の定義
	3	情報共有	情報共有手段
13. 法令遵守等	1	法令の遵守	守るべき法令は何か？　遵守しているか？
	2	規程、ガイドラインの遵守	セキュリティ等に関する社内／外の規定、ガイドラインは何か？　遵守しているか？業界標準、社内標準への準拠　CSR取組は
14. 記録の保管			審議資料と関連資料はルール通り保管されるか？

第14章 プロジェクト監査（設計開発フェーズ）

14章では、設計開発フェーズにおける "トラブルを未然防止するプロジェクト監査" について説明します。

1. 設計開発フェーズにおけるプロジェクト監査とは

設計開発フェーズとは、外部設計〜実装設計〜製造〜単体テスト〜結合テスト〜総合テストの総称です。この設計開発フェーズでのプロジェクト監査には、「成果物の監査」と「マネジメントの監査」があります。

(1) 成果物の監査とは

「プロジェクトの成果物（計画書、設計書、プログラム等）に漏れがなく、正しいか？」についての監査です。

(2) マネジメントの監査とは

- プロジェクトが社内基準（プロジェクト管理基準など）で定められた運営ルールに従って計画が作成され、実行されているか？
- 進捗（進め方とドキュメント）が上記ルール通りに管理され、報告されタイムマネジメントされているか？
- 作業実績が、計画や成果と比べ妥当であると判断できるように、プロジェクトがマネジメントプロセス・指標等に沿って管理されているか？
- 計画書で定めた品質改善プロセスが計画通りに行われているか？

の監査です。

すなわち、「正しい成果物を作り出す様にプロセスを管理・改善しているか？」「プロジェクト運営ルールに沿ってプロジェクトが推進され、マネジメントプロセスを管理・改善しているか？」を確認することです。

また、監査は、「オーナーに依頼されたタイミングで実施し、プロジェクトを成功に導く」ものです。プロジェクト監査は、「作業終了時」だけでなく、「作業開始前」「作業途中」においても実施すればトラブル未然防止に効果的です。

監査結果は、監査報告として依頼者に報告します。監査にあたっては、監査行為や情報収集が開発作業の妨げにならないように配慮し、PMとの事前調整・打合せを大切にします。

図14.1に、設計開発フェーズにおける開発の流れに沿ったプロジェクト監査

の流れを示します。この監査の流れは、開発の各工程における監査の実施のタイミングを示しています。

　設計開発フェーズでの監査の流れは、監査①から監査⑪までに分かれます。2節以降にそれぞれの監査における監査項目と監査の観点を記述します。監査①から監査⑪の目的や重要性を踏まえて、プロジェクト監査することが、トラブルの未然防止に効果的です。

　監査①から監査⑪の全てを行わなくとも、必要に応じて適時実施すれば、効果が出ます。監査①から監査⑪で特に実施すべき重要な監査には、2節以降で〔重要〕と記載しています。

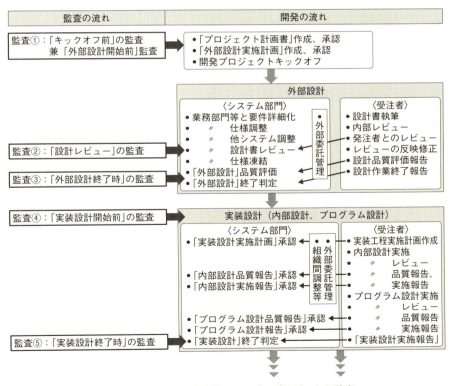

図14.1(1/2)　設計開発フェーズのプロジェクト監査

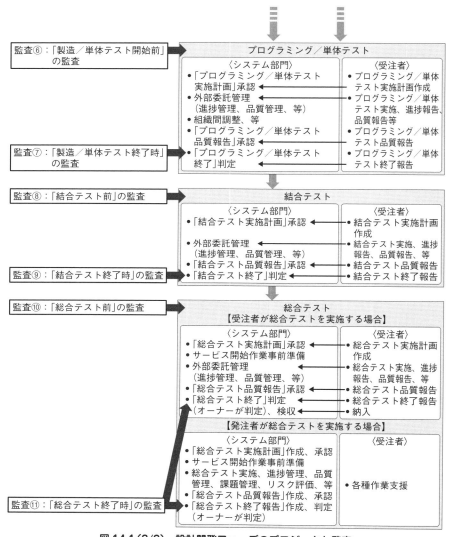

図14.1（2/2）　設計開発フェーズのプロジェクト監査

2. 外部設計におけるプロジェクト監査

【監査①】「キックオフ前」監査、兼「外部設計開始前」監査〔重要〕

　キックオフすれば、直ちに外部設計を開始しますので、その準備ができているか？を監査します。もし準備不足でキックオフすれば、プロジェクト開始早々から遅延・コスト超過が始まり、トラブルに陥るので、この監査は重要です。

表14.1　監査①「キックオフ前」監査項目と監査の観点（例）

監査項目	監査の観点（例）
契約	• 「契約書〔基本契約書、個別契約書〕」に、本プロジェクト遂行に必要なことが、定められているか？　契約条件は明確か？
要件定義	• 「要件定義」は確定し、その内容は明確か？ • 「要件定義」の残課題や、詳細化すべき項目は残っているか？ 　残課題対応の具体的計画は？（誰が、何時まで、どうする） • 残課題があっても、キックオフできるか？　それは何故か？
要件定義関係の文書の整合性	• 「要件定義書」「調達仕様書（RFP）」「受託事業者の提案書」「契約書」間でマッチングがとれているか（不整合がないか）？ • この4文書について、受／発注者間で合意しているか？ • この4文書間の残課題はあるか？　その対応を具体的に定めたか？
「プロジェクト計画書」	• 「プロジェクト計画書」は、開発承認を受けた「システム企画書」の範囲内であり、整合しているか？ • 「プロジェクト計画書」に、サービス開始までのプロジェクト全体の計画が具体的に記載されているか？ • 「プロジェクト計画書」に、キックオフ時にプロジェクト関係者に周知すべき事項が具体的に、明確に記載されているか？ （目的、方針、スケジュール、品質計画、体制、マネジメント規定、等）
「外部設計実施計画書」	• キックオフ直後から「外部設計」作業を開始できる詳細計画か？ • 外部設計工程のマネジメントの計画が具体的に立案されているか？ • 外部設計レビューについて、レビュー計画立案／レビュー計画内容の確認／レビュー実施／コメント修正／再レビュー／レビュー品質評価、設計品質評価などが具体的に計画されているか？　レビュー対象別・担当別・日別の計画か？レビューアーに業務部門が含まれているか？ • 外部設計終了条件が明記されているか？
スケジュール	• 全体計画に、サービス開始までの全ての計画が盛り込まれているか？ また、システム部門や受注者だけでなく、業務部門や関連組織などの関係者全ての計画が記載され、相互の整合性を確認しているか？ • マイルストーンが設定されているか？ • 外部設計終了時の仕様凍結日が設定されているか？ • 週次の中日程計画があるか？ • 中日程計画上に、マイルストーンとクリティカルパスが明示されているか？次工程計画策定期間も設けられているか？
リスク	• プロジェクト全体のリスク分析がなされているか？ • リスクの大きさに応じた評価がなされ、対策が立てられているか？ • PMが特に懸念するリスクは何か？　具体的な対策を立てているか？

199

【監査②】「設計レビュー」の監査

「外部設計を高い品質とする」には、「設計レビュー」を繰り返します。また、「レビューの質」も重要です。第一人者をレビューアーにして、深いレベルまでレビューし、「設計品質」を評価しなければなりません。そこで、「設計レビュー計画」や「レビュー結果」を監査し高品質設計に向けた改善に反映してもらいます。

「設計レビュー」は、何度も繰り返して実施されるので、そのいくつかを抽出して監査し、その指摘・助言を他のレビューに展開することで、設計品質を改善することができます。

表14.2　監査②「設計レビュー」監査項目と監査の観点（例）

	監査項目	監査の観点（例）
レ ビ ュ ー 計 画 の 監 査	個々の レビュー計画	• レビューアは第一人者か？　業務部門が入っているか？ • レビューの場所と時間は確保済か？ • レビュー対象は、明確か？ • レビュー観点を、レビュー毎に明確に定めているか？
	レビュー観点	• 今回開発の重点事項への対応 • 要件の充足性（業務要件、システム要件（機能要件・非機能要件）） • 業務に遂行に矛盾がない設計書 • 構造化設計による整然とした設計、設計漏れがない、無矛盾性 • 設計書の保守性（設計書の一元管理、構成管理、版管理等） • 画面から画面への連鎖、画面IDの一元付与、帳票IDの付与等 • 操作性、過去のエンドユーザ要望への対応 • 高性能、大量処理への対応 • 移行の確実性、容易性 • 障害対策、セキュリティ対策、運用・保守性など
	評価方法	• レビュー結果の評価方法は明確か？（レビュー密度等（10章参照））
レ ビ ュ ー 結 果 の 監 査	分析評価	• レビュー結果を分析評価したか？ • レビューの網羅性は？ • レビュー記録が残されているか？　適切な記述か？ • レビュー結果の分類、集計は行ったか？ • 設計品質の評価（レビュー密度、指摘事項分析等）をしたか？
	合意確認	• 評価結果へのアクションプランを、受／発注で合意しているか？
	結果判定	• 設計書レビューの結果判定は妥当か？

【監査③】「外部設計終了時」の監査〔重要〕

外部設計を全て完了し、設計内容が妥当か？　を監査します。

表 14.3　監査③「外部設計終了時」監査項目と監査の観点（例）

監査項目	監査の観点（例）
要件への対応	・業務要件が、漏れなく設計されているか？ ・「業務要件が正しく外部設計に反映されている」と業務部門が承認しているか？ （業務部門担当者の確認、責任者の承認） ・システム要件の機能要件、非機能要件が、漏れなく適切に外部設計に反映されているか？
設計書	・要件定義に書かれた内容が、実装設計に必要なレベルで外部設計書に正しく書かれているか？ ・作成すべき設計成果物は、全て作成されているか？
残課題	・残課題はないか？ ・残課題が有るなら、「いつまでに／誰が／どうする」が明確か？ ・残課題への対応について、関係者間で合意がとれているか？
合意確認	・発注者側社内および受注者側と仕様に関する合意、承認がとれているか？ ・仕様凍結は、関係者の合意の下に行われ、その記録はあるか？
外部設計書 の仕様管理	・仕様管理方法・手順は、承認されているのか？ ・仕様管理者は誰か？ ・仕様変更管理のルール、手順、様式は明確か？ ・仕様管理方法、手順が守られずに受注者側が作業を進めた場合、受注者側の費用負担とする旨を双方で確認したか？ ・版数管理方法は明確でルールの合意がとれているか？
設計品質	・レビューの結果評価から見て、設計品質は計画通りか？ ・次の工程で品質を落とす可能性はないのか？ ・外部設計作業は終了基準を満たしているか？
リスク	・プロジェクトが遅延していた場合、その処置に対して関係者間の合意はとれているのか？ ・実装設計へのリスクとその対処は関係者間で合意しているか？
次工程の準備	・実装設計作業開始の準備（特に計画書の確認）は、十分か？ ・詳細な実装設計計画の確認 ・実装設計終了条件の確定 ・開発基盤構築に向けた準備 ・実装設計に向けた構成管理の準備 ・体制　等

3. 実装設計におけるプロジェクト監査

【監査④】「実装設計開始前」の監査

実装設計実施計画は具体的で、作業準備はできているか？　設計品質計画を立てているか？　スケジュールは適切か？等を監査します。また、実装設計に影響を及ぼす仕様変更を適切にコントロールする計画か？　も確認します。

表 14.4　監査④「実装設計開始前」監査項目と監査の観点（例）

監査項目	監査の観点（例）
実装設計 実施計画書	• 実装設計計画書の内容を受／発注双方で確認したか? • 実装設計終了基準を受／発注双方で確認したか?
設計品質計画	• 品質計画を受／発注双方で確認したか?　例えば、品質指標、バグを作り込まない施策、品質管理体制、等が計画されているか? • 「高品質の作り込みを、受注者はどう徹底するか?」を、発注者は確認しているか?
スケジュール	• 実装設計スケジュールは適切か? • クリティカルパスは何か?　どこか?　を受／発注双方で確認し、遅延防止に向けた合意をしているか?
ルール	• 変更管理ルールは?　安易な追加変更を抑止するルールか? • 実装設計書の管理ルール、運用ルール等を確認しているか?

【監査⑤】「実装設計終了時」の監査

実装設計は完了し、次工程に進めるかを監査します。

表 14.5　監査⑤「実装設計終了時」監査項目と監査の観点（例）

監査項目	監査の観点（例）
設計書	• 作成すべき設計成果物は作成され、全てレビューされているか? • 外部仕様書に書かれた内容が、製造作業に必要なレベルで実装設計書に正しく書かれているか?
残課題	• 残課題の確認漏れはないか? • 課題の有無と、その対応「いつまでに、誰が、どうする」は妥当か? • 残課題への対応について、関係者間で合意がとれているのか?
設計品質	• レビュー結果から見て、設計品質は計画書通りか? • 次の工程で品質を落とす可能性はないのか?
リスク	• プロジェクトが遅延していた場合、その処置に対して関係者間の合意はとれているのか? • 製造に与えるリスクとその対処は関係者間で合意しているか?
終了判定	• 実装設計作業は終了基準を満たしているか?
準備状況	• 製造作業開始に向けた準備状況（特に計画書の確認）は、十分か? • 詳細な製造・単体テス計画の確認 • 製造／単体テストの終了基準の確定 • 開発基盤／テスト基盤構築の確認 • 品質指標の設定 • 製造・単体テストに向けた構成管理の確認 • 体制、等

4. 製造／単体テストにおけるプロジェクト監査

【監査⑥】「製造／単体テスト開始前」の監査

製造／単体テストの開始準備はできているか？を監査します。監査のポイントは、高品質の達成とスケジュール遵守です。

表 14.6　監査⑥「製造／単体テスト開始前」監査項目と監査の観点（例）

監査項目	監査の観点（例）
製造／単体テスト実施計画書	・製造／単体テスト実施計画書の内容を受／発注両者で確認したか？ ・製造／単体テストの終了基準を受／発注両者で確認したか？
設計品質	・製造／単体テストの前提となる実装設計品質が十分に高いことを、受／発注両者で確認したか？　設計品質をどのように検証したか？
品質計画書	・製造／単体テストの品質計画を受／発注両者で確認したか？例えば、品質指標、バグを作り込まない施策、品質管理体制等を確認したか？ ・「高品質の作り込みの徹底」を、発注者は確認したか？
作業計画	・製造／単体テストの実施計画に基づくWBSや詳細な日次計画作業計画、担当者別作業計画ができているかを発注は確認したか？ ・作業開始準備が整っているかを発注者は確認したか？
作業環境、ルール	・ハード／ソフト基盤環境は準備済かを発注者は確認しているか？ ・構成管理ルール、試験管理ルールなど、試験の実行管理ルールが定められ、徹底されるか？を発注者は確認している？

【監査⑦】「製造／単体テスト終了時」の監査

製造／単体テストが十分な品質で完了したか？　次工程に進めるか？　を監査します。ポイントは、品質とリスクです。

表 14.7　監査⑦「製造／単体テスト終了時」監査項目と監査の観点（例）

監査項目	監査の観点（例）
終了判定	・製造／単体テストの終了判定はだれか？　判定基準は明確か？ ・判定基準に照らして、終了判定は合格か？ ・製造／単体テストが未完了なのに、次工程に進もうとしてはいないか？
成果物	・製造／単体テストの成果物が、漏れなく、計画通り作成されたか？ ・それを、発注者は確認したか？　どのように確認したか？
品質	・製造／単体テストの品質が、品質計画で定めた終了基準を満たしていることを、発注者は確認したか？　どのように確認したか？
残課題	・残課題があるか？　残課題が整理されているか？ ・残課題の次工程への影響と対策を、発注者は確認したか？ ・対策は、いつまでに、誰が、どうするか？　が明確か？ ・対策の実施見通しについて、発注者はどのように確認したか？ ・残課題への対応について、関係者間で合意がとれているのか？

203

監査項目	監査の観点（例）
リスク	• プロジェクト開始時や製造／単体テスト開始時に想定したリスクについて、そのコントロール結果を評価しているか？　評価結果は適切か？ • 発注者は、次工程以降のリスクについて分析し、対策を整理しているか？ • 発注者は、残課題のリスクを分析し、対策の実施計画を確認しているか？ • もし、プロジェクトが遅延している場合、発注者は、抜本対策を確認し、関係者と合意しているか？

5. 結合テストにおけるプロジェクト監査

【監査⑧】「結合テスト開始前」の監査〔重要〕

　設計通りに作られたことを確認する重要な結合テストの実施計画や品質計画が立てられ、準備されているか？　リスクコントロールが適切になされるか？　を監査します。

表14.8　監査⑧「結合テスト開始前」監査項目と監査の観点（例）

監査項目	監査の観点
結合テスト 実施計画書	• 実施計画書を、受／発注合同で確認し、合意しているか？ • 実施項目、スケジュール、体制、環境、リスク対策など、計画すべき内容に漏れがないことを、どのように確認したか？ • 結合テストの終了判定基準は明確か？
品質計画書	• 結合テストの品質目標、品質指標を明確に定めているか？ • 高品質化のために何をすべきか？　を受／発注両者で協議したか？ • 品質目標達成の計画は具体的か？　受／発注の役割は明確か？ • 品質管理のルールや体制、品質評価法が具体的に定められているか？
スケジュール	• 週次中日程スケジュールがあり、全体スケジュールに合っているか？ • 短期のマイルストーンやクリティカルパスが定められているか？ • 日次の詳細スケジュール、WBSが計画済か？ • 試験項目レビュー／試験準備／試験実施／バグ修正／試験再実施／修正確認といった一連の作業が、試験グループ毎に計画されているか？ • 関連システムとの接続試験や性能確認試験は計画済か？
体制	• 発注側の体制、受注側の体制、それぞれが明確か？ • 発注者／受注者間の会議体、連絡窓口は明確か？ • 試験実施担当、バグ分析＆プログラム修正担当、品質管理担当、進捗管理＆課題管理担当など、役割を明確にし、リーダを定めているか？ • 必要工数に見合う要員数を確保できているか？
試験項目、 試験データ	• 試験項目、試験データ、試験手順書、正解値など、結合テストに必要な物品は計画済か？　それらの準備は、それぞれの試験開始に間に合うか？
試験環境	• ハード／ソフト基盤等の試験環境は準備済か？　基盤担当は明確か？ • 試験環境は、結合テスト項目に合致し適切か？　どのように確認したか？
リスク	• 結合テストでのリスクを分析し、対策を受／発注間で合意したか？ • 前工程の残課題のリスクを分析し、対策の実施計画を確認したか？ • もし、プロジェクトが遅延している場合、次の結合テストの計画の見直しが必要ではないか？　具体的なリスクは何か？

204 ｜ 第14章　プロジェクト監査（設計開発フェーズ）

監査項目	監査の観点
ルール	• 結合テスト工程でのプロジェクト運営ルールを受／発注で合意済か？ 例えば、報告、会議、進捗管理、課題管理、品質管理、性能評価、組織間調整、仕様管理、プログラムの構成管理、成果物管理、試験環境運営など、テスト作業を行う上で必要なルール。

【監査⑨】「結合テスト終了時」の監査〔重要〕

設計通りに作られたことを、どのように確認したか？　総合テストを開始できるか？　大きなリスクが残ってないか？　を監査します。

表 14.9　監査⑨「結合テスト終了時」監査の監査項目と監査の観点（例）

監査項目	監査の観点（例）
終了判定	• 結合テスト終了の判定者はだれか？　判定基準は明確か？ • 判定基準に照らして、判定は合格か？ • 結合テストが未完了なのに、次の総合テストに進もうとしてはいないか？
成果物	• 結合テストの成果物が、漏れなく、計画通り作成されたか？ • それを発注者は確認したか？　どのように確認したか？
残課題	• 全て完了で、残課題はないはずだが、どうか？ • もし残課題があるのなら、「結合テスト完了」と判定できるのか？ • 残課題への対処計画は明確・適切で、受／発注間で合意しているか？ • 残課題が、次の総合テストに及ぼす影響を検証したか？
品質	• 結合テスト開始前に事前設定した品質目標を達成したか？ • 結合テスト完了とは、「設計通りに作られていることを確認した」ということであり、大きなバグは残っていないという品質レベルである。この品質レベルを達成したか？　総合テストを開始できる品質レベルか？ • 業務アプリの品質は、業務運用ができるレベルか？ • 性能などの非機能の品質も、業務運用ができるレベルか？ • 機能別に横並び比較して、特定機能にバグ集中等の問題はないか？ • 過去の開発と比較して、今回開発のバグ率が高い等の異常はないか？ • 摘出バグと同じ原因の類似バグが他にないか？　との検証を繰り返し行って、類似バグを多数洗い出したか？ • 「類似バグ検証したが、発見せず」との報告ばかりなら、真摯に行っていないのではないか？　類似バグはまだ埋もれているのではないか？ • バグ修正時に、対応する設計書の不具合も漏れなく訂正しているか？ • 品質条件を満たしていない成果物はあるか？　その対処について、受／発注間で合意がとれているか？
リスク	• 結合テスト開始時のリスク分析に照らして、リスクは残存しているか？ • 次の総合テストに残るリスクは何か？　その対策は具体的か？ • リスク分析と対策について、受／発注間で合意しているか？ • もし、プロジェクトが遅延している場合、次の総合テストの計画の見直しが必要ではないか？　具体的なリスクは何か？

6. 総合テストにおけるプロジェクト監査

【監査⑩】「総合テスト開始前」の監査〔重要〕

「実サービスできる」をテストする計画が整っているかを監査します。この監査結果にそって実施計画を是正することで、総合テストの目的を達成できるので、この監査は重要です。

表14.10　監査⑩「総合テスト開始前」監査の監査項目と監査の観点（例）

監査項目	監査の観点（例）
総合テスト 実施計画書	• 実施者は、発注者か？　受注者（請負契約）か？　役割は明確か？ • 実施計画書を、受／発注合同で確認し、合意しているか？ • 「実サービスできる」かの検証をどのように行うか？ • 試験の目的、内容、終了条件等は明確で十分か？
総合テスト 品質計画書	• 品質管理基準を定めているか？ • 総合テスト終了時の品質判定基準を定めているか？
スケジュール	• 週次の中日程スケジュールがあり、全体スケジュールと整合しているか？ • マイルストーンやクリティカルパスが定められているか？ • 日次の詳細スケジュール、WBSが計画済か？ • 試験詳細計画作成／試験項目レビュー／試験準備／試験実施／バグ修正／試験再実施／修正確認といった一連の作業が、計画されているか？
体制	• 発注側体制／受注側体制、それぞれ明確か？ • 発注者／受注者間の会議体、連絡窓口は明確か？ • 試験実施担当、バグ分析＆プログラム修正担当、品質管理担当、進捗管理＆課題管理担当など、役割を明確にし、リーダを定めているか？ • 試験群毎に、必要工数に見合う要員数を確保できているか？
試験項目、 試験データ	• 試験項目、試験データ、試験手順書、正解値など、総合テストに必要な物品が、試験群毎に計画済か？　その準備は、試験開始に間に合うか？
試験環境	• 総合テスト環境は、でき得る限り実サービス環境に近いものでなければならないが、ハード／ソフト基盤は、総合テストに相応しいか？ 　実サービスと同じにはできないので、どのように工夫しているか？ • データベースやトラヒックを、どのように実サービスに近似させているか？ • 試験環境は、試験群毎に相応しい環境を整える計画か？ • 試験環境の設定、変更を担当する専門チームで効率的に活動する計画か？
ルール	• 総合テストのプロジェクト運営ルールを定め、受／発注で合意済か？ 　例えば、報告、会議、進捗管理、課題管理、品質管理、性能評価、組織間調整、仕様管理、構成管理、成果物管理、試験環境管理など

206 ｜ 第14章　プロジェクト監査（設計開発フェーズ）

【監査⑪】「総合テスト終了時」の監査〔重要〕

　総合テストで、システム部門の開発は完了となる最終工程ですので、この終了時のプロジェクト監査は重要です。監査のポイントは、品質が万全か？　成果物が全てそろったか？　サービス開始に向けた課題の有無です。

表14.11　監査⑪「総合テスト終了時」監査の監査項目と監査の観点（例）

監査項目	監査の観点（例）
終了判定	• 総合テスト終了の判定者と承認者は明確か？　判定基準は明確か？ • 判定基準に照らして、終了判定は合格か？ • 総合テストが不完全なまま、開発を終了させようとしてはいないか？
成果物	• 総合テストの成果物が、漏れなく、計画通り作成されたか？ • 最終のプログラムと、設計書の最終版は、全て整合がとれているか？ • バグ対処や機能追加変更の内容の全てが、設計書に反映されているか？ • 今後の改修／保守に向け、版管理、構成管理は整備されているか？ • それらを発注者は確認したか？　どのように確認したか？
品質判定	• 総合テスト開始前に事前設定した品質目標を達成したか？ • 「実サービスできる品質を達成した」となぜ言えるか？ • 発注者は、それを、どのように検証したのか？ • 性能やセキュリティ、非機能の品質も、実サービスできるレベルか？ • 単体テスト／結合テスト／総合テストで品質向上した履歴は明白か？ • 機能別に横並び比較して、特定機能にバグ集中等の問題はないか？ • 過去の開発と比較して、今回開発のバグ率が高い等の異常はないか？ • 総合テストで出たバグについて、類似バグ摘出を徹底したか?証跡は？ • 品質の残課題は皆無か？ • 品質について、受／発注間で合意したか？
残課題	• 総合テスト完了時点で残課題は皆無か？ • 残課題の今後の対処計画は、受／発注間で合意し、確実に実施されるか？
リスク	• 開発当初のリスク、途中で顕在化したリスクに対処済か？ • サービス開始時のリスクを分析し、実施する対策を計画済か？
サービス開始に向けた準備	• 業務部門による業務運用試験の環境は準備済か？ • 本番移行の計画書、移行ツール、移行データ、移行手順書等は準備済か？ • サービス開始の手順、開始判定基準、判定者の準備はできているか？ • サービス開始後の運用保守部門への引継ぎ準備はできているか？

207

第15章 プロジェクト監査
（サービス開始フェーズと効果検証フェーズ）

15章では、サービス開始フェーズと効果検証フェーズにおける"トラブルを未然防止するプロジェクト監査"について説明します。

1. サービス開始フェーズと効果検証フェーズのプロジェクト監査
1.1 サービス開始フェーズとは

総合テスト完了後から開発プロジェクト終結までの期間を、本書では「サービス開始フェーズ」と言います。主なイベントと作業は次の通りです。

① 業務運用試験（実施者：業務部門）

（①-1）業務処理確認

新システムでの業務処理を、業務の現場で確認します。

（①-2）教育、習熟

新システムを現場の業務担当全員に教育・習熟します。

（①-3）終了判定（判定者：業務部門長）

試験・教育・習熟を完了し、業務部門として準備が整ったかを判定します。

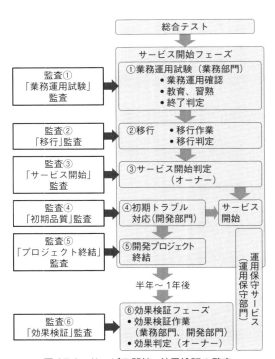

図15.1　サービス開始・効果検証の監査

② 移行（実施者：開発部門＋業務部門）

（② -1）移行リハーサル試験

現システムから新システムへの移行を試行し確認します。

（② -2）本番移行

新システムへの移行を、段階毎に確認しながら確実に実施します。

（② -3）移行判定（判定：オーナーまたは責任者）

本番移行完了を判定します

③ サービス開始判定（判定者：オーナー）

新システムでのサービス開始を判定します。判定者は、オーナーまたは事業部門長とすることが多いですが、運用の責任者による判定という例もあります。これは、「システム運用」が、「サービス提供」そのものなので、「サービス提供の責任者」が判定すべきとの考えによるものです。

④ 初期トラブル対応（開発部門）

サービス環境で実サービスを開始することで発生する初期トラブルに即応します。その状況は、適宜、オーナーに報告します。

⑤ 開発プロジェクト終結（承認者：オーナー）

システムを開発部門から運用保守部門に移管し、安定運用になれば、オーナーの承認を得て、開発プロジェクトを終結します。

1.2 効果検証フェーズとは

新システムの効果を検証するフェーズです。サービス開始から半年〜１年後、新システムが定着した頃、効果を検証します。

⑥ システム効果検証

（⑥ -1）効果検証作業（実施者：開発部門＋業務部門）

システム企画書で定めた「システム化の目的、投資効果」を達成したか？を検証します。もし未達成なら、原因と対策を検討します。

（⑥ -2）効果判定（判定者：オーナー）

効果検証報告を受け、もし効果未達なら、対策実施等を指示します。

1.3 プロジェクト監査の実施

サービス開始から効果検証までのプロジェクト監査は次の通りです。

監査①：「業務運用試験」監査

監査②：「移行」監査

監査③：「サービス開始」監査

監査④：「初期品質」監査

監査⑤：「プロジェクト終結」監査

監査⑥：「効果検証」監査

どの監査をどのような目的で行うか？　は、監査依頼者（オーナー等）が定めます。なお、⑥はプロジェクト終結後ですが、便宜的にプロジェクト監査と称します。

2. 監査①「業務運用試験」監査

システム開発は、開発部門での総合テストで終了していますが、これを受けて、業務部門として、「業務処理できるか？」を確認し、業務担当を教育・習熟するのが、「業務運用試験」です。「業務部門としてサービス開始する準備が整ったか？」という観点で監査します。

（監査ポイント）① 業務部門としての確認試験を十分に実施したか？

② 業務部門として、サービス開始準備は整っているか？

③ その実務リーダは誰か？　その見解は？

④ システムの問題／業務部門の問題を切分け、対処済か？

表 15.1　監査①「業務運用試験」監査の監査項目と監査の観点（例）

	監査項目	監査の観点 （例）
1	「新システムでの処理」業務部門としての確認	• 確認試験を十分に実施したか？（項目数、時間、工数等） • 「新システムで業務処理が円滑にできる」か？ • 「円滑に処理できない」項目は、全て解決済か？ • 未解決項目の原因は？（システム／業務手順／業務体制） • 　　〃　　対処の責任者は？　見通しは？　解決の期限は？ • サービス開始して問題ないか？
2	教育・習熟	• 「教育、習熟」の責任者は？　責任者の見解は？ • 業務担当"全員"に教育し、習熟させたか？　証跡は？ • 問題事項は整理され、全て解決済か？ • 未解決項目の原因、対策は整理済みか？（習熟不足、要員・体制、マニュアル、業務フロー等）
3	エンドユーザ	• 「エンドユーザ」の画面と処理の責任者は「問題ない」との判断か？ • エンドユーザ画面の確認項目は十分か？ 　例えば、画面は適切か？　　　使いやすいか？ 　　　　　操作に迷わないか？　　応答は早いか？ 　　　　　誤操作しがちでは？　　誤操作後の問題は？

	監査項目	監査の観点（例）
4	ヘルプデスク	• ヘルプデスク担当は全員、習熟したか？ • 模擬訓練等で習熟度を確認したか？
5	体制、要員配置	• 業務部門の体制、現場要員の配置を、新システムに対応して整備したか？ • 十分な要員が配置済か？ • リーダ．要員の質、習熟度に問題ないか？
6	業務手順	• 業務マニュアル、業務フロー、帳票等を、新システム対応に整備済か？ • 誰もが直ぐ参照し、使えるようになっているか？ • 業務運用試験や習熟で実際に使ったか？　問題なしか？
7	業務部門組織としての確認	• 「新システムで業務処理できる」かを判定する責任者は？ • 実務のリーダの見解は？　見解の根拠は？

3. 監査② 「移行」監査〔重要〕

新システムへの既存システムからのデータ移行を監査します。「移行リハーサル」の監査報告がないと、本番移行すべきでないとの意見もあります。

プロジェクト監査では、サービス開始に必須の移行が正しくなされたか？　を監査し、移行判断を支援します。

（監査ポイント）①　移行計画は緻密に作成されているか？

②　移行リハーサルは十分か？

③　本番移行の準備は万全か？

④　本番移行でのトラブル対策は？

⑤　移行体制、責任者、判定者、連絡体制は明確か？

⑥　「移行」が正しく行われたか？

表15.2　監査② 「移行」監査の監査項目と監査の観点（例）

	監査項目	監査の観点（例）
1	「移行計画」は緻密か？	• 移行計画は緻密に立案済か？ • 移行体制、責任者、連絡ルート、支援体制を明記済か？ • 移行対象、移行環境、移行データの事前処理（事前クリーニング等）、移行ツールについて具体的に計画済か？ • 新／旧システム環境の違い、テーブルの違いを分析済か？ • 移行データの変換について計画済か？ • 移行のタイムチャートを設定済か？　変動吸収の余裕は？ • マイルストーン、クリティカルパスを明記済か？ • 関連接続システムに関するスケジュールも明記済か？ • 移行を「段階毎に区切り、段階毎に確認する」計画か？ • 移行段階毎の確認ポイント、確認責任者を定義済か？ • 「移行判定者」「判定ポイント」「証跡」を明記しているか？

211

	2	移行リハーサルは十分に実施したか？	・「移行リハーサル」は必要十分な回数実行済か？ ・「移行リハーサル」で実施できなかったことは何か？　そのリスクは？ ・「タイムチャート」の予定／実績で大きな乖離はないか？ ・故障、トラブル発生時のルートをリハーサルしたか？
	3	本番移行の準備は万全か？	・リハーサル／本番の違いを整理済 ・本番で初めて行う事項について、正常の確認ポイント、異常時の対策、移行ストップ判断のポイントを明記済か？ ・移行段階毎に、詳細なチェックリストがあるか？　合／否判定基準は？ ・手順書は揃っているか？ ・移行データの事前処理は完了か？
	4	本番移行でのトラブル対策は？	・移行時の故障・トラブルへの対策を計画済か？ （故障・トラブル発生時の処理体制、連絡体制、支援体制、タイムチャート等） ・「移行断念・切戻し」を判断する時期、ポイントを明記済か？ ・「切戻し手順」を明記済か？
	5	移行体制等	・体制、連絡ルート、責任者、判定者、支援要員は準備済か？
	6	移行結果	・移行状況、移行前後のデータ整合性、業務への影響？

4. 監査③「サービス開始」監査

　データ移行だけでは、サービス開始はできません。ビジネス環境など全ての環境が整っているか？　を監査します。この監査結果を監査依頼者（オーナー等）に報告し、サービス開始判定者はこれを踏まえて適切な判定を下します。

　（監査ポイント）　①　データ等は「本番移行」済みか？

　　　　　　　　　　②　ネットワーク環境、システム環境は準備済か？

　　　　　　　　　　③　トラブル発生時の支援体制は準備済か？

　　　　　　　　　　④　業務部門は「サービス開始準備」済か？

　　　　　　　　　　⑤　ヘルプデスク等のサポート部門は準備済か？

　　　　　　　　　　⑥　ビジネス環境は問題ないか？

　　　　　　　　　　⑦　サービス開始判定者は明確か？

表 15.3　監査③「サービス開始」監査の監査項目と監査の観点（例）

	監査項目	監査の観点（例）
1	データ移行	・「本番移行」は全て正常に完了したか？ ・データやシステム定義情報は、全て適切に設定済か？
2	基盤環境	・ネットワーク環境（回線、LAN）、インターネット環境、ファイアウォール環境、セキュリティ環境はOKか？　端末環境はOKか？ ・ハード／ソフト基盤環境、遠隔監視保守環境はOKか？
	運用保守の準備	・システム運用体制はOKか？　保守体制はOKか？ ・運用保守部門へ、システム移管されたか？
3	トラブル支援体制	・「トラブル切り分け」の体制は待機済か？ ・業務アプリや移行データの不具合への対応体制は？ ・ハード／ソフト基盤等の基盤の不具合への対応体制は？

212　第 15 章　プロジェクト監査（サービス開始フェーズと効果検証フェーズ）

4	業務部門の準備	・業務部門の本社／地域支社／海外部局の体制、準備はOK？ ・新しい業務マニュアル、業務フロー、帳票等への切替OK？ ・業務部門の緊急時の連絡ルートはOKか？
5	ヘルプデスク等の準備	・業務サービスのヘルプデスクは準備OKか？ ・システム故障、端末不具合のサポートデスクは準備OK？
6	ビジネス環境	・ビジネス環境、サービス開始のタイミングは、「今」が最適か？ ・政府の規制、国際環境は、サービス開始OKか？
7	サービス開始判定	・サービス開始判定者は明確か？ ・判定者に申告・報告する責任者、報告事項は明確か？

5. 監査④ 「初期品質」 監査

サービス開始直後の初期トラブルに対する品質監査です。初期トラブルが出てないのであれば、この監査④は不要です。

（監査ポイント） ① 初期トラブルの状況

② トラブル対応の見通し

③ 今後のサービス品質向上策

表 15.4　監査④「初期品質」監査の監査項目と監査の観点（例）

	監査項目	監査の観点 （例）
1	初期トラブルの状況	・初期トラブル発生状況 ・トラブル原因切り分け（業務アプリのバグ、誤操作、ハード／ソフト基盤等） ・業務アプリのバグの分類（機能別など） ・トラブル発生件数の推移、収束傾向分析
2	トラブル対応の見通し	・バグの傾向と対策、今後の見通し ・バグ以外（基盤障害等）の傾向、障害対策の見通し
3	今後のサービス品質向上策	・抜本的な品質改善の必要性、改善策と具体的な計画 　（品質強化試験、再設計・再開発など） ・トラブル対応の特別ヘルプデスクの開設など

6. 監査⑤ 「プロジェクト終結」 監査 〔重要〕

サービスを開始し、システムを運用保守部門に移管し、初期トラブル対応も終われば、開発プロジェクトは終結します。終結に際して、開発や品質のデータ、保守に必要なデータやノウハウ全てを運用保守部門に引き継いだかを監査します。これは、運用保守の継続と、開発生産性と品質の向上に欠かせません。

監査結果を依頼者に報告し、オーナーは、「プロジェクト終結」を承認します。

もし、「必要データが整理されないまま放置されている状態」なら、オーナーはデータの整理・保管を指示します。

213

（監査ポイント）①　必要データと文書の引き継ぎ：

　　　　　　　　　　　開発や品質のデータ・文書、保守用データ・文書

　　　　　　　②　プロジェクト終結報告書：

　　　　　　　　　　　システム開発企画書、プロジェクト計画書の記載事項
　　　　　　　　　　　に対する結果検証報告

表 15.5　監査⑤「プロジェクト終結」監査の監査項目と監査の観点（例）

	監査項目	監査の観点（例）
1	プロダクトの保管、移管	・運用保守部門へ、プログラム、設計書等、必要なプロダクトが全て、正しく移管されているか？
2	必要データおよび文書の整理・保管	・システム開発企画書、プロジェクト計画書等の公式文書 ・開発体制詳細（キーとなるメンバ名など） ・生産物一覧、プログラム毎の規模（母体／改造／追加）、設計書毎の分量、設計画面数 ・開発スケジュール（予定、実績） ・開発生産性データ（コスト、工数、規模、試験項目数等） ・品質データ（機能別、工程別、バグ分類別、サービス開始後の発見バグ、等） ・性能データ（性能試験値、サービス開始後の値）
3	プロジェクト終結報告	・システム開発企画書、プロジェクト計画書で計画した事項の達成度分析 ・プロジェクトマネジメントの工夫点、反省点、提言 ・リスクコントロールの工夫点、反省点、今後への提言 ・高生産性化の留意点、反省点、今後への提言 ・プログラムの高品質化の留意点、反省点、今後への提言 ・設計の高品質化の留意点、反省点、今後への提言

7. 監査⑥「効果検証」監査〔重要〕

　効果検証の監査は、通常は、新システムの運用が定着化した頃、サービス開始して半年〜１年後に行います。当初目標とした効果、特に投資対効果が得られているか？　を分析し、目標未達であれば、目標達成のために、今後どのような対策を実施すべきかを検討します。情報システムの投資額は大きいので、投資対効果の定量評価は重要です。

　「システムのオーナーである主管事業部は、システム企画時に目標設定した投資対効果を達成していなければ、目標達成するまで対策を実施する」との IT 投資管理を徹底している会社もあります。

　例えば、「システム化と業務改革を同時に行うことを前提でシステムを開発したが、システム化の効果が出なかった。調べてみたら、業務改革を行っていなかった」という事例では、その後１年かけて業務改革を徹底して、当初目標設定した投資対効果を達成しています。

「企画段階ではシステム化効果を定量的に示すが、その後の検証は実施せず」という例がよくありますが、これでは、効果の出ない無駄な投資を行うことになります。監査⑥「効果検証」監査を実施することで、「情報化投資を活かす」施策につなげます。

（監査ポイント）① 当初設定した目標、投資対効果は何か？

② その達成状況、原因と対策

③ 今後の効果検証の予定

表 15.6　監査⑥「効果検証」監査の監査項目と監査の観点（例）

	監査項目	監査の観点（例）
1	当初設定した目標、投資対効果	• システム化企画承認時に定められた「効果」「投資対効果」 • プロジェクト計画書で定めた「必達目標」「定量効果」
2	達成状況、原因と対策	• サービス開始後（半年後〜1年後）の効果実績 • 効果目標の達成度 • 未達成の原因 • 効果を出す施策の具体化、その実施計画
3	次回の効果検証予定	• 当初目標設定した効果を達成するまで、必ずフォローする • 「1年後」等と期限を明確にし、必ず開催する

あとがき

　情報システムの開発では、大トラブルとなる例が少なくありませんが、そのどのプロジェクトも、出来うる限りの最大限の努力をしています。それにもかかわらず、事態はますます悪くなり、泥沼化しています。プロジェクトメンバーは誰もが必死の努力をしていて、体を悪くする者も出ます。ビジネスにも大きな影響が出ます。計画額の 10 倍のコストがかかったというケースもありました。

　皆が誠実に必死の努力をしているのに、なぜそうなるのか？　何とかしたい…これが、当研究会を立ち上げた強い思いです。

　トラブル状況を傍から見れば、「あそこが悪い、ここが悪い」と、誰でもすぐ指摘出来ます。でもそれは結果論で、評論家です。

　プロジェクトの当事者は「悪いことは分かっているよ！　でも、人材も予算も期間も足りない中で、何とかここまでやってきたんだ、どうしたらいいんだ！」「結果の指摘じゃなくて、こうなる前の段階で、どうすべきかを具体的に言ってくれ！」「貴方がやったらトラブルにならなかったの？」と思います。

　当事者のそのような切実な思いに応えたいというのが、当研究会のテーマです。当初は 1 年でまとめるつもりでしたが、結局、3 年かかってしまいました。3 年目はレビューでした。毎週土曜日、9 時から 17 時までのレビューと議論を何か月も繰り返しました。この本は、そうやって作り上げたものです。

　この本には、研究会メンバーの経験と知恵が詰まっています。事例や図・表も豊富に掲載していますので、プロジェクトの現場や監査ですぐに役立つと思います。この本を活用して、プロジェクトを成功に導いて、発注者も受注者も皆が幸せになっていただくこと、それが当研究会メンバー全員の願いです。

SAAJ プロジェクトマネジメントのシステム監査研究会

主査　原田憲幸

索　引

〔英数〕

IT 戦略 ……………………………… 30
RFI ………………………………… 33
RFP ………………………………… 43
V 字モデル ………………………… vi
WBS ……………………………… 70

〔あ〕

アジャイル開発 ……………… vi、22

移行 ……………………………… 120

ウォータフォールモデル ………… vi
受入試験 ………………………… 112
請負契約 ………………………… 21
運用保守試験 …………………… 109

〔か〕

開発審議 ………………………… 28
外部委託先選定 ………………… 47
外部委託の管理 ………………… 87
外部仕様凍結 …………………… 82
外部設計 ………………………… 67
外部設計実施計画 ……………… 68
外部設計書 ……………………… 73
外部設計品質 ……………… 68,123

キックオフ ……………………… 63
機能要件 ………………………… 37
業務シナリオ試験 ……………… 106
業務詳細フロー ………………… 71
業務要件 ………………………… 36
業務フロー ……………………… 59
業務運用試験 …………………… 117

クリティカルパス ……………… 70

結合テスト ……………………… 93

効果検証 ………………………… 122
工程別品質分析 ………………… 152
高品質化施策 ……………… 127,137
高負荷性能試験 ………………… 108
コスト・マネジメント ………… 166
コミュニケーション・マネジメント … 171

〔さ〕

サービス開始判定 ……………… 121
残バグ分析 ……………………… 147

システム企画 …………………… 28
システム企画書 ………………… 32
システム要件 …………………… 37
実施計画書 ……………………… 15
実装設計 ………………………… 86
実装設計品質 ……………… 91,128
準委任契約 ……………………… 21
仕様変更管理 …………………… 83
情報提供依頼書 ………………… 33
人的資源マネジメント ………… 170

スコープ・マネジメント ……… 162
ステークホルダー・マネジメント … 175

成果物 …………………………… 61
製造品質 ………………………… 123
セキュリティ試験 ……………… 110
設計品質 ………………………… 123

総合テスト ……………………… 103
操作性確認試験 ………………… 107

〔た〕

タイム・マネジメント ………… 163

217

他システム接続試験 ······································ 109
単体テスト ··· 93

知識エリア ··· 154
長時間連続運転試験 ·································· 109
調達 ··· 42
調達マネジメント ······································ 174

提案依頼書 ·· 43
デグレード ··· 95

統合マネジメント ······································ 160

〔な〕
内部設計 ·· 86

〔は〕
発注形態 ··· Ⅴ
発注者のマネジメント ·························· 23,88

非機能要件 ·· 38
品質カルテ ··· 150
品質管理 ·· 123
品質管理体制 ··· 140
品質計画 ··· 124,136
品質指標 ·· 134
品質判定 ·· 139
品質報告 ·· 153
品質マネジメント ······································ 168

不具合管理 ··· 140
振返り会 ·· 122
プログラミング ·· 93
プロジェクト監査 ······································ 178

プロジェクト監査（企画） ····················· 186
プロジェクト監査（サービス開始） ·················· 208
プロジェクト監査（設計開発） ························· 196
プロジェクト計画 ·· 49
プロジェクト計画書 ····································· 54
プロジェクト憲章 ······································ 156
プロジェクト終結 ······································ 121
プロジェクトマネジメント ····················· 154
プロジェクトマネジメント計画書 ··············· 157

ベースライン ··· 157

方式設計 ·· 75

〔ま〕
マイルストーン ·· 70
マスタースケジュール ································ 58

〔や〕
要件詳細化 ·· 23
要件定義 ·· 34
要件定義書 ·· 40

〔ら〕
リスク評価 ·· 52
リスク分析 ·· 75
リスクマネジメント ······························ 52,171
リソース計画 ·· 60

類似バグ水平展開 ······································ 138

レビュー ·· 77,133
レビュー密度 ··· 135

執筆者紹介（50音順）

浦田　有佳里（うらた　ゆかり）
公認システム監査人（CSA）、情報処理安全確保支援士、PMI公認PMP®、PMI日本支部理事、JUAS講師。金融を中心に流通、製造などのシステム構築のプロジェクトマネージャを担う。全社のプロジェクト監査にも従事。現在は、社内の事業戦略プロジェクトのマネジメントを担っている。別途、防犯カメラなどのIoTデータの影響評価の実施、研究を行っている。

小山　恵一郎（こやま　けいいちろう）
PMI日本支部でPMO研究会代表を歴任、著作：「戦略的PMO」（共著）、PMI公認PMP®、SAAJ会員、公認システム監査人（CSA）、情報処理プロジェクトマネジャー、ITコーディネーター（ITC）、日本電気株式会社にて、公共システム、金融システム、社会インフラシステムのプロジェクトマネジメント、PMOに従事、現在　アイシンク株式会社　コンサルタント

斉藤　茂雄（さいとう　しげお）
SAAJ理事、公認システム監査人（CSA）、システム監査技術者、公認情報システム監査人（CISA）、ISMS主任審査員、プライバシーマーク審査員補。メーカー系情報処理会社にて、システム開発・営業技術支援・事業企画・情報セキュリティ監査などを担当。現在、サイバーセキュリティ関連ソフトハウスに勤務する傍らPMS構築・運用コンサルティングに従事

桜井　由美子（さくらい　ゆみこ）
SAAJ理事、システム監査学会理事、公認システム監査人（CSA）、QMS主任審査員、ISMS主任審査員、ITSMS主任審査員、プライバシーマーク主任審査員。計算センター、独立系ソフトウェアハウスにて、システムの設計・開発・運用、開発・プロジェクト管理標準策定、技術者教育、品質管理、プロジェクト監査を担当。現在、QMS/ISMS/ITSMS/PMS審査業務に従事

清水　惠子（しみず　けいこ）
SAAJ理事、システム監査学会理事、日本セキュリティ・マネジメント学会監事、日本公認会計協会　IT委員会専門委員、システム監査技術者、ISMS主任審査員（JRCA）、公認ITガバナンス専門家（CGEIT）、公認会計士、大手監査法人で会計監査、最適化計画策定支援、システム開発・運用の予算評価、情報セキュリティ監査を実施、独立後、内部統制監査支援、PMO業務に従事

力　利則　（ちから　としのり）
SAAJ 副会長、博士（工学）、公認システム監査人（CSA）、公認内部監査人（CIA）、公認不正検査士（CFE）、大学等の講師。IT 企業にてグループ企業も含めシステム監査業務に 20 年近く携わる。経営監査、業務監査、不正検査、品質監査等の内部監査部長も務める。「情報システム監査実践マニュアル」等を共同執筆。現在は、（公）未来工学研究所にて、AI 等の研究にも携わる

野嶽　俊一　（のたけ　しゅんいち）
公認情報システム監査人（CISA）。外資系コンピュータベンダにて、流通業界・テレコム業界・官公庁等の IT 化等に携わり、その後国内 SIer に転進し官公庁等の IT 化等に携わる。中央官庁及び独立行政法人等の情報化統括責任者（CIO）補佐官等及び、IPA 主査、ISACA 幹事、JASA 委員、JISA 委員、JIPDEC 委員、会計検査院講師、等を歴任。SAAJ 会員

原田　憲幸（はらだ　のりゆき）
SAAJ 理事、公認システム監査人（CSA）、㈱ NTT、㈱ NTT コムウェア、㈱ SJI、㈱クロスリンクコンサルティングを経て現在に至る。OS 開発実用化、通信ソフト開発実用化、大規模システム構築、Open 系システム構築、アジャイル開発、SE、性能評価、監査、コンサルティングに従事

堀　学　（ほり　まなぶ）
SAAJ 会員、J-MCMC（全日本能率連盟認定マスターマネジメントコンサルタント）、IT コーディネータ（ITC）、公認システム監査人補（ASA）、マイクロソフト公認システムコーディネータ（MCSC）。富士通（株）でプロジェクト管理、㈱サン・ジャパンでオフショアルール確立を経て現在、経営デザイン研究所 代表。PMO として、大手・中堅企業のシステム開発プロジェクトを支援中

【監修者】

特定非営利活動法人　日本システム監査人協会

当協会は、システム監査を社会一般に普及させるとともに、システム監査人の育成、認定、監査技法の維持・向上をはかり、よって健全な情報化社会の発展に寄与することを目的としている。1987年12月にシステム監査技術者試験合格者及びシステム監査企業台帳を中心として、任意団体として発足。2002年、東京都より特定非営利活動法人として認可を得る。併せて、産業構造審議会情報化人材対策小委員会で、システム監査人認定制度の創設の方策が提起され、当協会が公認システム監査人（CSA）の認定制度の実施機関となった。会長は仲厚吉（2014年2月就任）、会員数は法人、個人を併せて約850名（2014年10月現在）。7支部を持つ。

事務局：103-0025　東京都中央区日本橋茅場町2丁目8-8
共同ビル（市場通り）6F
TEL：03-3666-6341　FAX：03-3666-6342
ホームページ：https://www.saaj.or.jp/

平成30年3月1日　　　初版発行　　　　　　　　　略称：PM監査

発注者のプロジェクトマネジメントと監査
―システム開発トラブル未然防止の神髄に迫る―

© 監修者　　認定NPO法人日本システム監査人協会
　編著者　　プロジェクトマネジメントのシステム監査研究会

発行者　　中　島　治　久

発行所　同 文 舘 出 版 株 式 会 社
東京都千代田区神田神保町1-41　　〒101-0051
営業（03）3294-1801　　編集（03）3294-1803
振替 00100-8-42935　　http://www.dobunkan.co.jp

Printed in Japan 2018　　　　　　　DTP：マーリンクレイン
　　　　　　　　　　　　　　　　　印刷・製本：三美印刷

ISBN978-4-495-20711-3

JCOPY〈出版者著作権管理機構 委託出版物〉
本書の無断複製は著作権法上での例外を除き禁じられています。複製される場合は，そのつど事前に，出版者著作権管理機構（電話 03-3513-6969，FAX 03-3513-6979，e-mail: info@jcopy.or.jp）の許諾を得てください。

本書とともに

認定NPO法人日本システム監査人協会 監修
A5判　208頁
定価（本体2,700円＋税）

同文舘出版株式会社